国际关系学院中央高校基本科研业务费专项资金资助
项目编号3262024T12

共有精神

家园传承构建研究

GONGYOU JINGSHEN JIAYUAN
CHUANCHENG GOUJIAN YANJIU

张悦 著

天津出版传媒集团

天津人民出版社

图书在版编目（ＣＩＰ）数据

共有精神家园传承构建研究 / 张悦著. -- 天津：
天津人民出版社，2024.7
ISBN 978-7-201-20509-0

Ⅰ．①共… Ⅱ．①张… Ⅲ．①中华民族－民族精神－研究 Ⅳ．①C955.2

中国国家版本馆 CIP 数据核字(2024)第 111235 号

共有精神家园传承构建研究
GONGYOU JINGSHEN JIAYUAN CHUANCHENG GOUJIAN YANJIU

出　　版	天津人民出版社
出 版 人	刘锦泉
地　　址	天津市和平区西康路35号康岳大厦
邮政编码	300051
邮购电话	（022）23332469
电子信箱	reader@tjrmcbs.com
责任编辑	佐　拉
装帧设计	汤　磊
印　　刷	天津新华印务有限公司
经　　销	新华书店
开　　本	710毫米×1000毫米　1/16
印　　张	15.25
插　　页	2
字　　数	280千字
版次印次	2024年7月第1版　2024年7月第1次印刷
定　　价	89.00元

序　言

精神是一个民族绵延不绝的灵魂。中华民族之所以能在几千年的历史洪流中奋勇前进、不断向前，其根本原因就是在历史长河中锻造形成了伟大民族精神，为中华文明生生不息提供了强大的精神动力。

作为中华民族精神的忠实继承者和积极发扬者，一百多年来中国共产党带领人民在革命、建设、改革的实践历程中不畏艰险、顽强拼搏，不断弘扬伟大建党精神，不断结合时代特征和实践发展要求，锻造出一系列赋有鲜明时代气息的伟大精神，构筑起了以伟大建党精神为源头的中国共产党人精神谱系。党的精神谱系鲜明标注了共产党人的精神品格，深刻揭示了共产党人的思想觉悟，生动诠释了共产党人的精神世界，是中国共产党区别于其他政党的精神特质，是指导我们的实践不断取得新的辉煌的制胜法宝。

党的十九届六中全会通过的《中共中央关于党的百年奋斗重大成就和历史经验的决议》科学总结百年奋斗的历史意义之一就是，形成了以伟大建党精神为源头的精神谱系，锻造形成了始终走在时代前列的世界第一大政党。在此基础上，党的二十大报告进一步提出了"弘扬以伟大建党精神为源头的中国共产党人精神谱系"的重大时代课题。这就要求我们必须全面认识中国共产党在不同历史时期锻造形成的伟大精神，深刻把握贯穿其中的基本内核、厘清其地位和价值，明确弘扬路径，以期为推进中国式现代化汇聚团结奋斗的磅礴伟力。

通过对百余年来以伟大建党精神为源头，跨越新民主主义革命时期、社会主义革命和建设时期、改革开放和社会主义现代化建设新时期和中国特色社会主义新时代四个时期中国共产党人精神谱系的回顾和梳理可以发现，党的精神谱系蕴含着革命理想高于天的坚定信念、国家利益高于一切的爱国主义、携手人民辟江山的人民情怀、开天辟地闯新路的开拓创新、英勇斗争不怕牺牲的英雄气概、艰苦奋斗担使命的优良传统等基本内核。

正确认识中国共产党人精神谱系在一百多年来波澜壮阔的伟大实践中的巨大作用，才能在新征程上更加自信地走向未来。党的精神谱系是实现中华民族伟大复兴的精神支撑、是中国共产党人初心使命的集中彰显、是伟大民族精神的传承升华。中国共产党人精神谱系是党领导人民在实现历史使命的百余年历程中谱写的伟大精神的历史链条，其时代价值至少体现在兴党、强军、铸魂、育人这四个方面。

历史和实践已经证明，只有拥有伟大精神的政党才能带领全体中华儿女开创历史伟业。新时代新征程上，还要突破许多"娄山关""腊子口"，跨越许多"荆棘""沼泽"，甚至可能会面临许多惊涛骇浪的重大考验。在新征程上砥砺前行，我们更需要在中国共产党的坚强领导下，传承伟大精神，激发奋进新征程的精神动能。

要实现第二个百年奋斗目标，就必须继续保持昂扬向上的精神状态，不断激发斗志，逢山开路，遇水架桥，为全党和全国各族人民提供继往开来、不断前行的强大精神动力，不断为中国共产党人精神谱系注入新鲜血液，为实现中华民族伟大复兴续写新的篇章！

目 ‖ 录

第一章 ‖ 绪言

中国共产党带领人民走过的一百多年奋斗史，既是一以贯之实现中华民族伟大复兴的历史，也是以伟大建党精神为源头，不断充实时代内涵和实践底色，构筑起中国共产党人精神谱系的历史。风雨百年，中国共产党之所以能从南湖的一艘小小红船成长为领航新时代的巍巍巨轮，之所以能千回百转，浴火重生，伟大精神始终是中国共产党不断成长的精神密码。实现中华民族伟大复兴，不仅需要物质生活的极大丰富，而且需要精神生活的充实富足，新时代新征程上，要继续弘扬伟大精神，熔铸新时代伟大精神，不断为党的精神血脉注入新鲜血液，为实现全党和全国人民踔厉奋发、砥砺前行提供精神力量。

一、研究背景与意义

关于中国共产党人精神谱系的研究既是一个新课题，也是一个老话题。党的十八大以来，特别是习近平总书记在党史教育动员大会上首次提出"中国共产党人的精神谱系"这一重大命题以来，这一研究领域越来越得到更为广泛的关注。新时代，中国共产党人精神谱系研究有着重要的理论意义和现实价值。

（一）研究背景

精神与人类历史相伴相生。精神随着人类社会的发展而不断培土添新，是个人成长发展、民族生息繁衍、国家兴旺发达、政党坚强有力的不竭动力。中华民族以强大的生命力和创造力绵延几千年，历经自然灾害、外敌入侵、瘟疫战争等磨难而愈挫愈勇，中华大地上赓续不绝、代代相传的伟大创造精神、伟大奋斗精神、伟大团结精神、伟大梦想精神[①]为中华文明的源远流长和人类文明的发展进步提供了强大精神动力。

中国共产党是中国精神的传承者、开拓者和创新者，自成立以来，中国共产党就坚决把共产主义作为奋斗目标，带领中华儿女在寻求革命新路和国家前途的历史进程中披荆斩棘，在波澜壮阔的奋斗实践中书写了气吞山河的人间奇迹，创造了彪炳史册的卓越功勋，锻造了富有民族性和时代性的伟大精神，连缀了中国共产党人精神谱系的历史链条。这些伟大精神以独特形态刻画出中国共产党为人民谋幸福、为民族谋复兴的精神轨迹，谱写了一脉相承而又与时俱进的中国共产党人精神谱系。

伟大的事业孕育崇高的精神，崇高的精神支撑、推动着我们党百余年来的奋斗历程历经艰难、逐步走向辉煌，不断走向新的胜利。中国共产党人历来重视发挥精神的能动作用。毛泽东就指出："人是要有一点精神的，无产阶级的革命精神就是由这里头出来的。"[②]这里提到的精神首先是一种崇高的理想和坚定的信仰。共产党人和革命者只有坚定共产主义的理想信念，才能有正确的政治方向和奋斗目标。1937年10月，毛泽东在为陕北公学的题词中写到："要造就一大批人……这些人充满着斗争精神和牺牲精神。"[③]在这

---

① 《习近平在十三届全国人民代表大会第一次全体会议上的讲话》，《求是》，2020年第9期。
② 《毛泽东文集》（第七卷），人民出版社，1999年，第162页。
③ 《毛泽东年谱》(1893—1949)(修订本)中卷，中央文献出版社，2013年，第34页。

里，毛泽东倡导的斗争精神和牺牲精神，包含着对无产阶级革命传统、优良作风和崇高精神的弘扬，对中华民族精神的继承，同时也蕴含着对革命年代时代精神的提炼和人生价值准则的升华，造就这样有崇高精神追求的先进分子，是完成"救国"这一中心任务的重要精神支撑。邓小平也十分注重发挥精神的作用，坚持以"闯"的精神，"冒"的精神，干出新事业，带领全体中国人民开启了改革开放的崭新篇章。此后，江泽民一再强调："牢固树立并始终保持积极向上的精神状态，是极端重要的。"①胡锦涛强调："革命前辈们……的革命精神和优良传统，永远是我们……不断夺取新胜利的强大精神力量。"②以江泽民同志、邓小平同志为主要代表的中国共产党人多次对众多具体精神形态的内涵进行提炼概括，为中国共产党人精神谱系注入了新鲜血液，激励着全党和全国人民"创造了改革开放和社会主义现代化建设的伟大成就"③。

党的十八大以来，以习近平同志为主要代表的中国共产党人在经天纬地的实践变革中，矢志不渝践行初心使命，"创造了新时代中国特色社会主义的伟大成就"④，书写了守正创新的精神史诗。在这一伟大历史进程中，习近平总书记多次对具体革命精神形态作出新的概括的同时，在党史上首次提出了"伟大建党精神"和"中国共产党人的精神谱系"的重大命题，与时俱进地充实和丰富了中国共产党人精神谱系的精神宝库。

2022年10月，党的二十大闭幕不久，习近平总书记就带领新任中央政治局常委专程赶赴革命圣地延安，作出了"弘扬伟大建党精神，弘扬延安精神"⑤

---

① 江泽民：《论"三个代表"》，中央文献出版社，2001年，第133页。

② 胡锦涛：《继承和发扬党的优良革命传统　加快全面建成小康社会步伐》，《人民日报》，2003年9月3日。

③ 习近平：《在庆祝中国共产党成立100周年大会上的讲话》，《人民日报》，2021年7月2日。

④ 习近平：《在庆祝中国共产党成立100周年大会上的讲话》，《人民日报》，2021年7月2日。

⑤ 《习近平在瞻仰延安革命纪念地时强调　弘扬伟大建党精神和延安精神　为实现党的二十大提出的目标任务而团结奋斗》，《人民日报》，2022年10月28日。

的伟大号召,宣示了新一届中央领导集体传承伟大精神,赓续红色血脉,在新征程上向人民交出新的优异答卷的坚定信念。

回望历史,中国共产党人精神谱系是解读一百多年来中华民族实现"三次飞跃"的精神之钥。一百多年来,中国共产党为实现民族复兴上下求索,党的精神谱系见证了波澜壮阔的百余年党史,党团结带领全体中华儿女在山河破碎、战乱频仍之际,在千疮百孔、百业待兴之局,在攻坚克难、锐意进取之时锻造了一个又一个伟大精神,构筑起了一脉相承的精神谱系。

当前,我们站在了第一个百年奋斗目标完美"交卷",实现第二个百年奋斗目标的历史交汇点上,传承和弘扬中国共产党人精神谱系面临着有利的时代条件的同时,我国"意识形态领域存在不少挑战"①。

一方面,随着全球化进程的不断深入,西方现代化产生的精神危机侵扰着我国思想文化环境。在先进文化与落后文化的碰撞交织中,各种社会思潮跌宕起伏,西方资本主义国家强行进行意识形态输出,加紧对我国进行思想、文化和价值观的渗透,新自由主义、历史虚无主义等思潮甚嚣尘上,对社会主义进行妖魔化宣传,有人打着"挖掘真相"的旗号戏谑英雄人物,歪曲和否定党的历史,严重混淆视听。在一些错误社会思潮的诱导下,甚至出现了马克思主义"失灵""过时""无用"等声音,严重削弱了马克思主义的指导地位。

另一方面,科技日新月异,5G 网络的普及、自媒体的迅速发展,精神文化被裹挟在资本和利润主导的利益最大化的逻辑之中,后现代主义、消费主义、图像主义影响着城市文化和大众文化,误导着人们对社会的认知,②加速主

---

① 《高举中国特色社会主义伟大旗帜 为全面建设社会主义现代化国家而团结奋斗 在中国共产党第二十次全国代表大会上的报告》,人民出版社,2022 年,第 14 页。

② 王霞:《论中国共产党人精神谱系的理论意涵、鲜明特质与时代价值》,《中州学刊》,2021 年第 11 期。

义的来袭，将人们带入了焦虑、"内卷"的境地，一些带有明显娱乐化倾向的抗日"神剧"乏善可陈，浮夸狗血的剧情严重歪曲了革命先辈用血肉之躯铸就的光辉历史，使高昂悲壮的伟大精神在娱乐中淡化了颜色。基于此，深入研究中国共产党人精神谱系，既是顺应当今世界形势变化发展和意识形态领域斗争的需要，也是破解精神危机、重塑精神信仰，为实现中国式现代化提供强大精神动力，在实现中华民族伟大复兴的宽广大路上凯歌前进的题中应有之义。

2021年2月20日，习近平总书记在党史学习教育动员大会上的讲话中首次概括了中国共产党在百年奋斗中形成的12种精神，即"井冈山精神、长征精神、遵义会议精神、延安精神、西柏坡精神、红岩精神、抗美援朝精神、'两弹一星'精神、特区精神、抗洪精神、抗震救灾精神、抗疫精神等伟大精神"①，本书依据总书记对党的伟大精神的首次概括，并结合中宣部制定的第一批纳入中国共产党人精神谱系的46种精神②、2023年3月中共中央党史和文献研究院院务会理论学习中心组发表在《求是》第三期《弘扬以伟大建党精神为源头的中国共产党人精神谱系》一文中对中国共产党人精神谱系的最新概括，选取了伟大建党精神、井冈山精神、长征精神、延安精神、西柏坡精神、雷锋精神、焦裕禄精神、大庆精神、"两弹一星"精神、红旗渠精神、改革开放精神、抗洪精神、抗击"非典"精神、载人航天精神、女排精神、脱贫攻

---

① 习近平：《在党史学习教育动员大会上的讲话》，人民出版社，2021年，第19页。

② 第一批纳入中国共产党人精神谱系的伟大精神是：建党精神、井冈山精神、苏区精神、长征精神、遵义会议精神、延安精神、抗战精神、红岩精神、西柏坡精神、照金精神、东北抗联精神、南泥湾精神、太行精神（吕梁精神）、大别山精神、沂蒙精神、老区精神、张思德精神；抗美援朝精神、"两弹一星"精神、雷锋精神、焦裕禄精神、大庆精神（铁人精神）、红旗渠精神、北大荒精神、塞罕坝精神、"两路"精神、老西藏精神（孔繁森精神）、西迁精神、王杰精神；改革开放精神、特区精神、抗洪精神、抗击"非典"精神、抗震救灾精神、载人航天精神、劳模精神（劳动精神、工匠精神）、青藏铁路精神、女排精神；脱贫攻坚精神、抗疫精神、"三牛"精神、科学家精神、企业家精神、探月精神、新时代北斗精神、丝路精神。转引自《人民日报》，2021年9月30日。

坚精神、抗疫精神、北京冬奥精神进行系统梳理。

(二)研究意义

第一,研究中国共产党人精神谱系具有较强的理论意义。一是有利于深化对中国共产党人精神谱系的理论研究和把握。中国共产党人精神谱系作为一个重大命题,从首次提出至今仅有两年,学界迅速对这一重大命题进行了多维度、宽领域、多层次的研究,相关研究取得了丰硕成果的同时,对中国共产党人精神谱系的整体性、系统性研究还不够,尤其是对中国共产党人精神谱系的形成依据、发展脉络、时代价值、弘扬路径等方面的研究还比较薄弱。为此,本书梳理了中国共产党人精神谱系的形成依据、发展脉络,以及内在规律,进一步深化了这一领域的研究。

二是有利于深化对中共党史的研究和把握。党的百余年奋斗史同时也是一部红色精神的塑造史,中国共产党人精神谱系与党的百余年奋斗历程相伴相行,见证了一百多年来中国共产党由苦难走向辉煌的历史进程,凝练了中国共产党人浴血奋战的革命史、自力更生的建设史、解放思想的改革史、守正创新的发展史。百余年来,中国共产党人在革命、建设、改革的不懈探索中构筑起的精神谱系,是党创造的先进政治文化的凝练表达,是中国共产党的红色基因、优良传统和政治智慧的集中体现,是我国不断取得革命、建设、改革各项胜利的制胜秘诀,是百年来中国共产党创造的宝贵精神财富,更是新时代党带领人民砥砺前行、续写中国特色社会主义新篇章的强大精神动力。正是因为中国共产党人精神谱系与百余年来党的历史密不可分,深化中国共产党人精神谱系的研究,是深化中共党史的宣传和教育、传承党的优良传统、发挥党史资政育人功能作用的内在要求。

三是有利于坚定中国共产党的历史自信。中国共产党自成立以来,带领占世界四分之一人口的中国人民创造了新民主主义革命的伟大成就,从此,爱好和平的中华民族和世界各族人民能够以勤劳而勇敢的姿态，创造自己的幸福和文明的同时，也促进了世界的和平与发展。一百多年来，中国共产党带领人民创造了四个时期的伟大成就，书写了中华民族发展史上最恢宏的历史篇章。这一百多年来取得的伟大成就，开辟的伟大道路，同时也是开掘中国共产党精神之源、熔铸中国共产党人精神谱系的构筑史、传承史。党带领人民在一百多年来救国、兴国、富国、强国的奋斗历程中，在锻造的一系列伟大精神中所表现出来的革命理想高于天的信念，不怕牺牲英勇斗争的无畏气概，一心为民的公仆情怀等鲜明特质，为我们充分肯定历史成就，坚定历史自信，继续以坚定的理想信念和不懈的奋斗精神实现第二个百年奋斗目标提供了战胜困难的精神动力。

第二，研究中国共产党人精神谱系具有较强的实践意义。习近平指出：实现中国梦，必须"心往一处想，劲往一处使"[①]。在新时代新征程上继续为实现第二个百年奋斗目标勇毅前行，就要凝聚更加磅礴的精神力量。从鸦片战争到中国共产党成立的 80 年间，为了抵御外来侵略、挽救民族危亡，各派社会力量轮番登场，然而旧中国人心不齐，一盘散沙，人民在精神上迷茫，不知向何处去。直至 1921 年中国共产党成立以后，在马克思主义的指导下，中国共产党人以坚持不懈的奋斗精神、视死如归的牺牲精神开天辟地，熔铸了一个又一个精神丰碑，锻造形成了接续发展的中国共产党人精神谱系。可以说，中国共产党人精神谱系是在追寻实现中华民族伟大复兴的道路上淬炼而成，并将伴随着新时代新征程接续实现中华民族伟大复兴而不断赓续、创新、发展。在新的历史起点上，要克服前进道路上的一切困难，破除所有困局，就必须传承好红色基因，用伟大精神鼓舞人心，激励斗志，画好全体中华儿女万众一心、砥砺奋进、开拓创新的"最大同心圆"。

---

① 《习近平谈治国理政》(第一卷)，外文出版社，2018 年，第 40 页。

第三,研究中国共产党人精神谱系具有较强的时代意义。当前,我们正处于实现中华民族伟大复兴的关键时期,然而我们所面临的困难、风险与挑战前所未有,我们必须准备付出更大的努力。中国共产党人精神谱系是中国共产党人不畏艰险、敢于斗争、百折不挠的精神品质的真实写照,面对前进道路上的各种困难挑战,要敢于知难而上,迎难而进,以昂扬的精神状态,传承发展,超越创新,不断跨越前进道路上的坎坷和艰难险阻。研究中国共产党人精神谱系,要立足时代、关注现实问题,着眼于新时代新征程上存在的精神危机,构筑起实现中国式现代化新的精神丰碑,提供新征程上解决精神危机的路径,这既是时代赋予的重要使命,也是重塑精神信仰、提升精神境界的时代强音。

二、研究现状评述

2021年2月20日,习近平总书记首次提出"中国共产党人的精神谱系"①这一重大命题以来,相关领域的研究迅速成为学界研究的一个热点,取得了一批重要成果。目前,对中国共产党人精神谱系的研究多数以国内为主。

(一)国内研究现状

学界最早使用"中国共产党人精神谱系"的概念始于2016年,陈晋在《传承和弘扬中国共产党的"精神谱系"》一文中提出了中国共产党在革命、建设、改革三个时期形成的"鲜明坐标",形成了可以涵养后人的"精神谱系",并列举了三个时期的27种革命精神。在此之前,学界较早对中国共产党革命精神、中国共产党人的精神、红色精神、红色基因等论题展开了较为

---

① 学界在不同场合使用了"中国共产党精神谱系""中国共产党革命精神""中国共产党人的精神"等表述,以上几种术语均指向同一命题,为方便叙述,本书统称为"中国共产党人精神谱系"。

深入的研究,以上几个命题具有同源性,相关论题的研究也可视为本命题的研究成果。

1."中国共产党人精神谱系"相关论文检索和著作出版情况

(1)"中国共产党人精神谱系"相关论文检索情况

第一,以"中国共产党人精神谱系"为主题在中国知网进行检索,截至2023年2月,可以搜索到的相关文献为1291篇,其中核心类论文318篇,尤其是2021年以来出现了爆发式的增长,这些研究成果主要从宏观和微观两个方面展开。一方面,从宏观视角看,这方面的研究成果主要是基于整体视角,对中国共产党人精神谱系的形成、内容、精髓、价值展开研究。此外,这方面的研究成果还包括中国共产党人精神谱系融入高校思政课、融入大学生思想政治教育、融入时代新人的培育、融入社会主义核心价值观等内容。另一方面,从微观视角看,这方面的研究成果主要是选取中国共产党人精神谱系中的某一具体精神形态,对其形成、内涵、价值等内容展开的研究;以此字段检索"学位论文"可以发现,相关研究论文为52篇,其中博士论文9篇,硕士论文43篇。已有研究成果的大多集中在微观层面的某一具体精神,[①]暂无以整体视角研究中国共产党人精神谱系的博士论文。

第二,以此字段在"会议库"进行检索,仅有6篇文章,主要是对某一具体精神形态形成的来龙去脉进行研究。在"报刊库"中,相关文章239篇,主要集中于《中国社会科学报》《人民日报》《光明日报》等中央和地方报纸,主要以弘扬伟大精神,以振奋的精神状态推动实践发展等方面的内容为主。

---

① 这方面的博士论文主要有:敖四江:《八一精神研究》,武汉理工大学博士学位论文,2018年;刘国胤:《新时代弘扬长征精神研究》,辽宁大学博士学位论文,2021年;吕路军:《东北抗联精神研究》,吉林大学博士学位论文,2017年;窦岩平:《太行精神及其当代价值研究》,西北工业大学博士学位论文,2017年;李平:《方志敏精神研究》,南昌大学博士学位论文,2022年;熊标:《苏区精神论》,南昌大学博士学位论文,2014年等。

（2）"中国共产党人精神谱系"相关著作出版情况

近几年来，相关论题的研究迅速发展，形成了较为丰富的研究成果，但研究内容和侧重点各不相同。

一是对中国共产党人精神谱系的整体性分析。以"中国共产党革命精神"为题的研究多对革命精神采取广义的理解，[①]王炳林在《为什么需要精神：中国共产党革命精神引论》一书中以宏观视角系统阐释了革命精神的形成、发展、内涵、地位、特征、价值等内容，具有较强的学理性。[②]

袁国柱在《中国共产党人的精神谱系》一书中系统梳理了四个时期的伟大精神，对中国共产党人精神谱系进行了初步的解读和探索。[③]孙翠萍等在《中国共产党人的精神观》一书中全面系统地阐述了中国共产党人的精神动力观、革命精神观、民族精神观、时代精神观、时代精神的铸造等内容，对中国共产党的历代领导人关于精神的基本观点进行了理论上的总结。[④]李小三在《中国共产党人精神研究》一书中从精神的基本概念入手，阐发中国共产党人精神同民族精神的传承关系、深入挖掘中国共产党人精神的内涵、现状、时代价值和弘扬路径，完整地梳理和勾勒了中国共产党人精神的全貌。[⑤]

二是对中国共产党人精神谱系的阶段性分析。此类型研究对革命精神多采取狭义理解，[⑥]对新民主主义革命时期的几种具有代表性的革命精神的来源、内涵、特点和实践要求等角度形成的伟大精神进行了系统的梳理研究。

---

① 这方面的著作还有：孙秀民编著：《大学生价值观与民族精神教育研究丛书：中国革命精神及其当代价值研究》，北京师范大学出版社，2013年、杨少华编著《引领时代前行的永恒动力——中国共产党革命精神研究》，人民出版社，2014年等著作。

② 王炳林：《为什么需要精神：中国共产党革命精神引论》，中共党史出版社，2021年。

③ 袁国柱：《中国共产党人的精神谱系》，中共中央党校出版社，2021年。

④ 孙翠萍等：《中国共产党人的精神观》，中央文献出版社，2007年。

⑤ 李小三：《中国共产党人精神研究》，中央文献出版社，2008年。

⑥ 这方面的著作有：马新发、雷莹编著：《中国共产党革命精神研究》，中国社会科学出版社，2006年；雷莹等：《不朽的丰碑——中国共产党革命精神历史嬗变研究》，光明日报出版社，2009年。

例如,何虎生在《中国共产党人的精神》一书中从党史的角度,对新中国成立以前的四种革命精神形成脉络、精神内涵等内容进行了详尽地叙述,为研究新民主主义革命时期的中国共产党人精神谱系奠定了浓厚的史学基础。①梅黎明在《精神永存:中国共产党精神概说》一书中,系统梳理了中国在各个历史时期的精神形态、深入系统论述了中国共产党精神的特质、现状、价值和弘扬等理论和现实问题。②以上研究成果对中国共产党革命精神进行了系统而详尽的梳理和研究,这些著作为本书的研究拓展了思路,提供了最为关键的文献准备。

2.关于"中国共产党人精神谱系"的具体研究概况

梳理目前学术界对于中国共产党人精神谱系的研究大致可以分为以下几个方面。

(1)生成逻辑的研究

梳理生成逻辑,是研究中国共产党人精神谱系的逻辑起点。从现有研究成果看,学界主要从理论和实践两个维度对中国共产党人精神谱系的形成条件进行了探讨。从实践的角度出发,朱永刚认为,中国共产党革命精神的生成是艰苦卓绝的革命实践孕育的结果。③王炳林等认为中国共产党革命精神的形成,根本上源于百余年来革命、建设、改革的实践,同时也是对马克思主义的指导,中华优秀传统文化、民族精神,以及世界文明优秀成果等的传承与借鉴。他还认为,辩证唯物主义和历史唯物主义贯穿中国共产党革命精神的始终。④2021年7月,习近平总书记把伟大建党精神定位为中国共产党

---

① 何虎生:《中国共产党人的精神》,安徽教育出版社,2016年。

② 梅黎明:《精神永存:中国共产党精神概说》,中国发展出版社,2014年。

③ 朱永刚:《中国共产党革命精神谱系演化逻辑、共生特质与传承创新研究》,《学习论坛》,2019年第8期。

④ 王炳林等:《关于深化中国共产党革命精神研究的几个问题》,《中国高校社会科学》,2016年第3期。

精神之源，这为学界全面把握中国共产党人精神谱系的生成逻辑提供了理论依据。党的精神谱系就是伟大建党精神在不同历史时期衍生的具体精神序列，伟大建党精神是开篇，是起点，是党的精神谱系的历史源头；①康来云认为，伟大建党精神奠定了中国共产党人精神谱系的文化根基、铸就了思想之魂、明确了价值追求、标注了党性特征。②

（2）基本内核的研究

从已有研究成果来看，学界对中国共产党人精神谱系的基本内核进行了较为丰富的探讨。吴雷鸣认为，中国共产党人精神谱系的核心理念包含了理想信念、为民情怀、斗争和奉献精神等要素；③朱永刚认为，中国共产党革命精神谱系具有创新、进取、奉献、担当、开放等特质，这也是中国共产党革命精神能够超越时空、绵延相传的基因和密码；④邓纯东认为，坚定的理想信念、以人民为中心的价值追求、敢于斗争的英雄气概、自力更生的奋斗精神、与时俱进的革命品格、克己奉公无私奉献的人生观和价值观是中国共产党人精神谱系渗透的共同理念，承载的共同价值，而这些共同理念和价值就是贯穿精神谱系的基本内核；⑤王易认为，中国共产党人精神谱系一脉相承的精髓要义是理想信念、开拓创新、爱国主义、艰苦奋斗、为民情怀，以及崇高的道德。⑥以上几种观点虽然表述略有差异，但是存在高度一致性，较为完整地概括了中国共产党人精神谱系基本内核的全貌。

---

① 《伟大建党精神：中国共产党的精神之源》，《求是》，2021 年第 14 期。
② 康来云：《从建党精神到精神谱系：中国共产党伟大精神的源与流》，《学习论坛》，2022 年第 1 期。
③ 吴雷鸣：《构筑中国共产党人精神谱系的逻辑理路》，《人民论坛》，2021 年第 30 期。
④ 朱永刚：《中国共产党革命精神谱系演化逻辑、共生特质与传承创新研究》，《学习论坛》，2019 年第 8 期。
⑤ 邓纯东：《中国共产党人精神谱系中的核心理念》，《人民论坛》，2021 年第 15 期。
⑥ 王易：《中国共产党人精神谱系的百年流变、精髓要义及赓续发展》，《马克思主义研究》，2021 年第 5 期。

（3）时代价值的研究

刘佳认为，中国共产党革命精神谱系是实现伟大梦想的精神指引、进行伟大斗争的力量之源、推进伟大工程的支撑、筑牢"四个自信"的根基；①王易等从政党、国家、军队三个维度展开，阐述了红色基因具有使国不变色、党不变质、军不变心的时代价值；②丁德科认为，红色精神具有经济、政治、文化三个方面的价值。通过提升人的知识和素质，提升社会劳动效率，从而提升经济发展水平，这是经济价值；通过红色精神提升人的思想政治觉悟，增强政治认同，这是政治价值；提升人的民主和法治意识，促进社会和谐稳定和全面协调发展，这是文化价值；③有学者认为，中国共产党人精神谱系是破解精神危机，建设新型现代性文明、新征程砥砺奋进的力量源泉；④还有的学者认为，中国共产党人精神谱系是思想政治教育资源，是立党、兴党、强党的精神滋养，是实现民族复兴的强大精神力量。⑤

通过对以上研究内容与进展的梳理可以得知，学界在一些关键问题上已经达成了基本共识，形成了一批重要研究成果，这为今后进一步深化这一命题的研究奠定了理论基础。但是，由于中国共产党人精神谱系这一命题正式提出时间较短，不可避免地存在着一些薄弱环节有待继续深入、系统探讨。主要表现为：

一是深化实践弘扬的研究。现有研究大多集中在对中国共产党人精神

---

① 刘佳等：《中国共产党革命精神谱系的三重逻辑》，《中南民族大学学报》（人文社会科学版），2020 年第 6 期。

② 王易等：《论红色基因的生成条件、核心内容及时代价值》，《南开学报》（哲学社会科学版），2022 年第 1 期。

③ 丁德科等：《红色精神百年史述论》，《渭南师范学院学报》，2016 年第 320 期。

④ 王霞：《论中国共产党人精神谱系的理论意涵、鲜明特质与时代价值》，《中州学刊》，2021 年第 11 期。

⑤ 程波、彭雪容：《中国共产党人精神谱系的科学内涵、生成逻辑及价值意蕴》，《重庆大学学报》（社会科学版），2022 年第 8 期。

谱系的形成脉络、精髓要义、发展图谱、时代价值等方面的探讨,鲜有针对现实困境提出的路径、对策式的研究探讨。

二是深化整体性系统性研究。现有研究大多集中在对某一具体精神形态来龙去脉的研究,系统性、整体性地研究中国共产党人精神谱系的成果较少,这为本文的研究提供了一个切入点,本研究将从整体的角度,研究中国共产党人精神谱系的形成基础,探究革命、建设、改革各个时期党的伟大精神形成的历史背景,探寻其中蕴含的深刻内涵、挖掘其时代价值,并通过梳理各个时期具有代表性的具体精神形态,概括中国共产党人精神谱系的精神内核和基本特质,旨在增进实践自觉,更好地传承与弘扬中国共产党人精神谱系。

(二)国外研究现状

国外关于中国共产党人精神谱系的直接性研究成果较少,与本文相关的研究内容主要涉及革命时期的历史研究、领袖人物研究、以及民族精神的研究。

一是对新民主主义革命时期的历史研究。例如,美国著名记者、作家埃德加·斯诺跨过国民党的封锁线,冒险进入延安进行采访,他在《西行漫记》中这样描述中国共产党人的精神:"红党们有一件事是'白'军们所不能抄袭的,那就是他们的'革命意识',而且正是在这种'革命意识'上,建筑了他们主要的精神堡垒……可以从红军部队的政治集会上看出来。在这会议上你可以听到这些青年,宁愿战争至死,去争取一些简单而印在脑子里的信条。"①英国物理学家班威廉这样记录晋察冀抗日根据地的生活情况,在 11 月 15 日、16 日党制展览会所记录的,党员每月的配给量是蔬菜 37 磅半、猪肉 1 磅

---

① ［美］斯诺:《西行漫记》(下),胡仲特、冯宾符译,生活·读书·新知三联书店,2012 年,第 482 页。

半,党员们空闲下来的时候,制造了一些新式家具,"放在窑洞里,显得很不调和,但这当然是一种十分乐观的精神"①;"他们那种特有的乐观精神,在祸患面前从容领略生活趣味的态度……决不是坐在沙发椅上的大哲学家们所发表的那一套冗长空虚理论和规律"②。

二是关于领袖人物的研究。国外关于中国共产党先进人物的研究主要集中在毛泽东、朱德、周恩来等具有强大影响力和号召力的领袖人物。例如迪克·威尔逊著的《周恩来传》③。埃德加·斯诺在《西行漫记》中记录了朱德的真实生平、精神风范等。美国著名记者艾格妮丝·史沫特莱详细记录了朱德的人生和革命经历,并且记录了长征时期的大量史实。④

三是关于民族精神的研究。美国学者亚瑟·亨·史密斯在《中国人的性格》一书中讲到,吃苦耐劳、坚韧不拔、孝悌忠信、宅心仁厚等是中华民族特有的精神品质,但同时,小农经济和以此为基础的封建君主专制制度成为中国下层民众公心缺乏、公共意识淡薄等思想滋生的温床;⑤费正清在深入探究近代以来旧中国对西方殖民统治反应迟钝的原因有二:一是传统格局的惰性与顽固,二是故步自封造成的物质和精神上的封闭自足。

总体来说,国外鲜有对中国共产党人精神谱系的相关研究。西方学者由于政治立场、思想倾向、价值观念迥异,难以站在中国的立场上客观公正地研究中国问题,但是西方学者基于多样化的研究视角和严谨的逻辑分析产生的已有研究成果,为深化本书的研究提供了必要的史料支撑。

---

① [英]班威廉、克兰尔:《新西行漫记》,斐然等译,新华出版社,1988年,第306页。

② [英]班威廉、克兰尔:《新西行漫记》,斐然等译,新华出版社,1988年,第395页。

③ [英]迪克·威尔逊:《周恩来传》,国际文化出版公司,2011年。

④ [美]艾格妮丝·史沫特莱:《伟大的道路——朱德的生平和时代》,生活·读书·新知三联书店,1979年。

⑤ [美]亚瑟·亨·史密斯:《中国人的性格》,乐爱国、张华玉译,学苑出版社,1998年。

三、研究方法与理论创新

进行中国共产党人精神谱系研究是一项系统工程。需要探寻其内在机理,坚持理论与实践的有机统一,以科学的方法展开研究。

(一)研究方法

一是文献研究法。近年来,学界对中国共产党人精神谱系及相关命题展开了非常热烈的讨论,形成了众多理论成果,本书主要通过查找经典著作、史料史稿、电子资源、党章、党代会报告、学术论著、报刊期刊等文献资料来整理、挖掘与本书相关的研究成果,在充分吸收、借鉴的基础上确定本书的研究思路。

二是比较研究法。本书通过对现有研究成果的相关资料、文献进行比较分析,找出当前研究的盲点和不足,将精神谱系历史发展脉络中的各个时期的具体精神形态进行比较,探讨它们之间的共性和个性,找出关联性和差异性。

三是理论与实践相结合的方法。中国共产党人精神谱系作为一个重大课题,首先需要运用严密的逻辑思维进行思考,充分挖掘中国共产党人精神谱系"是什么""为什么""怎么做"等理论问题。进行理论研究的最终目的是为了更好地指导实践。砥砺奋进新征程,着眼于当前意识形态建设的实际,发挥党的精神谱系的时代价值,将理论研究和实践运用相结合,本书的研究才会既有理论深度,又有实践高度。

(二)研究创新

第一,视角创新。目前,大多数研究较为分散,已有研究成果主要集中于某个具体精神形态的研究，基于整体视角的中国共产党人精神谱系成果研究有待加强。本书旨在从宏观视角研究中国共产党人精神谱系的形成脉络，剖析其精神引领作用，旨在提出奋进新征程传承与弘扬的基本路径。

第二，内容创新。目前学界关于中国共产党人精神谱系的研究并不充分。本书对中国共产党人精神谱系形成的理论基础进行了深入阐释，一是梳理了中国共产党人精神谱系形成的理论基础和理论来源。理论基础包括：对物质的反作用原理、认识对实践的反作用原理，以及历史唯物主义社会意识的反作用原理。理论来源包括：马克思和恩格斯关于精神需要、精神生产和精神转化等理论。

二是更新了新时代中国共产党人精神谱系的内容。时代在发展，实践在变化，这为中国共产党人精神谱系注入了新的内涵，本书紧随实践的变化，更新了抗疫精神、北京冬奥精神等精神形态，充实了新时代中国共产党人精神谱系的内容。

三是对中国共产党人精神谱系的时代价值的新思考。本书在对中国共产党人精神谱系的形成、精髓要义、特征等内容的系统研究和分析的基础上，挖掘出党的精神谱系至少具有兴党、强军、铸魂、育人四个方面的时代价值。

四是对中国共产党人精神谱系弘扬和践行路径的新思考。本书在分析当前党的精神谱系传承与弘扬面临的机遇与挑战的基础上，归纳出当前要坚持的基本原则，并在此基础上提出传承与弘扬的基本路径，创新了对中国共产党人精神谱系内容的研究。

第三，研究方法创新。本书尝试将中国共产党人精神谱系进行宏观综合研究，通过梳理历史发展脉络，系统考察中国共产党人精神谱系形成和发展的机理，在此基础上，尝试将精神谱系同一历史分期的具体精神形态进行分析比较，揭示不同精神形态的内涵、实质、演化发展等特征的差异性，在把握共性的基础上，凸显不同精神形态的具体特点。

四、基本概念解析

精神是日常生活中的高频词,对于一个国家、民族,乃至政党都有着至关重要的作用。要研究中国共产党人精神谱系,"必须先知道一个事物是什么"①。厘清什么是"精神",什么是"精神谱系"等基本问题,是开展本书的基本逻辑前提。

(一)精神

精神是一个抽象而内涵丰富的概念。从字义上看,精神由"精"和"神"两部分构成,我国著名哲学家张岱年先生就对"精神"作出如下解释:"精是细微之义,神是能动动作用之义"。②不同领域的精神有着不同的定义。例如,宗教中的精神是指独立于人的意识之外的一种特殊而神秘的存在。心理学中的精神是指与人的意识、心理状态、思维活动等与心理机制有关的表征。精神有广义和狭义之分,狭义上的精神是指意识的一种,是指人的感觉、知觉、情感等不构成社会意识的人的一切心理现象的总和;广义上的精神包含人的一切心理活动的无意识的方面,也包括思维、意识、情感等有意识的方面,是指人类的一切精神现象,例如理想信念、价值追求、行为规范、路线方针等。从内容层面来看,既包括先进的、高尚的、正确的思想观念,也包括落后的、腐朽的、错误的思想观念。

古今中外的先贤们对精神都进行过深入的思索和把握。《庄子》《周易》《论语》等古代典籍中就已经出现了精神一词。《淮南鸿烈》从人的"形"与"神"的范畴探讨人的形体和精神,提出"夫精神者,所受于天也,而形体者,

---

① 《马克思恩格斯选集》(第四卷),人民出版社,2012 年,第 251 页。
② 《张岱年全集》(第 5 卷),河北人民出版社,1996 年,第 418 页。

所禀于地也"①。《荀子·天论》一书中将"精"与"神"拆开使用,提出"天功既成,形具而神生",这就是说,先有自然界,而后有人类,有了人的形体,人的精神就随之产生,体现了朴素的唯物主义思想。东汉思想家王充在《论衡》一书中提出:"凡天地之间有鬼,非人死精神为之也",在这里,"精神"的实质意义则为"灵魂"。除此之外,儒家所提倡的"慎独""中庸""太极"、道家所提倡的"道""气""神""无极"等观点都从不同视角对精神的范畴进行认识和把握。

西方哲学家和思想家对精神的探讨最早可以追溯到古希腊。哲学家阿那克萨戈拉认为,"奴斯"是一种特别而单一的物质元素,存在于一切事物和物质之中,它能够推动控制自身,乃至其他物质的运动。之后,苏格拉底、柏拉图、亚里士多德等哲学家都对"奴斯"进行了系统的阐释,将之视为纯粹的精神实体,即认识主体的"理性",这里的"理性"实质上是"精神"的另一种表达方式。自此,唯心主义哲学家开始从这种意义上使用"奴斯"这个概念,即用精神来解释世界的本源。

黑格尔在此基础上进一步认为"奴斯"是绝对的,是世界万物的灵魂和前提,是世界的灵魂和内在本性,"精神"一词是他的客观唯心主义哲学体系的核心。他提出,精神哲学是关注人自身和意识发展的哲学,是研究精神发展的最高阶段,是绝对精神自我发展的第三个层次。这一层次的精神运动由展现个人的主观意识活动本身的"主观精神"、人类主观精神所创造的包括道德、法律、伦理等在内的客观社会和历史形态的"客观精神",以及主观与客观精神合体的"绝对精神"三个阶段构成。黑格尔建立的由先验存在的精神外化回归自身的、以绝对精神为尺度的哲学体系,其世界观把绝对精神作为第一性,是唯心主义的世界观,必然会被超越。

马克思对黑格尔唯心主义思想体系进行了扬弃,马克思主义哲学中的

---

① 刘安:《淮南鸿烈》,载《百子全书》(第五册),浙江人民出版社,1984年。

精神是与物质相对的概念，"人们的想象、思维、精神交往……是人们物质行动的直接产物"①，是由社会实践产生、客观世界存在于人脑中的主观意识、心理状态的总和，这就揭示了精神背后隐藏着的"物质"事实。基于唯物史观的视角，在历史发展中所产生的政治、法律、道德等也是物质生产的产物，历史发展过程中所存在的思想形态"都是'后精神'的东西，即'物质变精神'的质量转换状态"②。

（二）谱系

"谱系"一词，中国自古就有，《说文解字》中的解释是"谱，籍录也。从言普声"③。"谱"作为名词时，常见的词汇有年谱、菜谱、家谱等，从字面意思看，就是指记录人物、菜品、家族的类别和系统的表册。"系"在《说文解字》中的解释是"系，繫也"④。"系"作名词时，本意指垂统于上而承于下。通俗地讲，就是指有连属关系的。把"谱"和"系"连在一起，则是对宗族世系的统称，也就是家史，又叫作世系、世系图，专指记录家族世代繁衍的一个前后序列变化的系统文献。在中华民族几千年的历史发展中，谱系承担了记录家族世系的人物和事迹发展历史脉络的重要功能。

中国传统的谱系研究，旨在通过考据的方法体现事物系统性、秩序性、历史性的变化过程，传统的谱系研究包含着横向和纵向两个维度的内容。从横向维度来看，完整地展现研究对象的所属、类别和体系是谱系研究的要旨所在；从纵向维度来看，通过历时性的源流梳理，展现研究对象"世系"承继的发展关系，既是开展谱系研究的方法，同时也是目的。

---

① 《马克思恩格斯选集》（第一卷），人民出版社，2012年，第151页。
② 秦在东：《社会主义精神质量：逻辑关联与价值转换》，华中师范大学出版社，2010年，第11页。
③ ［东汉］许慎：《说文解字》，中华书局，1985年，第72页。
④ ［东汉］许慎：《说文解字》，中华书局，1985年，第429页。

在西方传统意义上的谱系学，一般是由英文 Genealogy 译介过来的，根据《不列颠百科全书：国际中文版》的解释，Genealogy 原本指的是对家族渊源和历史的研究。为了获得一个家族亲属及其成员的血统信息，谱系学家通常会对直系和旁系亲属等家庭成员的亲属关系、遗传病表现等资料进行基因分析和记录。在此之后，尼采将"谱系"（Genealogy）引入哲学领域，探索现代道德的形成，揭示如何构建道德谱系。福柯将谱系学作为历史学的方法论，旨在从繁杂的历史文献中通过寻找事物发展和演变的历史足迹，从而建立起历史的连续性。

（三）中国共产党人精神谱系

中国共产党人精神谱系是中国共产党政治文化的集中体现。"中国共产党人的精神谱系"这一重大命题自 2021 年被首次提出以来，成为近几年学界研究的热点问题。目前，学界对中国共产党人精神谱系内涵的表述存在不同，学界分别从"体系论""系统论""文化融合论""要素论""马克思主义整体论、谱系方法论"等角度对中国共产党人精神谱系的内涵展开了多个角度的探索。①本书认为，中国共产党人精神谱系是百余年来我们党在血雨腥风、筚路蓝缕的奠基立业中，以马克思主义信仰和共产主义理想为基础，以中华优秀传统文化和民族精神为借鉴，以伟大建党精神为源头，基于党领导人民救国、兴国、富国、强国的奋斗实践铸就的精神"族谱"，集中体现了中国共产党的性质宗旨、使命担当和初心使命。

运用谱系学的方法进行理论构建，可以从横向和纵向两个维度来构建中国共产党人精神谱系的图谱。从纵向维度，即历时性的维度看，中国共产

---

① 金更兴：《中国共产党人精神谱系研究的重要成就与理论进路》，《西南大学学报》（社会科学版），2022 年第 6 期。

党人精神谱系的发展脉络可以按照党史分期划分为四个历史时期，本书主体部分的行文思路也是按照四个时期的历史发展脉络进行的梳理，在此就不作过多赘述。

从横向维度，即共时性的维度看，中国共产党人精神谱系可以在横向的时空分布中按照类别种属进行归类，主要可以按照杰出人物、典型地域、重大事件等要素进行分类。具体来说，一是按照杰出人物来分类。在新民主主义革命时期，中国共产党构筑的精神谱系就包括有方志敏精神、白求恩精神、张思德精神等。在社会主义革命和建设时期，中国共产党构筑的精神谱系有为人民服务、为社会奉献的雷锋精神，有亲民爱民、为了改善人民生活条件而鞠躬尽瘁、死而后已的焦裕禄精神，有充分体现钢铁的意志、彰显崇高奉献境界的铁人精神等。在改革开放和社会主义现代化建设新时期，中国共产党构筑了这一时期纯真质朴、崇高伟岸的孔繁森精神，在竞技体育领域运动员们展现出来的团结一心、为国争光的女排精神等伟大精神。在中国特色社会主义新时代构筑起来的精神谱系有工匠精神、劳模精神、企业家精神、科学家精神等精神，这些精神元素既是杰出个人的典型代表，也是中国共产党人精神的集中体现。

二是按照典型地域来分类。在井冈山、中央苏区、延安、西柏坡、北大荒、大庆、河南林县等地铸就的伟大精神，记录着中国共产党由小到大、由弱到强、由苦难走向辉煌的发展足迹，彰显了不同时空条件下中国共产党的主要实践方向。

三是按照重大事件来归类。惊心动魄的重大历史事件绘制了中国共产党波澜壮阔的百年精神图谱。有革命战争时期先进的中国共产党人上下求索、相约建党铸就的伟大建党精神，有中国共产党人不畏反动派的屠杀和白色恐怖的蔓延，在毅然开展武装革命斗争的实践中孕育的八一精神，有中国共产党领导红军饱尝艰辛、历经磨难铸就的长征精神，有在崇高的爱国主义精神的感召下抗击日本侵略者形成的抗战精神，也有共同抵御自然灾害形成的抗洪精神、抗震救灾精神等，还有科技工作者迎难而上、紧紧围绕国家的科技战略需求孕育形成的"两弹一星"精神，航天人历经一代又一代人的努力，攻坚克难，从一片空白到跻身世界前列铸就的载人航天精神，更有在重要时刻铸就的改革开放精神、北京冬奥精神等伟大精神，充分展现了中国共产党人勇于攻坚克难、开拓创新的优秀品质。

要准确地把握中国共产党人精神谱系的内涵，需要从以下两个方面加以把握。

第一，中国共产党人精神谱系是一个有着严密逻辑的精神系统。中国共产党人精神谱系是一百多年来中国共产党带领人民展开的伟大实践历程中铸就的各种具体精神形态的集合，是无数先进的共产党员、先进模范、英雄群体，以及广大人民群众用智慧和汗水甚至是宝贵生命淬炼而成的，但这并不意味着中国共产党人精神谱系是各种精神的简单堆砌，相反，各种具体精神形态反映时代和实践特点，它们是一脉相承而又与时俱进的，反映了共产党人独有的精神基因。

第二，中国共产党人精神谱系是一个开放的精神系统。党的精神谱系的内容体系将伴随着党带领人民开展的新的实践不断赓续发展。中国共产党人精神谱系的形成和孕育离不开百年来党带领人民开展的伟大革命、建设、改革实践，早已融入国家、民族和人民的精神血脉，成为全党和全体中华儿女坚定信念、凝聚共识的磅礴精神力量，成为全党和全国人民克敌制胜、创造一个又一个伟大奇迹的精神法宝。与此同时，也必将伴随着新征程上实现第二个百年目标的伟大实践不断充实新的内容，实现党的精神血脉的赓续发展。

第二章 ‖ 中国共产党人精神谱系的 形成依据和基本特征

理论是时代的产物。中国共产党人精神谱系的形成以辩证唯物主义和历史唯物主义为哲学基础,是对马克思和恩格斯精神需要、精神生产和精神转化等理论的继承和发展,更是对矢志践行初心、担当使命,开天辟地创造辉煌的百余年实践征程的深刻总结,具有继承性与创新性、民族性与世界性、历史性与现实性、包容性与开放性等共同特征。

一、中国共产党人精神谱系的形成依据

中国共产党人精神谱系作为一系列伟大精神的有机整体,它不是凭空产生的,其形成必然基于一定的理论和实践根基。

(一)中国共产党人精神谱系形成的理论基础

1.意识对物质反作用原理

马克思主义经典作家围绕精神作出过诸多研究,形成了许多重要的理论。马克思主义经典作家在坚持一元论,承认物质决定精神的同时,也十分重视精神的作用。

辩证唯物主义物质与意识的辩证关系原理告诉我们,意识是由物质决

定的,是人脑对自然界和人类社会的主观印象,是人这种具有思想和感觉的高级动物区别于动物的特征。人之所以区别于动物,关键在于人是"有意识的生命活动"①,能够"有意识地自己创造自己的历史"②。人的意识的自觉性、能动性使人能在社会实践中发挥重要作用。

第一,意识使人的活动具有目的性和计划性。所谓目的性,是指目标、意图,所谓计划性,是指为实现目标而采取的方案、实施的途径。人在实践中总是根据客观对象制定方案、确立目标、构建蓝图,并且能够事先预测和判断行为的后果。

第二,意识具有创造性。意识能够反映客观世界,能够追溯过去,复刻现在,预测未来,建构一个现实中未曾有的理想世界,但是意识绝不是机械的反映,一方面,意识能够反映客观事物的外部表征,另一方面,意识同样可以通过加工建构感性材料,反映事物的本质性和规律性内容。

第三,意识能够通过实践改造客观世界。意识不仅仅是在实践中形成的目的、计划、方案等观念性质的东西,更为重要的是,意识能够指导实践,创造出原先世界所没有的东西,"以自己的行动来改变世界"③,使观念变成现实。意识对实践的指导意味着对客观世界变化过程的强化,人的参与是创造和改变世界的必备因素。

第四,意识能够调节和控制人的生理活动。意识、观念等的产生依赖于人的生理过程产生,人的意识、观念等反过来能够影响人的生理过程,调节乃至控制人的生理过程。

精神作为意识的一个方面,主要包括人的情感、意志、思想、信念、信仰、道德等生命体征和一般心理状态。对于个体而言,精神在增强人的活动的自

---

① 《马克思恩格斯选集》(第一卷),人民出版社,2012年,第56页。
② 《马克思恩格斯文集》(第九卷),人民出版社,2009年,第421~422页。
③ 《列宁全集》(第55卷),人民出版社,2017年,第183页。

觉性、计划性等方面发挥了重要作用,对于由个体组成的社会而言,更是如此。人们在改造自然界和人类社会的过程中总是为了实现目标而进行自觉的活动,实现目标需要理想追求,需要精神动力,需要为了实现理想不懈奋斗。

旧中国的贫苦大众在经济上、政治上、精神上长期饱受"三座大山"的压迫和束缚,直到找到马克思主义这个真理,中国人民的精神面貌才开始发生变化。马克思主义犹如黑夜里的一道霞光,点亮了实现救国救民的灯塔。为了改变山河破碎、民生凋敝的窘境,中国共产党应运而生。自诞生的那一刻起,中国共产党就立足时代潮头,始终牢记"救国"的中心任务,把实现共产主义理想作为目标,矢志不渝地为实现人民幸福、民族复兴而奋斗始终,带领人民建立了开天辟地的宏大伟业。马克思主义从被少数先进的共产党人接受,到逐渐在中国占据意识形态的主导地位,中国人民从逆来顺受到意气风发,精神上从被动转为主动,马克思主义激活了中华民族几千年创造的中华文明。在马克思主义的指导下,党领导人民在实践中不断创造出新的精神财富,为全党和全国人民继往开来、实现中华民族伟大复兴提供源源不断的精神动力。

2.认识对实践的指导作用原理

辩证唯物主义认为,实践是认识的基础,认识能够对实践产生能动的反作用。认识的本质是主体对客体的能动反映,这种能动作用表现为认识的反映性特征,既能够反映客体的内容,又表现为认识具有创造性特征,即能够反映实践的要求。

一方面,认识能够反映客体的内容。人的认识是以客观事物为原型,透过纷繁复杂的表现形式在思维中对客观事物的状态、属性的再现,从根本上看,认识是人对客观世界的反映,这反映了认识的客观性。另一方面,认识具有创造性。人的认识不是对客观事物简单而直接的临摹或者是原样重现,而是一种能动的、富有创造性的活动。要想在实践中获得预先想要达到的目标,就要求既看到事物表象,更要透过表象,运用辩证的思维方法,对观念中的对象进行创造性的分解、加工和改造,从而把握事物的本质和规律。中国共产党人精神谱系就是基于一百多年艰苦实践形成的富有能动性、创造性的"认识",既是透过一百多年来波澜壮阔的生动实践对历史规律的深刻透视,也是为了实现中华民族伟大复兴这一宏大历史使命,在一百多年征程中矢志不渝、奋勇向前实践的精神指引。在一百多年的实践中,中国共产党人不断弘扬伟大建党精神,在实践历程中创造了新的精神形态,不断指导着中国革命、建设、改革事业取得新的胜利,彰显了伟大精神的能动性作用。与此同时,党领导人民在实践中不断弘扬伟大建党精神,在实践过程中孕育了新的精神形态,丰富了党的精神谱系的内涵。

3.社会意识反作用原理

社会存在是社会生活的物质方面,包括了自然地理环境、人口、物质生产方式等要素,社会意识则是对以上要素的反映,是社会生活的精神方面,反映了在经济上占统治地位的阶级的思想文化和意识形态,具有鲜明的阶级属性。社会存在和社会意识的辩证关系原理告诉我们,人是具有主观能动性的社会实践主体,由社会存在决定,并以理论、心理、思想、精神等形式存在着的社会意识能够对人们改造自然界、改造人类社会、创造美好生活的实践活动产生能动的反作用。

社会意识源于社会存在,产生于交往活动的需要,是对以实践为基础的现实世界的反映。伴随着脑力劳动和体力劳动的分工,人逐渐摆脱了最初的"纯粹动物式的意识",逐渐去构造神学、哲学、道德等"纯粹"的理论。随着社会生产力的发展,社会物质生产和物质交往不断发展的同时,社会意识也相应地发展和变化。

一方面,社会意识具有社会历史性。社会意识由经济基础决定,随着社会生产力的不断发展、新的生产资料所有制和生产关系的确立,社会意识也相应变化和发展,反映出不同的时代特征。

另一方面,社会意识具有相对独立性。这主要表现在三个方面。一是社会意识具有不平衡性和不完全同步性。一般来说,物质积累丰富、经济发展水平较高的国家和地区会产生先进的社会意识,相应地在一些经济社会发展较为落后的国家和地区则产生相对落后的社会意识。但是经济发展与社会意识并非完全同步。二是社会意识具有历史继承性。一个社会中的诸多社会意识是具有继承性的历史链条,它们之间相互影响、相互作用,体现出独特的规律性。三是社会意识具有能动的反作用。先进的思想、理论、精神等能够反映社会发展的趋势和要求,对社会发展起到积极的作用;反之,落后的思想、理论、精神等则滞后于社会发展,甚至对社会发展起反作用。这也就反映出社会意识是与一定的生产力与生产关系的发展水平相适应的,社会意识不会凭空出现,社会意识的发展体现了对社会存在相应需求和价值的满足。

因此,必须把是否正确反映社会存在作为社会发展理念、方针、政策正确与否的根本标准。文化是社会意识形态的重要内容,是人类智慧、国家命运、民族灵魂的重要体现,先进文化反映社会生产力的发展水平,能够成为促进人类社会发展的重要思想武器。文化对社会发展的作用主要体现在四个方面。

一是能够为社会发展提供思想保障。文化是经济、社会、政治的反映,能够发挥批判和维护社会的功能,影响社会发展的方向。中国共产党人精神谱系是全党和全国各族人民独特的精神基因,能够为全党和全体中华儿女砥砺新征程、奋进新时代提供强大的精神力量。

二是能够为社会发展提供精神动力。苦难辉煌的百年党史是中国共产党人精神谱系最深厚的历史积淀,中国共产党之所以能在百年血雨腥风中生生不息,就是因为精神谱系的支撑和滋养。中国共产党人精神谱系是一百多年来凝聚和团结广大人民群众团结奋斗的伟大精神力量,是新征程中全体中华儿女继续前行的精神动力。

三是能够为社会凝聚磅礴力量。在一定社会中占主导地位的思想道德规范和价值体系能够促进社会认同,凝聚共识。中国共产党人精神谱系随着一百多年的奋斗实践不断与时俱进、开拓创新,为增强国家认同和中华民族的民族自信心、自豪感,为培育中华儿女共同的精神家园,凝聚了强大的动力。

四是能够为社会发展提供智力支撑。自然科学和社会科学是人类文明的伟大成果,是人类认识世界和改造世界的科学支撑。一个国家要繁荣发展、不断走在时代前列,不仅要发展自然社会科学,同样要大力发展哲学社会科学,这是因为,哲学社会科学的发展繁荣不仅体现了一个民族思维能力和精神品格等综合素质,而且体现了国家文化软实力和综合国力。社会意识对社会实践的反作用就要求必须重视社会意识的作用,中国共产党人精神谱系的形成、繁衍和存续是基于党在革命、建设、改革的实践形成的经验性事实的升华,其中蕴含着的上下同心的大局观、敢于奋斗的革命观、舍生取义的义利观等是不断鼓舞党的革命、建设、改革走向胜利的精神动力。

(二)中国共产党人精神谱系形成的理论来源

马克思基于唯物主义的视角,阐明了作为"理论产物和意识形态"的精神由实践决定、受实践规律的制约,并对实践起到能动的反作用的实践机理。

1.马克思和恩格斯关于精神需要的理论

马克思和恩格斯关于精神需要的理论是从"需要的人的本性"出发对自身全面占有时的"精神需要"。人的精神需要是人的本性,是人区别于动物的根本动因。需要反映的是人在现实生活中的贫乏状态,人要实现自身的生存与发展,就必须依赖客观的生存条件,对客观对象进行摄取,以满足人的生命活动的需要。人的需要是人之为人的内在规定性,是与生俱来的,人之所以区别于动物,就在于人有自觉的精神活动和交往,能够使客观对象"变成自己的意志和意识的对象"①。

人的精神需要具有无限性、广泛性、历史性。作为一个社会历史范畴的人,人的需要以"吃穿住用行"为基础,但又不仅仅局限于此。人的基础性的生存需求得到满足之后,人们便会出现新的精神需求。而在此层次上表现出来的新的精神需求"以全部感觉在对象世界中肯定自己"②,即人的自我意识。人的自我意识具体体现为人的意志、勇气、情感、信仰、慰藉等情感,是为实现自我平衡、获得自我肯定表现出的意志追求。在这当中,不同类型的精神追求所发挥的意义有所不同,人们的勇气、情感、思考等或许是一时的兴奋冲动,而人的精神中深层次的信仰则会伴随着人的一生,在不断追求更高层次的精神追求的过程中,展现出丰富的精神世界和生命形态。

2.马克思和恩格斯关于精神生产的理论

精神生产这一概念的提出并非马克思的创造,精神生产的理论建立在马克思对黑格尔哲学体系和对费尔巴哈抽象的人本主义的批判的基础上。马克思所认为的精神生产一开始就是与物质生产紧密相连的,但由于生产力落后,精神生产只表现为生产思想、观念和意识。随着生产力的发展和社会剩余劳动产品的出现,社会劳动开始分化,社会物质产品开始随着社会分工的出现而变得丰富起来,一部分人承担物质生产,就为另一部分人从事精神劳动提供了条件。

马克思和恩格斯进一步考察精神生产的方式,提出生产的普遍规律支配着精神生产,具体表现在:其一,精神生产的性质由物质生产的性质决定,

---

① 《马克思恩格斯全集》(第42卷),人民出版社,1979年,第96页。
② 《马克思恩格斯全集》(第42卷),人民出版社,1979年,第125页。

从一定历史形式来看,中世纪的生产方式必然与资本主义,乃至社会主义的生产方式有所不同;其二,精神生产能够对物质生产起到巨大的能动作用,精神文化产品可以满足人的文化需要、可以促使社会生产不断发明创造,还可以构建出复杂的意识形态,为物质生产提供智慧启迪,提供价值保障;其三,精神生产是联系物质生产和精神生活的"中间环节",精神生产存在着两大领域,一是"悬浮于空中的意识形态的领域"①,二是政治、法律等上层建筑。处于"中间环节"的精神生产能够建构出复杂的自我发展逻辑,超越决定它所产生的历史条件发挥作用。但是精神生产与物质生产是相辅相成、并行不悖的,二者是有机统一的整体。

3.马克思和恩格斯关于精神转化的理论

马克思和恩格斯承认物质对精神的决定和制约作用的同时,也十分关注精神向物质转化的问题。马克思在《〈黑格尔法哲学批判〉导言》中指出了精神转化为物质力量的三个条件。

其一,精神要转化为物质,必须被人民群众理解和接受。这是因为作为精神力量的理论,只有被人民群众掌握,才能转化为改造世界的武器,才能转化为实践的力量。这一转化包含着两个方面,一方面要转化为人民群众的价值理念和信仰,另一方面要使精神内化为人民群众的工具和手段,这两个方面统一于人民群众认识和改造世界的实践之中。

其二,精神理论要通过展现其真理性为人民群众所接受。理论只有彻底,才能说服人,这里所说的彻底,就是要抓住事物的根本。一是精神要展现真理性。马克思始终坚持理性主义,批判了依靠玄学思辨、任意许诺、神话传说等手段欺骗群众的做法,精神要持久地传承发扬,必须使群众掌握科学的方法,明白精神理论的价值和规律。二是要用通俗的语言向人民群众宣讲精

---

① 《马克思恩格斯选集》(第四卷),人民出版社,2012年,第611页。

神理论。在宣讲中要使语言、思路、方法更加接近群众,向群众讲明讲透,"利用雄辩的事实来宣传彻底改造的必要性"①。

其三,精神要转化为物质必须落实到实践。思想、精神只有在实践中才能实现思想、精神的主体化、精神化,精神力量才能转化为物质力量。否则,就无法实现精神力量的转化。

(三)中国共产党人精神谱系形成的理论借鉴

人们不是随心所欲地去创造自己的历史,而是"从过去承继下来的条件下创造"②。无产阶级创造的文化是同人类社会历史发展相适应的文化,是在吸收借鉴一切人类优秀文明成果的基础上,结合无产阶级的革命实践进行的发展创造。中国共产党人精神谱系的赓续和发展同样源于对中华优秀传统文化和人类优秀文明成果的吸收借鉴。

1.中华优秀传统文化的有益借鉴

中华优秀传统文化是中华文明的智慧结晶,"同科学社会主义价值观主张具有高度契合性"③。中华优秀传统文化中蕴含的仁政德治的民本思想、刚健勇毅的奋斗精神、修齐治平的责任担当精神和威武不屈的爱国主义等价值理念是中国共产党人精神谱系孕育的文化沃土。

第一,仁政德治的民本思想。民本是中国古代政治文化的精髓。早在商周时期,仁人贤达们就认识到民生与国家政权息息相关,提出"民惟邦本,本固邦宁""德惟善政,政在养民"等思想。武王克商之后,周公多次总结殷商覆灭的教训,告诫成王要"以德配天"。孔子明确提出要实行"德政",宣扬周公

---

① 《马克思恩格斯全集》(第2卷),人民出版社,1957年,第574页。

② 《马克思恩格斯选集》(第一卷),人民出版社,2012年,第669页。

③ 《高举中国特色社会主义伟大旗帜 为全面建设社会主义现代化国家而团结奋斗——在中国共产党第二十次全国代表大会上的报告》,人民出版社,2022年,第18页。

"敬天保民"的思想，形象地将君王与民众百姓的关系比作"舟"与"水"的关系，"水所以载舟，亦所以覆舟"，百姓的支持是政权稳固、国家昌盛的重要基础，统治者只有施德政，才能"众星共之"。以民为本，关键是要藏富于民。孔子主张要博施济众，轻徭役、薄赋税，就是要做到亲民、爱民、善待于民。

中国古代的民本思想在近代集中体现为无数仁人志士为了抵御外辱、解救陷于水深火热中的人民，奋起反抗，抛头颅、洒热血，不惜流血牺牲。早期的中共党员大多出身于名门望族，他们投身革命不是为了改变自己的境遇，而是为了改变蒙辱之国家、蒙难之人民。和平建设年代，人民的好战士雷锋，为了党、为了国家、为了人民，把年仅 22 岁的生命献给了党、国家和人民。人民的好干部焦裕禄，心中时刻装着人民，他强忍肝癌的折磨，用一根木棍抵住痛处拼命工作到生命的最后一刻，中国共产党人用自己的实际行动诠释着对传统民本思想的批判性继承和创新性发展。

第二，刚健勇毅的奋斗精神。刚毅勇毅的奋斗精神是几千年来中华民族广为传颂和崇尚的优秀道德品质。远古时期，"愚公移山""精卫填海""后羿射日"等神话传说表达了古人对刚毅、英勇斗争精神的追求和传颂。"艰难困苦，玉汝于成"等古训也表达了勇毅的奋斗精神。《周易》强调"天行健，君子以自强不息"，就是倡导君子要树立勇敢坚韧的精神。孔子讲"士不可以不弘毅，任重而道远"，同样强调的是君子应当以坚强的意志、远大的抱负作为一生的追求。

近代以来，中国共产党把"为实现共产主义奋斗终身"[1]写入自己的党章，在无数次危难时刻甘于献身，挺身而出，前赴后继，浴血奋战，把鲜血和生命奉献给党和人民的事业。在新中国成立以后，我们党领导中国人民敢于建设新世界，誓死拿下大油田，克技术克难关，誓把山河重安排。在启动改革

---

[1] 《中国共产党章程》，人民出版社，2022 年，第 29 页。

开放后,从敢闯、敢试、敢为人先的特区精神,到书写脱贫攻坚精神,百余年来,中国共产党始终弘扬刚健勇毅的奋斗精神,使其成为前进道路上不可战胜的精神力量。

第三,修齐治平的责任担当精神。中华优秀传统文化提倡的人是"类"的人,而不仅仅是个体的人。孔子讲"己欲立而立人,己欲达而达人",是以推己及人为核心的。朱熹强调格物、致知,通过格物致知以正心修身,解决的是"内圣"问题,修身而后才能齐家、治国、平天下,解决的是"外王"的问题,由此延伸出"内圣外王之道",表明个人的价值在于对他人、对社会、对国家的奉献。

中国共产党自成立之日起,就自觉担当起实现中华民族伟大复兴的时代重任,在 14 年的抗日战争中,无数共产党员为了民族大义舍生忘死,不畏强暴,展示了中国共产党人血战到底的英雄气概。新中国成立以后,面对美国对新中国政权的严重威胁,英勇的中国人民志愿军为了祖国的尊严和人民的利益,反抗强权,最终以"钢少气多"战胜"钢多气少",铸就了抗美援朝精神。在极为恶劣的生活和工作条件下,多少科学家隐姓埋名,忠于职守,无私奉献,为了祖国和人民的利益甘愿付出自己的所有,形成的"两弹一星"精神等伟大精神都体现了对中华优秀传统文化中"修齐治平"的责任担当精神的继承和诠释。

第四,威武不屈的爱国主义精神。威武不能屈体现了五千多年中华优秀传统文化中的铮铮爱国之志。"利于国者爱之,害于国者恶之""明犯强汉者,虽远必诛!""舍生取义"的民族大义已经融为中华民族代代相传的精神基因。战国时期,曹刿、申包胥在国家危难之际挺身而出,为国游说,以聪明才智报效国家,或以自己过人的胆识为国排难。宗泽对南宋朝廷一片忠心,忧愤成疾;明朝时期,面对海盗、奸商、倭寇的频繁侵袭,为保卫东南沿海地区的安宁,戚继光率领戚家军英勇抗倭。近代以来,面对西方列强殖民者肆无忌惮地销售鸦片，无论是林则徐虎门销烟，还是三元里人民团结一致抗英斗争，再或是义和团鏖战八国联军，无不表现了英勇的中国人民威武不屈、抗暴御辱的爱国主义精神。

威武不屈的爱国主义精神为先进的中国共产党人承继和发扬，深刻的爱国主义情怀内蕴于中国共产党救民于水火、救国于危难的责任担当之中。近代以来，中国共产党带领人民在誓死抵御外辱、捍卫国家的独立和领土；面对敌人的血腥杀戮，刘胡兰以"怕死不当共产党"的英雄气概英勇就义，表现出最坚定、最彻底的爱国精神；面对新中国一穷二白的烂摊子，石油工人誓死拿下大油田，坚决弘扬"猛如老虎，细如绣花"的"铁人精神"；在民族大义面前，中国共产党人将个人生死置之度外，以崇高的理想信念，续写一个又一个的伟大胜利。爱国主义已经成为党的精神血脉中最深沉的底色，为共产党人自力更生、不畏险阻等精神内核的形成提供了精神血脉的滋养，积聚了实现中华民族伟大复兴的强大精神力量。

2.人类优秀文明成果的吸收借鉴

人类优秀文明成果同样也是中国共产党人精神谱系形成和发展的重要借鉴。这主要体现在以下三个方面。

第一，中国共产党的创立者和早期领导人是在走出国门，接触国外优秀文明成果的基础上，确立了对马克思主义的信仰。"共产党""社会主义""革命"等词均为日源词汇，都是由赴日留学的先进知识分子翻译并带回中国的。陈独秀、李大钊都曾赴日本留学，回国后，他们积极致力于研究和传播马克思主义，并创建了中国共产党。周恩来、邓小平、陈毅、聂荣臻等党的早期领导人曾赴法国勤工俭学，并在留学期间确立了马克思主义信仰。朱德也曾赴德国勤工俭学，并由张申府、周恩来介绍，加入了中国共产党。刘少奇同样也是在莫斯科东方大学学习期间，确立了革命人生观，由青年团员转为共产党员的。由此可见，赴国外留学吸收的新思想、形成的新视野、吸取的新的文明成果,对于党的早期领导人确立坚定的信仰、选择正确的革命道路、推动我国的革命实践的发展起到了至关重要的作用。

第二,国际援助促进革命形势向有利的方向发展,为党的伟大精神的孕育发挥了重要作用。俄国十月革命一声炮响,给我们送来了马克思主义这一科学真理,帮助我们"用无产阶级的宇宙观作为观察国家命运的工具"①,使我国先进的知识分子开始重新思考我们国家的命运何去何从的问题。1921年,中国共产党,是在马克思主义传入中国之后、顺应世界大势应运而生的,既是马克思主义与我国工人运动相结合的结果,同时也是苏联和共产国际给予我们巨大帮助、加速了中国共产党创建的历史进程的结果,这一伟大实践为伟大建党精神的铸就孕育发挥了十分重要的作用。

第三,中国共产党十分注重在实践中吸收和借鉴人类文明的先进理念为我所用。早在 1956 年,在党带领人民探索社会主义建设道路时期,毛泽东就提出学习一切民族、一切国家的长处,学习政治、经济、科学、技术、文学、艺术等一切好的东西的要求。邓小平强调,"现在的世界是开放的世界"②,坚决主张实行对外开放。1979 年 1 月,尘封 30 年的中美外交窗口重启,邓小平访美 9 天,出席了近 80 场会谈、会见,参加了约 20 场宴请和招待会,通过访美之行,极大地拓宽了世界视野。邓小平极力主张发展社会主义必须吸收借鉴人类文明创造的一切优秀成果,吸收借鉴当今发达资本主义国家的一切先进的管理模式和先进的经营模式。我国沿海地区设立的经济特区作为我们学习西方发达国家先进经验的一个窗口和桥梁,吸收借鉴了许多西方的先进理念,这些先进理念有力地促进了我国经济社会的发展,我国社会主义现代化建设注入了可持续发展的精神动力,也铸就孕育了伟大的改革开放精神。

---

① 《毛泽东选集》(第四卷),人民出版社,1991 年,第 1471 页。
② 《邓小平文选》(第三卷),人民出版社,1993 年,第 64 页。

（四）中国共产党人精神谱系形成的实践依据

具体精神形态的形成离不开特定的时间、空间、人物，以及所进行着的具体实践等诸多要素的结合和相互作用。一百多年来，中国共产党带领人民在苦难中奋起斗争，为改变贫穷面貌艰苦奋斗，在自然灾害面前团结一致众志成城，为促进科技进步攻坚克难……百余年来的伟大实践历程是中国共产党人精神谱系形成和发展的根本来源。

1.争取民族独立和人民解放的革命斗争

19 世纪中叶开始，中国被迫打开国门。在外忧内患的困局下，人民被三股势力"封印"，遭受了太多的磨难和牺牲。然而伟大的中国人民从没有在困难面前退缩。鸦片战争之后，改变贫穷落后的社会状况，拯救军阀混战中颠沛流离的中国人民，挽救被帝国主义列强殖民的中华民族，成为全国各族人民的共同愿望。面对山河破碎、战乱频仍的窘境，无论是地主阶级为维护封建统治开展的洋务运动，还是农民阶级开展的风起云涌的农民起义，再或是维新派主导最终"难产"的戊戌变法等一系列实践已经证明，他们都不能承担起历史的使命。直到马克思主义传入中国，中国共产党应运而生、应势发展，从此，全体中华儿女"在精神上就由被动转入主动"①。

中国共产党勇于承担时代使命，以矢志不渝的革命气概、视死如归的牺牲精神铸就了一座座精神丰碑。随着北伐战争的节节胜利，蒋介石发动反革命政变，大肆屠杀在大革命中发展起来的党员和革命力量。面对国民党的血腥屠杀，中国共产党人没有气馁，他们用信仰的火炬点亮了漆黑的长空，开辟了中国革命的新道路。毛泽东带领秋收起义失利的部分工农红军走上了井冈山。在经济落后、生活艰苦的恶劣环境中，党员和红军战士随时都可能

① 《毛泽东选集》(第四卷)，人民出版社，1991 年，第 1516 页。

在战斗中牺牲。在艰苦卓绝的斗争中，以毛泽东同志为主要代表的中国共产党人坚定执着、实事求是，为中国革命的胜利撒下了燎原的火种，铸就了井冈山精神。

在第五次反"围剿"失败之后，红军几乎濒于绝境。1934 年 10 月，党领导红军被迫开始长征，在遵义，中国共产党人以高度的历史担当精神，在关键时刻独立自主地作出决定，挽救了中国革命，挽救了危如累卵的党，形成了遵义会议精神。在长征千锤百炼的行进中，党带领红军不怕牺牲，百折不挠，前赴后继，在雪山、草地的漫漫征途中铸就了伟大的长征精神。1936 年 10 月，红军三大主力到达延安会师，至此，延安开始成为全国革命的根据地。在这一时期，党带领人民开展轰轰烈烈的大生产运动，铸就了延安精神。解放战争时期，中共中央迁驻西柏坡，西柏坡由此成为"中共中央最后一个农村指挥所"。在短暂的一年零三个月的时间里，中国共产党人功勋显著，立志考好各项"考试科目"，形成了西柏坡精神。

2.探索国家富强和人民富裕的建设实践

新中国成立以后，党号召人民继续大力发扬革命年代敢于与天斗、与地斗，不怕牺牲的艰苦奋斗精神，谱写了以巩固新生政权、自力更生建设社会主义为主旋律的英雄史诗。

为应对美国对新中国政权的严重威胁，英勇的中国人民志愿军为了祖国的尊严和人民的利益，为了人类和平与正义事业，英勇顽强，舍生忘死，用数以万计的鲜活生命和鲜血锻造形成了抗美援朝精神。在践行全心全意为人民服务的过程中，涌现了以雷锋为代表的先进模范，形成了"毫不利己、专门利人"的雷锋精神。在与自然灾害顽强斗争、切实为群众排忧解难的过程中形成了无私奉献的焦裕禄精神。20 世纪 60 年代，林县人民为彻底解决缺水干旱的问题，连续奋战 10 个春秋，削平了 1250 座山头……十年筑渠的艰辛实践形成了红旗渠精神。在一穷二白的情况下，中国共产党领导人民在建设国家工业体系的过程中形成了大庆精神。在独立开展科研探索的过程中形成了"两弹一星"精神等。

在以"建设"为主旋律的岁月里,中国共产党带领人民捍卫新生政权,激励鼓舞广大人民群众的干劲和斗志,自力更生,艰苦奋斗,直面困难,勇往直前,为保持既定道路的坚定信念、为国家经济科技的独立、为国家政权的稳固发挥了重要的精神激励作用。

3.勇于解放思想、锐意进取的改革实践

改革开放以来,党继续带领人民解放思想。面对频发的自然灾害和新时期的风险与挑战,在没有现成经验和方案借鉴的情况下,党继续带领人民不断开拓创新,谱写了一曲曲精神赞歌。

在波澜壮阔的改革开放实践中,铸就了一系列具有新时期特征的精神形态。这一时期,在"时间就是金钱,效率就是生命"这一拼搏精神的激励下,在敢为人先、敢闯敢试、埋头苦干的实践中形成了"特区精神";在长江干流、鄱阳湖和洞庭湖水系等区域与特大洪水的殊死抗争中,广大官兵上下一心、干群一心、军民一心、前后方一心,在这场抗洪抢险的殊死搏斗中,形成了伟大的抗洪精神;在面对非传统安全的威胁——传染性疾病的殊死较量中,广大党员同志冲锋在前,伟大的白衣天使舍生忘死,广大科技工作者日夜攻关,形成了抗击非典精神。从一片空白到跻身世界先进行列、在科技领域的攻坚克难中,形成了载人航天精神,在竞技体育的运动赛场上展现出来的团结一致、为国争光的女排精神等,为精神谱系补充了"新鲜血液"。

这一时期,在以"改革"为主旋律的时代背景下,党领导人民硬是"杀出一条血路",集中体现了党带领人民勇于开拓新路、攻坚克难的精神和魄力,体现了党领导人民在改革开放的伟大实践中勇于探索,敢于胜利的精神品格,实现了中国共产党人精神谱系的赓续发展。

4.开展自信自强、守正创新的历史性变革

党的十八大以来，以习近平同志为主要代表的中国共产党人聚焦新时代、新矛盾、新任务、新课题，统筹国际国内两个大局，在持续推进民族复兴的历史进程中，在经天纬地的奋斗实干中，弘扬伟大精神，谱写了新时代以"奋斗""实干"为主旋律的宏伟精神诗篇。

为了消除贫困，实现这个千百年来孜孜以求的梦想，党带领人民上下一心，全国一盘棋，坚决打赢脱贫攻坚这场硬仗，如期消除了绝对贫困，彰显了我国制度的优越性，充分说明新时代的共产党人初心不变，使命依旧，铸就了脱贫攻坚精神。面对突如其来的新冠肺炎疫情，党带领全国各族人民众志成城，共克时艰，奋战在一线的医务人员白衣为甲，逆行出征，与时间赛跑，与病毒较量，面对病毒发起的一次又一次冲击，党中央以科学之策带领人民同舟共济，充分彰显了中国共产党的人民性底色，孕育了伟大抗疫精神。广大科技工作者以国家民族发展为己任、将个人理想融入高水平科技的火热实践中形成了科学家精神；在疫情防控最为艰难的时刻，广大冬奥会参与者坚持苦干实干，迎难而上，团结一心、携手联动，共同创造了北京冬奥精神。新时代真抓实干的奋斗实践，为党的精神谱系不断注入了新鲜血液，为在新征程上勇涉险滩、啃硬骨头、谱写实现中华民族伟大复兴的新篇章注入了强大的精神动力。

二、中国共产党人精神谱系的基本特征

一百多年来，中国共产党铸就孕育的精神谱系是中国共产党人奋勇拼搏精神状态的真实写照，虽然由不同内涵的精神坐标共同构成，但是中国共产党人精神谱系是一个一脉相承、与时俱进的整体，具有相对稳定和延续性的共同特征，这些特征集中体现了中国共产党人特有的精神风貌和道

德品质。

(一)理论性与实践性的统一

伟大的事业孕育伟大的精神。中国共产党人精神谱系属于社会意识形态的一个方面,在本质上是实践的。中国共产党人精神谱系的形成是以马克思主义科学理论作为理论基础,以中华优秀传统文化作为文化渊源而形成的多维度、多层次,并随着新时代实践的发展不断更新、充实的一个开放性的精神宝库。与此同时,中国共产党人精神谱系作为一种实践观念的意识形态,是在百余年来实现民族复兴的不懈奋斗中,在实现"三次飞跃"、完成"三件大事"的不懈探索中萌芽、孕育、不断发展壮大的,精神谱系的铸就孕育、塑造发展与中共百余年党史相伴而行。中国共产党人精神谱系是党团结和带领广大中华儿女在披荆斩棘、波澜壮阔的百余年党史中铸就的丰功伟绩和伟大精神成果,是谱写的中共党史的精神链条。同时,党的精神谱系也是中国共产党苦难辉煌而生生不息的奋斗历程的伟大见证,是伟大建党精神在不同历史阶段的具体彰显,在救国、兴国、富国、强国百余年征程中发挥了不可替代的重大作用。中国共产党人精神谱系是激励全党和全体中华儿女进行革命、建设、改革伟大实践的精神动力,新征程上继续鼓舞着党团结带领全体人民团结奋斗,不断开创历史伟业。

只有具有强大精神的政党才能够团结带领全体中华儿女统揽伟大斗争,开创伟大事业,这一历史事实早已通过百年历史实践得到证明。新征程上,挑战依旧存在,形势愈加严峻,任务更为艰巨,但是挑战与机遇同在,困难与希望并存,更加需要唤醒红色基因,赓续精神血脉,传承伟大精神,不断赋予精神谱系新的时代内涵,就要通过实践把伟大真理转化为促进实践的精神动力。中国共产党人精神谱系传承与弘扬的效果既要看实践,更要接受实践的检验,在理论和实践的结合中不断开新局、谋新篇,从而深刻把握精神实质。

(二)继承性与创新性的统一

中国共产党人精神谱系是共产党人创造的一种彰显马克思主义政党属性的文化形态,它首先是在马克思主义指导下的文化创新,其次它吸收了中华优秀传统文化当中的优秀内核,是在党带领人民进行革命、建设、改革的实践中不断演进、弘扬、传承、升华孕育形成的。中国共产党人精神谱系是在新民主主义革命时期血雨腥风的斗争实践中培育萌生的,以伟大建党精神为源头繁衍拓展。伟大建党精神所蕴含的真理、使命、斗争性和人民性的精神主线贯穿中国共产党人精神谱系始终,是中国共产党人一以贯之的精神底色和红色基因,是诠释中国共产党为什么"能"的精神密码。以伟大建党精神为源头,中国共产党在各个时期形成的精神坐标具有交融互通的共性,其中,理想信念、艰苦奋斗、勇于牺牲、实事求是、高扬爱国主义等精神成为中国共产党人精神谱系的精神内核,贯穿于精神谱系生成、培育、发展、弘扬的全过程。中国共产党人精神谱系是在四个历史时期的伟大实践中培育演进的一种新的文化形态,是中华优秀传统文化的现代转型,实现了在主导思想、价值理念、核心内容等方面对中华优秀传统文化继承基础上的创造性转化、创新性发展,彰显了继承性与创新性的有机统一。

(三)党性与人民性的统一

中国共产党在百余年来波澜壮阔的实践奋斗中淬炼的精神谱系集中体现了党的政治立场、信念宗旨、初心使命,具有鲜明的党性。作为马克思主义政党,中国共产党是为了实现无产阶级的利益而成立发展起来的,任何时候,始终把人民的利益和诉求放在第一位,并在任何时候都始终服从于人民的根本利益。一百多年来,党始终围绕人民利益不懈奋斗,在救国、兴国、富国、强国持之以恒的探索中,浴血奋战、发愤图强、攻坚克难、守正创新中,熔铸了一个又一个伟大精神,凝聚了全体中华儿女继往开来、砥砺前行的精神动力。

党的精神谱系既是党为了实现人民利益和需要,在不懈奋斗的历程中铸就淬炼而成的,同时也是作为实践主体的广大人民群众优良精神风貌的凝结和升华。广大人民群众富有无穷智慧和优秀品质,是社会发展的决定性力量。作为组织纽带的中国共产党,自己的力量是有限的,只有唤醒最广大的人民群众,形成政治力量的合力,才能克服一切困难、战胜一切强敌、取得斐然成绩。百年伟业的开创,一切成绩的取得,是党和人民共同奋斗的结果,因此党和人民都是主体,党的精神谱系是党性和人民性的统一。

(四)历史性与现实性的统一

中国共产党人精神谱系的每一个精神坐标孕育生发于一百多年来的实践变迁中,每一种精神都具有厚重的历史感,其生成有着独特的历史背景,为推动实践的发展发挥了重要作用。但与此同时,每一个具体精神坐标所发挥的作用又不仅仅局限在特定的历史场景中,而是传承百年,与时俱进。例如,以"不负人民"为最终落脚点的伟大建党精神,对人民立场的坚持和人民情怀的坚守,充分体现了马克思主义政党的本质要求,这一人民性也体现在"全心全意为人民服务"的延安精神、在新时代抗疫斗争的伟大实践中生成的抗疫精神、脱贫攻坚精神等精神形态之中,是对伟大建党精神中人民性的坚守和传承,同时也为伟大建党精神注入了新的活力。

再比如,井冈山精神的形成是在国民党疯狂的军事围剿和残酷的经济封锁中形成的。在敌我力量悬殊之时,中国共产党人当机立断,率领部队上井冈山。这一实事求是、勇闯新路的精神同样也体现在第五次"反围剿"失利时,中国共产党人果断进行战略转移的过程中铸就形成的长征精神,改革开放精神的形成是对井冈山精神新的传承发展和价值赓续,为"实事求是闯新路"的井冈山精神注入了新的时代内涵。

又比如,井冈山时期,革命前辈晚上睡觉盖的是稻草铺成的"金丝被",寒冬腊月里穿的是单衣,吃的是红米饭,野菜当粮食,这体现了中国共产党人继承发扬艰苦奋斗的优良传统,在国民党顽固派的重重封锁下形成了"自力更生、艰苦奋斗"的延安精神。在社会主义革命和建设时期,中国共产党人继续发扬艰苦奋斗的优良革命传统,在三年经济困难时期,为克服困难进行了艰苦卓绝的斗争,各条战线上涌现出的可歌可泣的英雄人物,充分体现了中国共产党人精神谱系的历史性,但同时,基于新的奋斗实践生成的新的精神形态为党的精神谱系注入了新的时代活力和内涵。

(五)民族性与世界性的统一

中国共产党人精神谱系是对民族精神的传承和弘扬,是中国智慧、中国方案的有机组成部分,同时也有着广泛而深远的世界影响和世界意义。

首先,中国共产党人精神谱系是对伟大中华民族精神的继承和升华。中国共产党诞生于国家危亡、民族衰微的至暗境地,以伟大建党精神为开端,开启了中华民族精神升华和发展的新起点。从中华传统文化对天下为公、大同社会的追求,到中国共产党人为了实现人的自由而全面发展、实现共产主义最高理想的不懈奋斗;从中华优秀传统文化中"民惟邦本,本固邦宁"等治国理政理念中蕴含的朴素民本思想,到中国共产党坚持以人民为中心的思想,坚持人民立场、人民至上的价值理念;从中华民族精神中"天下兴亡,匹夫有责"的爱国情怀到人民的好战士雷锋、人民的好干部焦裕禄等英雄人物,中国共产党人精神谱系在对中华优秀传统文化成果的吸收借鉴中历久弥新。

其次,中国共产党人精神谱系也体现出鲜明的世界性。中国共产党始终站在人类历史和时代发展的高度，以博大的胸怀关照人类社会发展的共同福祉。任何一种精神形态的生成，既适应了党和国家经济社会发展的需要，也顺应了世界发展大势，为解决人类问题提供了中国智慧和中国方案。例如，改革开放精神的形成，是基于党领导人民进行的改革开放的实践，是对人民物质生活需要的回应，同时也契合了世界和平与发展的主题；抗疫精神是在党领导全国人民举国同心、众志成城抗击新冠肺炎疫情的实践中形成的，面对新冠病毒感染，我国对内坚持把人民生命安全和身体健康放在首位，最大限度保障人民生命健康权益，对外致力于构建"人类卫生健康共同体"，充分体现了中国共产党致力于为人类健康的长远发展谋福祉的全球视野，为世界谋大同的大国担当；脱贫攻坚精神是在党领导人民消除绝对贫困、圆千年脱贫梦的过程中铸就孕育的，党领导人民上下同心、攻坚克难，为解决困扰人类发展的问题提供了中国智慧和中国方案。这些都充分体现了党的精神谱系民族性与世界性的统一。新时代新征程，中国共产党和中国人民将以更加开放的态度拥抱世界，为人类文明进步作出更大的贡献。

第三章 ‖ 伟大建党精神

万里长河必有其源,树高千尺必有其根。习近平在庆祝中国共产党成立100周年大会上首次提出伟大建党精神这一重大命题,并明确指出"是中国共产党的精神之源"①。这一论断精辟诠释了伟大建党精神的内涵及其重要地位,这是中共党史上的重大理论创新,这一重要精神的提出在党的历史上尚属首次。伟大建党精神是共产党人昂扬奋斗精神风貌的集中体现,是中国共产党人坚定执着的理想信念的充分彰显,是中国共产党人矢志不渝的初心使命的生动诠释,鼓舞着中国共产党人一百多年来历经险滩仍然屹立不倒,遭遇千难万险仍然坚守初心。伟大建党精神虽然在中国共产党成立一百年之后的今天才提出,但是伟大建党精神存在的客观性并不受其是否明确提出或者明确提出时间早晚的影响,这体现了马克思主义"向后思索"的思想方法。②

一、风雨如磐暗故园

近代以来,国家蒙辱、人民蒙难、文明蒙尘。从鸦片战争起,我国被迫与

---

① 习近平:《在庆祝中国共产党成立100周年大会上的讲话》,《人民日报》,2021年7月2日。
② 白显良:《基于四重逻辑深刻把握中国共产党伟大建党精神》,《学校党建与思想教育》,2021年第13期。

西方列强签订多个丧权辱国的条约,人民生活日益困苦。农民阶级率先揭竿而起,幻想构建一个无人不饱暖的人间天国。然而根植于传统小农社会上的"乌托邦"终因农民阶级与生俱来的保守、狭隘而无法适应中国的社会现实而归于失败。

面对帝国主义列强的侵略和国内蓬勃的农民起义,地主阶级开始了以"自强"和"求富"为口号的洋务运动,旨在通过发展近代教育和近代军队,维护封建专制制度。但地主阶级的洋务运动以应该变而变,从而顺应历史潮流而开始和发展,以应该变而不变,从而违反历史潮流而结束。[①]"裱糊匠"对封建"破屋"的勉强粉饰终因甲午中日战争的惨败而宣告终结,中国没能通过洋务派的"自强"运动而走向蜕变新生,反而因为战争的一败再败招致列强瓜分的狂潮,以康有为、梁启超为代表的资产阶级维新派开始提出进行制度层面的变革,然而以慈禧太后为代表的封建顽固派百般阻挠,寄希望于通过君主立宪来实现富国强民的维新运动终因无实权的皇帝和缺乏政治经验的知识分子而走向末路,维新运动的失败证明,靠温和的政治改良不能实现政治转型和民族复兴。

中国近代民主革命的先行者——孙中山一生矢志革命,领导辛亥革命,推翻了几千年的封建专制制度。然而这未能彻底改变中国人民和中华民族的命运,旧民主主义革命的失败证明:在帝国主义列强和封建统治者的联合统治下,农民阶级、资产阶级、地主阶级改良派都无法改变中国人民遭受剥削的悲惨命运,无法找到改变照亮黑暗中国的正确道路。

中国的仁人志士在为中国的出路迷茫彷徨之时,俄国十月革命的胜利唤醒了中国知识分子的自觉,新文化运动的兴起开启了震古烁今的思想解放运动,继之而起的五四运动开始为中国共产党的成立做好了准备。俄国十

---

① 夏东元:《洋务运动史》,华东师范大学出版社,1992 年,第 490 页。

月革命后,马克思主义开始成为我国工人阶级解放的武器,李大钊率先举起了马克思主义的大旗,并在此后的实践中,把马克思主义的传播和践行作为毕生的使命。

1919 年开始,陈独秀开始转向了信仰科学社会主义,并积极致力于传播马克思主义。1920 年,布尔什维克取得胜利的事实启发了陈独秀和李大钊,他们开始转变"政党政治,不适用于今日之中国也"①之思想,于是便开始了"南陈北李,相约建党"的具体实践。他们坚定地认为,没有坚强政党的领导,中国的彻底改造是不能实现的,于是二人约定在北京、上海相继建立共产党的组织。1920 年初,陈独秀去到上海,《新青年》编辑部也随之搬到上海,以编辑部为主阵地,陈独秀的身边开始逐步聚集了一大批信仰并宣传马克思主义的积极分子。李大钊将北大马克思主义学说研究会的成员发展成为中国共产党北京支部的骨干,并有条不紊地开展工人运动,扩大群众影响。随后,各地相继建立共产主义小组,为中国共产党的创建提供了思想和组织上的准备。

1920 年,陈独秀到达上海后,凭借个人声望和才能组织了马克思主义研究会,不久与《新青年》同人达成了成立革命政党的共识。中国共产党全国第一次代表大会在上海租界望志路 106 号召开,出席会议的共有代表 13 人,其中另有 2 名共产国际代表,由于巡捕搜查,大会被迫中止,转移到浙江嘉兴南湖的一条游船上举行,在这条游船上结束了中共一大的全部议程。中共一大的召开,标志着伟大的中国共产党从此诞生了,这成为中国近代史上开天辟地的大事情。

---

① 《陈独秀文章选编》(上),生活·读书·新知三联书店,1984 年,第 104 页。

二、中国共产党的精神之源

中国共产党的成立是中国历史上跨时代的大事。习近平总书记在庆祝中国共产党成立 100 周年大会上的讲话①中用 32 个字凝练了伟大建党精神的内涵,涵盖了思想信仰、行为遵循、精神风貌和道德情怀四个方面的内容。

(一)坚持真理、坚守理想

坚持真理,就是要坚持马克思主义真理;坚守理想,就是坚守共产主义理想。对马克思主义的信仰、对共产主义和社会主义的理想追求,是百年峥嵘岁月筚路蓝缕不畏强暴的精神动力。井冈山精神"坚定信念,艰苦奋斗"的核心内涵,长征精神中"崇高的革命理想、坚定的革命信念"等核心内涵都体现了对真理和理想的坚持和坚守,是中国共产党人坚持不懈奋斗、不断走向新的胜利的精神法宝。

马克思主义创造性地揭示人类社会发展规律的科学真理,是中国共产党的精神旗帜和政治灵魂。"中国共产党为什么能,中国特色社会主义为什么好,归根到底是因为马克思主义行!"②革命先辈自从找到马克思列宁主义这个真理,捍卫真理就贯穿于百年来奋斗实践的始终。新民主主义革命时期,李大钊为了实现"求达于真理"慷慨就义,董必武旅日留学归来,本可高官厚禄,却致力于追求真理,甘愿清贫,只因他坚信"遵从马列无不胜,深信

① 习近平总书记在庆祝中国共产党成立 100 周年大会上的讲话中提出,"一百年前,中国共产党的先驱们创建了中国共产党,形成了坚持真理、坚守理想,践行初心、担当使命,不怕牺牲、英勇斗争,对党忠诚、不负人民的伟大建党精神,这是中国共产党的精神之源。"习近平:《在庆祝中国共产党成立 100 周年大会上的讲话》,《人民日报》,2021 年 7 月 2 日。

② 习近平:《在庆祝中国共产党成立 100 周年大会上的讲话》,《人民日报》,2021 年 7 月 2 日。

前途会伐柯"①。共产党人为了夺取革命胜利,流血牺牲,舍生忘死,正是源于对真理的笃信不移。社会主义革命和建设时期,面对西方国家的敌视和封锁,中国人民志愿军雄赳赳,气昂昂,跨过鸭绿江,一心保家卫国,"打败美帝野心狼"。中国共产党人坚持敢闯敢试,埋头苦干,坚持攻坚克难,勇涉险滩,以实干精神义无反顾地全面深化改革,仍然是因为坚持对马克思主义真理的坚定信仰,这是百年来引领我们党不断前行的强大精神动力。

共产主义远大理想和中国特色社会主义共同理想是中国共产党人开天辟地、百折不挠的信念支柱。百年峥嵘岁月,"多少人牺牲就是为了实现这个理想"②。中共一大之所以能在敌对势力的万般阻挠下完成缔造无产阶级政党的使命,革命前辈们靠的是红船精神、"坚定理想,百折不挠"的精神支撑。长征途中,红军战士终能克服极端残酷的自然险阻,战胜饥寒伤病的折磨,靠的就是"不畏艰险,勇于牺牲"的精神本色。在革命战争年代面对敌人的血腥杀戮,共产党员刘胡兰以"怕死不当共产党"的英雄气概英勇就义。在民族大义、艰难险阻面前,这些无一不是共产党人将个人私利置之度外,坚持革命理想高于天,在为实现理想不懈奋斗的实践中铸就的。百年的实践中,中国共产党人以崇高的理想信念,以一个又一个胜利续写伟大建党精神,为中华民族伟大复兴的实现积聚了精神力量。

(二)践行初心、担当使命

初心是理念,使命是行动,初心亦是使命。把理念落实到行动上,就是要始终践行为人民谋幸福、为民族谋复兴的初心使命。在中国共产党人精神谱系中,抗疫精神中蕴含的"生命至上"、脱贫攻坚精神中蕴含的"尽锐出战"、

---

① 《董必武传(1886—1975)》(下卷),中央文献出版社,2006年,第1079页。
② 《邓小平文选》(第三卷),人民出版社,1993年,第137页。

塞罕坝精神中蕴含的"牢记使命"等内容,集中体现了中国共产党始终如一的使命担当,蕴含着共产党人矢志践行初心的价值遵循。

在由传统向现代社会转换的近代中国,在被三股势力"封印"的至暗时刻,拯救军阀混战割据中悲惨的人民,拯救遭受列强欺凌的中华民族,成为近代以来多少有识之士的人生理想。中国共产党的初心和使命即由此萌发,并在实现民族复兴的历史进程中不断演进、深化。中国共产党人初心与使命的生成与担当,是对党的性质宗旨、党的奋斗目标、崇高理想信念执着追求的充分展现。早期的马克思主义者建党、入党,正是源于对共产主义信仰的执着坚守,中国共产党人对初心和使命的坚守在言行中外化,在不断解决和完成新的历史任务过程中得到确证,体现了中国共产党人的价值追求和责任担当。

一百多年来,中国共产党在不断践行初心、担当使命的实践中,根据不同时期的不同历史任务呈现出不同的实现方式。新民主主义革命时期,党的初心和使命体现为为民族谋独立、拯救被压迫和奴役的人民。这一时期,山河破碎,风雨飘摇,人民生活惨淡、民族衰微。中国共产党鸿蒙初辟,带领贫苦农民打土豪、分田地,使星星之火,终成红色政权的燎原之势。党带领全体中华儿女取得了新民主主义革命的胜利,这使得国家、民族和人民的命运紧紧握在了自己手中,为实现人民幸福和民族复兴提供了根本政治前提。

社会主义革命和建设时期,在百废待兴、建设新世界的实践中,党的初心和使命体现为建立和完善社会主义制度,提供实现人民幸福和民族复兴的物质基础。在推进改革开放的伟大转折中,党的初心和使命集中体现为大力发展经济,解决人民的物质文化需要的问题。从小岗村拉开改革开放的序幕,到建立经济特区引领对外开放,生产力不断得到解放和发展,党带领人民取得了一个又一个经济建设的伟大成就的同时,面对洪水,面对 SARS 病毒,面对汶川地震,党带领人民战胜了一个又一个自然灾害,在团结一致应战中造就了一系列伟大精神,极大地鼓舞了中国人民的精神面貌,丰富了党的精神谱系的内容。党的十八大以来,绝对贫困问题的历史性解决,全面建成小康社会这一百年目标的实现,抗击新冠病毒疫情斗争取得的决定性胜利,更加鼓舞了中国人民实现民族复兴的精神斗志。

(三)不怕牺牲、英勇斗争

不怕牺牲、英勇斗争是对中国共产党人面对困难表现出的"敢教日月换新天"的精神气度和敢于许党报国的奉献精神的生动表达,是对中国共产党人的政治品格、精神风范和意志品质和始终保持昂扬斗志的集中展示。无论是长征精神表现出的"不畏险阻,勇于牺牲",还是红岩精神展示出的"浩然革命正气",再或是伟大抗美援朝精神展示出的"向死而生"的民族血性,都是中国共产党人传承伟大建党精神的生动体现。

首先,不怕牺牲精神体现的是中国共产党的本质属性。共产党人为着党和国家随时准备牺牲自己的一切,是中国共产党人党性的重要体现,每当处于危难时刻,共产党人冒着被逮捕、被杀害的危险挺身而出,"为有牺牲多壮志"的英雄气概是共产党人不怕牺牲、英勇斗争精神的真实写照。

其次,从革命战争时期我们党自身的实力、敌我力量相当悬殊等客观情况来看,中国共产党带领人民开展革命斗争的胜利将是艰难且长期的。从党诞生之日起,把鲜血和头颅奉献给党和人民的事业的革命先辈不计其数,在为实现人生理想而前赴后继、浴血奋战中铸就了共产党人鲜亮的精神底色。面对异常残酷的革命形势和严峻的客观条件,共产党人唯有在危难关头"豁得出去"、坚持敢于牺牲和敢于胜利的精神品质,才能取得革命的胜利。百年来,异常艰苦卓绝的实践锤炼了先辈们不畏强敌、敢于斗争、舍生忘死、不怕牺牲的风骨,生动勾勒出中国共产党的红色精神血脉,熔铸成伟大建党精神不怕牺牲的重要内涵。

英勇斗争精神淬炼于革命先驱直面生死、不畏艰险的大无畏斗争之中。英勇斗争精神是百年来党团结带领人民敢于攻坚克难,敢于斗争、善于斗争的政治本色的集中表达,无论是在异常艰苦卓绝的革命斗争时期,还是在和平建设时期,中国共产党始终是带领全体中华儿女克服风险挑战、披荆斩棘的坚强柱石。在民主革命时期,党大力发扬英勇斗争精神,敢于开辟工农武装割据的新路,敢于将战斗进行到底。在建立社会主义政权以后,我们党继续发扬英勇斗争精神,敢于建设新世界、誓死拿下大油田、勇克技术难关,誓把山河重安排。在启动改革开放之后,从敢闯敢试、敢为人先的特区精神,到打赢脱贫攻坚、书写生命至上的抗疫精神。百余年来,中国共产党始终弘扬英勇斗争精神,书写着不可战胜的磅礴精神力量。

(四)对党忠诚、不负人民

对党忠诚,就是忠于党和党组织,具体来说,就是要遵守党的路线、方针、政策等方面,做到老实忠诚;不负人民就是始终坚持党的根本宗旨,坚持人民至上,为人民的幸福和利益牺牲奋斗,与人民生死相依。对党忠诚是无条件的,无论面对什么样的惊涛骇浪,都要为党和人民的事业尽心尽力,绝不在安逸、考验、逆境中变心、变节、变质。对党忠诚不是一个空洞的概念,长征途中,为了掩护主力部队转移,陈毅、项英等党的高级领导人率部坚决留在苏区,毫无怨言,维护了党的团结统一。不负人民是对党忠诚的落脚点,无论是延安精神中彰显的"全新全意为人民服务"的精神内涵,还是焦裕禄精神中展现的"亲民爱民"等内容,无不体现了中国共产党人在百年来不断实现民族复兴伟业中始终坚定理想信念,坚持不懈奋斗,锤炼了无愧于中国共产党和人民的政治品格。

对于共产党员来说,对党忠诚是首要前提,是最基本要求。1927年,毛泽东在主持新党员入党宣誓时,誓词内容就包括"永不叛党"①。对党忠诚是发自内心、外化于行的,是具体且无条件的,是判断一名共产党员政治上是否清醒、是否坚定的关键标尺。这就要求共产党员在任何时候遭遇任何风浪,都要做到一心一意,表里如一,无论遇到任何困难都能做到不改心,不移志,把党的事业作为自己毕生的事业,为党的事业尽心尽力,绝不腐化变质。

不负人民体现了对马克思主义政党的鲜明底色的遵守,体现了党的人民立场,体现了对人民的深厚情感。在资本主义社会,广大人民被资本家掠夺了生产资料、土地和劳动工具,广大人民大众只能靠出卖劳动力来赚取微薄的薪水,马克思主张通过暴力革命建立一个自由人的联合体,实现每个人的真正解放。中国共产党自成立之日起,将实现共产主义、实现每个人自由而全面的发展作为奋斗目标,中国共产党百年来的奋斗史就是一部坚守人民立场,与人民休戚与共、风雨同舟的历史。从打土豪、分田地,到积极动员人民投身社会主义工业化建设,到坚持通过改革开放解决人民温饱问题,不断提高人民生活水平,再到突如其来的新冠疫情"抗疫"斗争,习近平总书记反复强调"人民至上、生命至上"②,"江山就是人民、人民就是江山"③的思想都无一例外地表明了党的鲜明政治立场,不负人民是伟大建党精神的落脚点。

百年风雨兼程中,中国共产党要始终肩负起民族复兴的历史大任,就要求每一位党员要积极作为,敢于担当,就要求每一位党员要把好政治观,将伟大建党精神内化于心,外化于行,在新时代的征程中始终坚持人民立场,秉持人民至上的理念,保持同人民的血肉联系,汇聚强大力量,推动党和人民的事业不断向前发展。

---

① 《毛泽东年谱(1949—1976)》(下卷),中央文献出版社,2013年,第222页。
② 习近平:《在二〇二三年春节团拜会上的讲话(二〇二三年一月二十日)》,《人民日报》,2023年1月21日。
③ 习近平:《在庆祝中国共产党成立100周年大会上的讲话》,人民出版社,2021年,第11页。

(五)伟大建党精神的内在逻辑

伟大建党精神是对一百多年来党的先驱们的精神历程的高度凝练,其科学内涵的四个方面具有特定的内容指向,是一个逻辑严密、相辅相成的内在统一体。其中,坚持真理、坚守理想属于信仰层面,是中国共产党人的精神动力,是伟大建党精神的灵魂,在四个层次中居于统领地位。践行初心、担当使命属于行为层面,是中国共产党人的行为遵循,是伟大建党精神的本质。不怕牺牲、英勇斗争属于精神风貌层面,是中国共产党人的政治品质,是伟大建党精神的核心。对党忠诚、不负人民属于情怀层面,是中国共产党人的崇高情怀,是伟大建党精神的底色,也是最终落脚点。伟大建党精神贯穿着中国共产党为争取民族独立和人民解放、实现国家富强和民族复兴的主旨,彰显着中国共产党人独有的精神特质,是我们党历经艰险仍然昂扬向上的制胜法宝。

三、永远把伟大建党精神继承下去、发扬光大

伟大建党精神"是中国共产党的精神之源"[①],这是习近平总书记在中国共产党成立 100 周年大会上提出的一个全新的重大命题,面向未来,党的二十大报告作出了"弘扬以伟大建党精神为源头的中国共产党人精神谱系"[②]的重大战略部署。要牢牢把握、全面落实这一战略部署,首先需要廓清伟大建党精神与中国共产党人精神谱系之间的关系。

"源"在小篆中原本写作"原",而后加上义符"水"写作"源"。由此,"源"

---

① 习近平:《在庆祝中国共产党成立 100 周年大会上的讲话》,《人民日报》,2021 年 7 月 2 日。

② 《高举中国特色社会主义伟大旗帜 为全面建设社会主义现代化国家而团结奋斗——在中国共产党第二十次全国代表大会上的报告》,人民出版社,2022 年,第 44 页。

的本义为水源、泉源,以形象化思维考虑这一命题,以伟大建党精神为源头流出的"水"奔腾不息,贯穿整条河流,整个江海,这就是在百余年来各个历史时期衍生出的不同精神形态。与此同时,伟大建党精神作为源头之水,不会随着具体精神形态的演变和时间的变迁趋于消失,相反,作为源头之水的伟大建党精神会源源不断地流淌在中国共产党人精神谱系这条"河流"中,不断兼容汇聚出新流活水,即新的精神形态。

据此,伟大建党精神和中国共产党人精神谱系的关系可以总结为以下三个方面。

第一,伟大建党精神和中国共产党人精神谱系共同熔铸于实现中华民族伟大复兴的历史主题。近代以来,由于西方列强的入侵、统治阶级的无能,中华民族和全体中华儿女陷入了前所未有的至暗境地,实现中华民族伟大复兴既是近代以来全体中华儿女最为迫切的愿望,同时也是贯穿党的历史百余年来始终如一的主题。中国共产党在百余年的奋斗征程中,不断弘扬伟大建党精神,始终秉持为中国人民谋幸福、为中华民族谋复兴的初心和使命,在救国、兴国、富国、强国的历程中得以传承、孕育和发展。党带领人民在开展革命、建设、改革的奋斗实践中始终围绕国家富强、民族振兴、人民幸福的主题,不断进行自我革命,并以党的自我革命引领社会革命,使中华民族实现"三次伟大飞跃"的过程中不断使自身力量得到检验,并为实现中华民族伟大复兴注入强大的精神动力。

中国共产党带领中华儿女在推翻"三座大山"、实现中华民族"站起来"的历程中铸就的长征精神、抗战精神、东北抗联精神等伟大精神,奠定了实现中华民族伟大复兴的政治基础。在新中国成立以后,"两弹一星"精神、大庆精神、红旗渠精神、改革开放精神、载人航天精神等伟大精神激励着全党和全体中华儿女昂扬斗志、奋发图强,为实现中华民族伟大复兴奠定了坚实的经济基础。党的十八大以来,脱贫攻坚精神、抗疫精神、北京冬奥精神等伟大精神鼓舞全体中华儿女自信自立、顽强拼搏,使我国更加接近世界舞台的中央,使中华民族在实现伟大复兴的康庄大道上不断迎来更加光明的前景。一百多年来,以伟大建党精神为统领的中国共产党人精神谱系始终围绕着为中国人民谋幸福、为中华民族谋复兴的初心和使命延绵、赓续,在实现中华民族伟大复兴的历史进程中薪火相传,始终如一。不同历史时期的中国共产党精神谱系是对伟大建党精神的赓续和发展,各个历史时期的精神谱系始终闪烁着伟大建党精神的光辉,然而实现中华民族伟大复兴的历史主题始终是以伟大建党精神为统领的中国共产党人精神谱系的血脉和底色。

第二,伟大建党精神是中国共产党人精神谱系的源头活水。水有源,故其流不绝;木有根,故其生不穷。伟大建党精神与中国共产党人精神谱系既不是同一逻辑层面的命题,也不是时间先后的序列关系和简单的包含与被包含的关系。伟大建党精神是"源",我们党成立以后,所有在实践中形成的具体精神形态都发端于此,伟大建党精神集合了中国共产党人精神谱系的所有精神形态的"最大公约数",充分体现了百余年党史发展的主题和主线,是凝聚力量克服所有艰难险阻的精神原动力,伟大建党精神是一个基础性、本源性的精神"集合体",是中国共产党人精神谱系的"母体",是百余年精神谱系发展演变中的不变之"魂",伟大建党精神是中国共产党人精神谱系的信仰之源、行为之源、品德之源、情怀之源,主要体现在以下四个方面。

其一,伟大建党精神体现了中国共产党人坚定的共产主义信念和远大的理想。志存高远,方能行稳致远。中共一大制定的纲领中明确了党的性质、基本任务、把实现共产主义作为自己的最终目标,明确了"我是谁""我要干什么""我要向何处去"等基本问题,在中国共产党成立的一百多年艰苦卓绝的奋斗中,中国共产党之所以历经惊涛骇浪、枪林弹雨仍然面不改色,屡遭千难万险、山重水复仍能愈挫愈勇,正是因为伟大建党精神激励着中国共产党人勇往直前、英勇斗争,也正是因为中国共产党明确将共产主义确立为自己的目标和理想,时刻坚守着马克思主义信念信仰,取得了一个又一个人间奇迹。

其二,伟大建党精神体现了中国共产党人勇担时代的使命担当。在军阀混战的血雨腥风中,早期的中国共产党人勇于披荆斩棘、乘风破浪,立志为人民谋幸福,为民族谋复兴,成立一个全新的无产阶级政党。百年峥嵘岁月,风雨兼程,中国共产党始终围绕救国、兴国、富国、强国的中心任务,心系群众,与人民群众生死相依,以视死如归的牺牲精神,矢志不渝的奋斗精神,浴血奋战,百折不挠;在改天换地的实践中与全体中华儿女勠力同心,发愤图强;在深入推进改革开放的实践中锐意进取、顽强拼搏,在新时代新征程中迎难而上、上下一心、风雨同舟,持续奋斗,在践行自己的初心和使命的过程中将民族复兴伟业向前推进。

其三,伟大建党精神体现了中国共产党人敢于牺牲、敢于奋斗的鲜明政治本色,成为中国共产党人不断战胜艰难险阻的精神动力。中国共产党诞生于列强入侵、军阀各霸一方、互争雄长的困局之中。在这样的社会背景下,国家外无主权,内无民主,大小军阀混战,军费连年增长,民不聊生。战火所及之处,更是烧杀劫掠,百姓苦不堪言。中国共产党成立以后,在敌我悬殊的情况下,依然冒着被逮捕、被杀害的风险挺身而出,陈乔年被杀害时年仅26岁,而在此前一年他的哥哥陈延年也义无反顾英勇就义,李大钊登上绞刑架,英勇就义时年仅38岁,伟大建党精神成为伟大的革命先烈为实现心中的理想英勇牺牲的强大精神支柱。

其四,伟大建党精神体现了中国共产党人为人民而生、不负人民的人民情怀。解救处于水深火热境遇之中的中国人民是中国共产党成立的初心和使命。中国共产党之所以能在风雨如晦的革命年代由井冈山上的点点星火,最终形成燎原之势,就是因为中国共产党自成立之日,就把造福人民作为最根本的职责,矢志不渝坚守着对人民的赤胆忠心,在不怕牺牲、英勇斗争中不断开创实现中华民族伟大复兴新的征程。伟大建党精神指引着中国共产党人在任何时候都不移心、不改志、不毁节,始终不负人民。

第三,中国共产党人精神谱系是伟大建党精神在各个历史时期的铺陈展开。从精神内容上看,精神谱系是对伟大建党精神内容的丰富和展开,从实践脉络上看,精神谱系是对伟大建党精神内涵的继承和发展,从内在关系上看,伟大建党精神与中国共产党人精神谱系是共性与个性、普遍与特殊的关系。

具体来看,新民主主义革命时期,党带领人民在开天辟地、绝地反击的浴血奋战中不断弘扬伟大建党精神,带领人民在艰苦奋斗闯难关、实事求是闯新路的革命道路探索中形成了井冈山精神,在濒于绝境之际,红军在百折不挠、力挽狂澜的漫漫征途中形成了长征精神,在革命圣地延安,共产党人自力更生、共克时艰的艰苦奋斗中形成了延安精神,在"解放全中国的最后一个农村指挥所"形成了西柏坡精神等革命精神,构筑了新民主主义革命时期的精神谱系。

党领导人民在自力更生、艰苦奋斗的攻坚克难中不断发扬伟大建党精神,在社会主义革命和建设时期,在大爱、忘我、全心全意为人民服务中形成了雷锋精神,在同自然灾害顽强斗争、切实为群众排忧解难中形成了焦裕禄精神,在冰冻三尺的松嫩平原,石油工人为国争光,为民族争气的大干快干中形成了大庆精神,在自力更生、独立开展科研探索过程中形成了"两弹一星"精神,在垦荒造田、进行基础设施建设的过程中形成了红旗渠精神等伟大建设精神,构筑起了社会主义革命和建设时期的精神谱系。

在改革开放和社会主义现代化建设新时期,党继续带领人民在与时俱进、解放思想的开拓奋进中弘扬伟大建党精神,在经天纬地的实践中孕育形成了特区精神,中国女排在赛场上顽强拼搏、为国争光的体育竞技中形成了女排精神,科学家在科技领域的攻坚克难中,形成了载人航天精神,在与特大洪水的殊死搏斗中形成了抗洪精神,在与非传统安全——传染性疾病的殊死较量中,形成了抗击"非典"精神,极大地充实、丰富了中国共产党人精神谱系的内涵。

中国特色社会主义新时代,党继续带领人民在守正创新、一往无前的锐意进取中,形成了脱贫攻坚精神、抗疫精神等新时代精神,为在新征程上勇涉险滩、啃硬骨头、谱写实现中华民族的伟大复兴的新篇章注入了强大的精神动力。

第四章 ‖ 新民主主义革命时期中国共产党人精神谱系

波澜壮阔的实践孕育伟大的精神。鸦片战争以来,在内忧外患的时代困局下,中国先进的知识分子、仁人志士为实现民族复兴而前赴后继、上下求索,寻求救国救民的良策。中国共产党一经成立,就勇于承担起历史使命,团结带领中华儿女在救亡图存的伟大实践中孕育了新民主主义革命时期中国共产党人精神谱系,成为保证中国革命胜利的精神动力。

一、井冈山精神

井冈山地处湘赣边界罗霄山脉中段,位于湖南酃县(今炎陵县)和江西宁冈、遂川、永新县四县的交界处。秋收起义后,这里建立了中国第一个革命根据地,在井冈山根据地艰苦卓绝的斗争中形成了井冈山精神,成为鼓舞根据地实践的重要精神动力。

(一)"风云突变""敌军围困万千重"

1927 年,席卷全国的大革命运动宣告失败。面对白色恐怖笼罩全球的危急形势,中国共产党人愤而发动了以城市为中心的三大起义,但均以失败告终。毛泽东清楚地认识到:外无独立、内无主权,敌人长期占据着中心城市,敌我力量悬殊,中国共产党既不能以合法的斗争的形式争取民主,也不能以城市为中心进行武装暴动,而是必须先占据敌人势力薄弱的农村地区。为保存起义军的剩余力量,毛泽东当机立断,率领工农革命军向山区进军,起义军到达茅坪村,在袁文才和王佐的帮助下创立了井冈山革命根据地。

从地理位置看,井冈山进可攻、退可守,从革命基础看,当地已有袁文才、王佐这两支武装革命力量,从群众基础看,湘赣边界的民众有着强烈的反抗精神和革命传统,经过大革命的洗礼,边界各县已经有了较好的组织基础。在以毛泽东同志为主要代表的中国共产党人的正确领导下,井冈山革命根据地迅速发展,而后,朱毛井冈山胜利会师,井冈山军事力量得以迅速增强。从 1927 年 10 月到 1930 年 2 月的一段时期,在物质条件极度匮乏的艰苦条件下,中国共产党领导红军打退了敌军的四次"围剿"和多次"会剿",在井冈山革命根据地的伟大实践中孕育形成了伟大的井冈山精神。

(二)"井冈山时期留给我们最为宝贵的财富"

毛泽东、邓小平、胡锦涛等党的几代领导人曾多次上井冈山,明确提出要使井冈山精神不断发扬光大。但是尚未对井冈山精神的具体内涵作出明确概括。2016 年,习近平在井冈山考察时提出:"我们要结合新的时代条件,坚持坚定执着追理想、实事求是闯新路、艰苦奋斗攻难关、依靠群众求胜利"①,这就明确了井冈山精神的内涵。

1.坚定执着追理想

理想信念坚定,才能"身强体健",一个人如果缺失了这一关键的"钙"质元素,就会在实践上败下阵来。尤其是在残酷的革命年代,如果没有坚定的理想、远大的追求,是很难适应艰苦卓绝的革命斗争环境的。面对革命严酷

---

① 《习近平春节前夕赴江西看望慰问广大干部群众 祝全国各族人民健康快乐吉祥 祝改革发展人民生活蒸蒸日上》,《人民日报》,2016 年 2 月 4 日。

的现实考验,理想信念不坚定的人当了逃兵,甚至是叛徒。秋收起义失利后,芦溪又受挫,毛泽东率领起义余部进入江西省永新县三湾村,此时部队人数已经由起义时的 5000 人锐减为 1000 人左右。剩余部队官多兵少,枪多人少,人心浮动,思想组织纪律差,毛泽东对剩余的队伍进行改编。改编时宣布的一条重要的原则:愿留者留,愿走者走,离开的给发路费。经过三湾改编后,部队的士气和战斗力大大增强,士兵们斗志昂扬,坚信革命一定会胜利,纷纷立志以"小石头"的力量"要打破蒋介石那口大水缸"①,生动体现了广大官兵坚定执着追理想的精神。

井冈山革命斗争期间,在长沙做搬运工的刘仁堪由于偶然参加了毛泽东主持的秘密会议开始信仰马克思主义,他在家乡莲花县从事地下革命活动时被叛徒告密不幸被捕,面对国民党莲花县县长邹兆衡的诱降和施加的各种酷刑,刘仁堪始终没有屈服,他在人生的最后时刻愤怒地揭露国民党的罪行,大力宣传共产主义。在他被割去了舌头、鲜血直流的情况下仍然忍着剧痛,用脚趾蘸着鲜血写下了"革命成功万岁",牺牲时只有 34 岁。以刘仁堪等英雄为代表的井冈山的英雄儿女怀着坚定的革命信念,用炽热的生命和鲜血换来了革命的胜利正是井冈山精神坚定执着追理想的生动写照。

2.实事求是闯新路

实现革命的成功刻舟求剑不行,闭门造车不行,必须进行深入而全面的调查。面对大屠杀,峰回路转上井冈山,开辟农村包围城市的革命道路正是实事求是精神的生动体现。1927 年,秋收起义犹如惊雷炸响却又轰然而败,在敌我力量悬殊之际,毛泽东当机立断,率领部队上井冈山。当时"左倾"主义思想仍然占据主导地位,"城市中心论"仍然被认为是必须坚持的斗争路线。毛泽东在受到排挤和打压之时仍然坚持实事求是的态度,坚持走自己的路,

---

① 《毛泽东年谱(1893—1949)》(上卷),中央文献出版社,1993 年,第 220 页。

开辟了一条井冈山道路。

毛泽东在继承和发扬马克思主义暴力革命理论的基础上,结合中国革命形势的发展,提出建立红色政权的理论。这主要是因为中国不是一个独立的民主国家,在半殖民地半封建的情况下,敌人在城市的力量格外强大,而农村则是薄弱环节,因此党带领着工农红军深入广大农村,在广大农村成立了革命根据地。在中国建立红色政权是必要的,而且也是可能的,以毛泽东为主要代表的中国共产党人继而提出建立红色政权的总任务、总目标,阐明中国民主革命的中心内容,就是要实行土地革命,消灭豪绅阶级,建立红色政权。井冈山革命根据地的开辟,是实事求是闯新路的井冈山精神的充分体现。

3.艰苦奋斗攻难关

在井冈山时期,尤其是朱毛会师以后,根据地人口激增,面对国民党的军事封锁,粮食、生活用品、医疗必需品极度匮乏,根据地的条件十分艰苦。据红军战士回忆,井冈山时期每人每天只有三分钱的伙食费,天天吃南瓜。开饭时,一锅子是饭,另一锅子就是南瓜。在茨坪,有时能到河里抓上几条小鱼,放一些笋在里面煮,那就算是非常好的菜了。除了吃饭,冬衣和棉被也十分缺乏。据井冈山时期的老红军谭冠三回忆,井冈山的冬天非常冷,红军战士们都穿着单衣,一条长单裤。一要打仗,不论风里雨里,不论白天黑夜,起来一穿,睡下一铺,早就破得不像样,要补又没有布,只能撕开裤腿的布补上裤裆,这样撕来撕去,一条长裤补成了一条短裤。冬天睡觉的时候盖的都是干稻草,实在太冷了,就起来烤火,烤暖了再睡。晚上睡觉盖的干稻草就被红军形象地称为"金丝被",睡觉时看不到人,都被稻草盖住了……在这样艰苦的生活条件下,当时有这样的说法:没有"牛头"不革命,所谓"牛头"就是虱子,朱德甚至风趣地对大家说"不生虱子的人不革命"。就是在这样的艰苦时期,党的领导人以身作则,带头吃苦,生活上不搞特殊,毛泽东边吃野菜边对战士们说："野菜虽苦,可是有着丰富的政治营养",朱德为了不让红军战士拿走自己的扁担,特意在扁担的正中写上了"朱德扁担,不准乱拿"等。在井冈山短暂而艰苦的岁月里,毛泽东和士兵们挖野菜当粮食,喝着南瓜汤,虽然粗茶淡饭,甚至食不果腹,但是以苦为乐。这体现了中国共产党人吃苦耐劳、艰苦奋斗的优良作风,正是这样的艰苦奋斗,为中国革命保留了红色火种,最终形成了星火燎原之势。

4.依靠群众求胜利

井冈山时期,斗争极为恶劣,弱小的红军能在井冈山站稳脚跟,并受到人民群众的热烈拥护,实现攻无不克、战无不胜,正是因为党和红军队伍把自己融入人民群众的汪洋大海之中。当时流传着"分了田和地,农民笑哈哈,跟着毛委员,工农坐天下"的歌谣,生动地反映了农民分了土地之后的喜悦心情和对中国共产党的支持和拥护。在井冈山根据地的寒冬,许多工农兵红军战士和群众都没有棉衣穿,毛泽东穿的是单衣,睡的是旧门板搭成的床,红军战士几次送来棉衣让他穿上,毛泽东几次推诿才勉强收下,在一个寒夜,下了一夜的雪,房东谢槐福穿着单衣舂米,冻得直哆嗦,毛泽东就把自己的新棉衣送给谢槐福。几番推辞,房东只好收下,并送来了火盆和木炭,毛泽东付了钱,转手便将木炭送给了村里年高体弱的魏殿娘。

作为军长的朱德,军务繁忙之余,一刻都没有忘却过群众。根据地由于经济封锁,一位老人走起路来颤颤巍巍、摇摇晃晃的,朱德再三追问下才知道老人已经有六个月没吃盐,患了脚肿病。朱德立即派通信员给老人送一包硝盐去,通信员说:"朱军长说了,我们红军与群众有盐同咸,无盐同淡。老人家你就收下吧,这是朱军长交代给我的任务。"老人家手捧硝盐深情地说:"朱军长带那么多兵,管那么大的事,还把我们穷人家缺盐这种小事时刻放在心上啊!"在井冈山极为恶劣的斗争环境中,中国共产党始终关心人民群众的现实利益,人民群众也通过亲身经历,切实体会到共产党能够给他们带来实实在在的利益。这一时期人民群众发自内心地支持和拥护党,成为革命战争年代最纯洁、最高尚的情感,是中国共产党和人民军队最为宝贵的精神财富。

(三)"让井冈山精神放射出新的时代光芒"

井冈山精神是在开创中国革命新时期形成的具有先导性和示范性的伟大革命精神,在井冈山精神的激励之下,中国共产党跨越了一个又一个难关,取得了一个又一个胜利,以"星星之火",形成了中国新民主主义革命的燎原之势。

第一,井冈山精神激励着中国共产党人坚定信念,不畏困难。正是坚定的理想信念的支撑和引领,中国共产党人沿着农村包围城市这条崭新的革命道路赢得了革命的胜利。大革命失败后,国民党反动派制造的一系列屠杀使中国革命陷入低谷,党和人民没有被吓倒,而是"揩干净身上的血迹",继续战斗。一系列武装起义相继失败,共产党人心中燃起的理想信念之火愈发热烈,以毛泽东同志为主要代表的中国共产党人在困境中奠基创业,战胜四次"进剿"、三次"会剿",从容应对"三月失败",着力扭转"八月失败"的困局,面对"红旗到底打多久"的疑问,在一次又一次的挫折中展现了中国共产党人坚定不移的革命信仰。

第二,井冈山精神激励着中国共产党人实事求是,勇闯新路。实事求是是中国共产党的思想路线和光荣传统。以城市为中心的路子接连受挫,中国的革命道路,前途在何方? 以毛泽东同志为主要代表的中国共产党人审时度势,果断决策,党带领人民在根据地从政权建设、经济建设、党的建设、文化建设、社会建设,以及军队纪律建设等多个领域进行探索,在党政关系、党群关系等多个方面为后来的根据地政权建设积累了宝贵的经验,有效打退了敌军的四次"围剿",使井冈山革命根据地一度扩大,发展成欣欣向荣之势,为革命的胜利发展提供了重要保证。

第三，井冈山精神激励着中国共产党人艰苦奋斗，攻克重重难关。井冈山革命根据地处于湘赣边界罗霄山脉中段，经济社会条件本就十分薄弱。国民党企图将共产党和红军困死、饿死在井冈山上。在这样极端艰苦的条件下，毛泽东的"一根灯芯"、朱德的扁担等党的领导人以身作则、艰苦奋斗的故事广为流传。彭德怀毅然抛弃出门可坐轿，餐餐有酒喝、有肉吃的优渥生活，甘愿在井冈山过苦日子。共产党人依靠坚定的信念，克服了重重难关，中国共产党艰苦奋斗的精神源于党的性质宗旨体现的政治本色，随着历史的发展而愈发彰显伟大。

第四，井冈山精神依靠群众求胜利。作为一个以马克思主义为指导思想的党，我们党历来重视人民群众的重要作用，在井冈山革命根据地的创建和发展过程中，我们党对敌人进行了坚决的斗争，真心实意地为人民群众谋利益，从而得以不断发展壮大。"上山"之时，毛泽东就高度重视袁文才、王佐这两支当地绿林武装力量，红军能够不断发展壮大也是得益于这两支绿林武装。中国共产党也是在改造袁文才、王佐这两支农民武装队伍的过程中才深刻地认识到，"山野绿林"的主要成员，就是被压迫、被迫害的无地的农民和无产者，他们是中国共产党人可以团结和争取的革命力量，是中国共产党深厚的群众基础。与此同时，为了保证党领导的人民军队能够深深地扎根在人民群众之中，党规定了红军必须执行"三大纪律八项注意"，并谱了曲，在广大红军战士中广为传唱。这些规定和举措增强了党同人民群众的密切联系，为打破国民党的封锁，化险为夷，创造了跨越难关的重要的条件和勇气。

二、长征精神

1934年10月，由于党内"左"倾冒险主义的错误指挥，第五次反"围剿"

失败,中央红军被迫踏上了战略转移的征途。从 1934 年 10 月开始,在长达两年的时间里,红军付出了巨大的牺牲,经受无数折磨考验,克服了党内分裂的危机,创造了中国革命史、世界军事史上的奇迹,终于赢得了万里长征的伟大胜利,铸就了伟大的长征精神。

(一)"倒海翻江卷巨澜""奔腾急,万马战犹酣"

红军长征是在国内外局势发生重大变化的情况下被迫进行的。1931 年,"九一八"事变以后,日本帝国主义强行占领我国东北,觊觎整个中国,中华民族到了最危险的时候,中国共产党以民族大义为重,号召建立全国统一战线,停止内战一致抗日。蒋介石却置民族危亡于不顾,于 1933 年 9 月调动数十万大军对中央红军开展第五次"围剿"。此时,以王明为主要代表的"左"倾教条主义者在共产国际的支持下在党内取得了统治地位。博古作为党中央临时负责人,他不懂军事,便交由李德全权负责,使党在军事上遭受了巨大的失败,1934 年 10 月,由于打破"围剿"已无望,中央猝然决定离开中央苏区,实行战略转移,开始长征。

长征开始时,在"左"的思想路线的影响下,中央红军损失大半,而党中央领导人仍然寄希望于与中央红军的红二、六军团会合,在这样的情况下,红军面临着倾覆的危险。如此危急关头,毛泽东主张放弃会和,红军队伍在遵义得以修整。作为历史转折,遵义会议在关键时期拯救了红军、拯救了党,从此中国革命开始沿着正确的道路不断取得胜利。

遵义会议后,全党全军精神大振,在毛泽东等同志的正确领导下,把十万敌军远远甩在了身后,之后,红军又顺利通过凉山彝族地区,强渡大渡河,成功摆脱了敌军的围追堵截,尔后,红一、四方面军成功会师。会师后,党中央正确分析了当时国内的局势,决定继续北上创建根据地以领导全国抗日运动。而此时红四方面军领导人张国焘为个人利益,逃跑退却。对此,党中央进行了坚决的斗争。

毛泽东、周恩来一方面继续带领红军北上，穿过荒无人烟的草地，突破天险腊子口，翻过六盘山，终于于 1935 年 10 月 18 日到达陕北吴起镇，与红十五军团会合。张国焘率部队南下，企图另立中央，遭到了敌人的阻击和围攻，转移到西康甘孜一带时，人数由 8 万锐减为 4 万。1936 年 6 月，红二、六军团与红四方面军会师，遵照中央的决定改为红二方面军。10 月，红二、四、一方面军胜利会师，终于宣告伟大长征取得了胜利。

红军在历时两年的征途中，用双脚丈量了祖国 11 个省，徒步走过了汉、满、壮、彝等多个少数民族地区，在物质极其匮乏、基本生存条件都不具备的条件下，红军战士克服了艰难险阻，实现了长征的胜利，铸造了长征精神。

(二)以爱国主义为核心的民族精神的最高体现

长征精神是在总结中国工农红军长征的伟大历程中总结提炼出来的。杨尚昆、江泽民、胡锦涛等党的领导人对长征精神的内涵进行过多次概括和提炼，2016 年 10 月 21 日，习近平在纪念红军长征胜利 80 周年大会上的重要讲话中深刻阐明了伟大长征精神的科学内涵。[①]综合以上党的领导人关于长征精神的概括，本书将长征精神的内涵概括为以下几个方面。

1.把全国人民和中华民族的根本利益看得高于一切，坚定革命的理想和信念，坚信正义事业必然胜利的精神

漫漫长征途中，红军既要克服国民党军队的围追堵截，又要同党内的错

---

① 2016 年 10 月 21 日，习近平总书记在纪念红军长征胜利 80 周年大会上的重要讲话中指出："伟大长征精神，就是把全国人民和中华民族的根本利益看得高于一切，坚定革命的理想和信念，坚信正义事业必然胜利的精神；就是为了救国救民，不怕任何艰难险阻，不惜付出一切牺牲的精神；就是坚持独立自主、实事求是，一切从实际出发的精神；就是顾全大局、严守纪律、紧密团结的精神；就是紧紧依靠人民群众，同人民群众生死相依、患难与共、艰苦奋斗的精神。"出自《习近平在纪念红军长征胜利 80 周年大会上的讲话》，《人民日报》，2016 年 10 月 22 日。

误思想展开坚决斗争,还要克服爬雪山过草地的艰难困苦、高山大川的自然天险,恶劣的自然环境所造成的艰难困苦世所罕见,严寒、饥饿、疾病、敌人的围追堵截时刻威胁着红军的生命,险象环生的江河湖水,泥泞吃人的沼泽,无休止的行军和吃了上顿没下顿的饥饿,考验着每一位红军战士的信念,无数红军用双脚丈量祖国大地,血染长征路,甚至有许多红军士兵在长征路途中付出了自己的生命,连姓名都无法查证。据统计,中央红军开始长征时,人数尚有 8.6 万,而在到达陕北后,只剩下 7000 余人。①红军战士曾这样回忆道,翻过了一座又一座雪山,有一些人也许永远翻不过去了,但是他坚信,即使这一行人中的他们倒下去,失败了,但是未竟的事业一定会有下一代人继续完成,革命终将取得胜利。

2.为了救国救民,不怕任何艰难险阻,不惜付出一切牺牲的精神

无数红军战士无畏山川艰险、粮弹缺乏,他们反而始终保持乐观的革命主义精神,不畏艰险、不畏困难、斗志昂扬、勇往直前。在长征途中,红军战士血战娄山关,四渡赤水,强渡大渡河,飞夺泸定桥,无不体现中国工农红军顽强拼搏、不怕牺牲、舍生忘我的英勇革命精神。在湘江之战中,负责全军总后卫工作的陈树湘率领红军第 34 师全体战士血战湘江,战至最后,部队仅剩一千余人,在游击作战时,陈树湘为了掩护 34 师剩余部队突围,不幸被捕,被捕前,敌人将他押在担架上审讯,陈树湘强忍剧痛,从腹部扯出自己的肠子,绞断肠子壮烈牺牲。在飞夺泸定桥的战役打响前,指战员纷纷请战,他们纷纷表示,要向一连学习当渡江模范,各连的干部争先恐后地摆理由、讲自己的有利条件,争取夺桥任务,充分体现了红军战士们不怕牺牲、勇于克服一切艰难险阻的伟大精神。

---

① 中共中央党史研究室第一研究部编著:《红军长征史》,中共党史出版社,2006 年,第 436 页。

3.坚持独立自主、实事求是,一切从实际出发的精神

长征期间,中国共产党领导的工农红军由于中断了与共产国际的联系,中国共产党人被迫独立自主地解决中国革命的问题。在党领导红军实施战略转移的过程中,突破敌人的四道封锁线之后,红军真实行进意图暴露,强渡湘江后,红军人数已由出发前的 8.6 万人锐减到 3 万余人。在这样的危急关头,毛泽东建议红军放弃原定会合计划,转向敌人势力薄弱的贵州行进。1934 年 12 月 18 日,中共中央召开了黎平会议,会上经过激烈的讨论,毛泽东的正确主张得到与会成员的赞同,遵义会议以后,周恩来同博古进行长谈,周恩来认为,中国革命要取得胜利,必须在农村,这就需要找一位熟悉农村工作的人来担任领袖。博古虽然才华横溢,但是对带兵打仗不通晓,官兵也不会服气。周恩来建议由毛泽东担任领袖人选,周恩来和博古负责具体的事务。周恩来这样实事求是的分析解开了博古的思想疙瘩,从此中国革命开始在毛泽东的领导下探索发展道路。

4.顾全大局、严守纪律、紧密团结的精神

严格遵守纪律,维护党的团结统一是中国共产党的优良传统和政治优势。在极其艰险的战斗中,只有维护党内和红军的团结,顾全大局,才能形成坚强的革命力量,最终战胜敌人。严守纪律、紧密团结是长征精神的重要内容,也是长征取得胜利的重要保证。长征之初,红军的各路部队必须以大局为重,中央红军作出战略转移时,苏区根据地必须有部队留下来继续战斗。陈毅、瞿秋白、项英、陈潭秋、毛泽覃等党和红军的高级将领坚持留在苏区毫无怨言。长征期间,面对张国焘的分裂主义,以毛泽东同志为主要代表的中国共产党人一方面以大局为重继续战斗,另一方面,多做张国焘的思想工作,争取北上。朱德对红五军团营对以上干部提出:"我们一定要坚持真理,坚持

斗争……要顾全大局……切不要上少数人破坏团结的当。"①红军到达陕北后,中共中央政治局研究常委的分工问题,党的高级将领也表现出高度的大局精神,严守团结的精神转化为红军队伍巨大的凝聚力,为长征的胜利提供了重要保证。

5.紧紧依靠人民群众,同人民群众生死相依、患难与共、艰苦奋斗的精神

长征途中,物质得不到供应和保障,衣食住行都很困难,但无论多么辛苦,红军们都不会损害人民群众的利益,他们风餐露宿,有时露天站着睡觉,挖野菜充饥,点篝火御寒。②到达陕北时,红军战士的头发胡子都很长,衣服破烂不堪,瘦得皮包骨头。但是无论红军走到哪里,都能和群众打成一片,关心群众生活,访贫问苦。1934 年末的一天,红军向乌江行进途中经过一个苗寨,寨边聚集了很多红军战士和百姓。毛泽东拨开人群看到路边躺倒着一位年过花甲的老妇人和一个小孩子。原来是因为家里收的粮食都被地主拿走了,带着小孙子出来讨饭,但是没有讨到一点儿东西,冻馁交加,跌倒就再也爬不起来。毛泽东听闻,立即解开自己的外衣,把毛衣脱下交给了老妇人,并让警卫员把装得满满的干粮袋送给老妇人。老妇人情绪激动地看着毛泽东眼泪直流,挣扎着要给毛泽东磕头,毛泽东连忙蹲下,说,"老妈妈,莫感谢,我们是红军,是咱们穷苦老百姓的队伍。"老妇人千恩万谢之后,拉着孙子蹒跚而去。万里长征,中国共产党严格执行纪律,尊重群众、爱护群众,为红军长征赢得了广泛的群众基础,铸就了党与人民生死相依、患难与共的长征精神。

(三)全党全国各族人民不断砥砺前行的强大精神动力

长征精神是工农红军用脚步丈量无尽艰险书写的人类历史上的奇迹。

---

① 《红军长征史》,辽宁人民出版社,1996 年,第 460 页。

② 李安葆:《长征史》,中国青年出版社,1986 年,第 255 页。

长征精神是与伟大建党精神、井冈山精神一脉相承的中国共产党人精神谱系中的重要组成部分。长征把中华民族精神中不畏艰难、视死如归的精神内核发挥到了极致，并赋予了崭新的内涵。

第一，长征精神激励着共产党人不断坚定理想信念。中国共产党自成立之日起，共产党人就把共产主义作为自己的远大理想，并为了实现这一理想付出了艰辛的探索和实践。血战湘江，四渡赤水，穿越渺无人烟的沼泽草地，纵横十余省，长驱两万五千里，击退上百万穷凶极恶的追兵阻敌，历经磨难，征服空气稀薄的冰山雪岭，饱尝艰辛，归根究底，就是因为中国共产党人始终坚定心中的革命理想和必胜信念。"风雨浸衣骨更硬，野菜充饥志越坚。"在红一方面军风雨如磐的长征途中，平均每行进 300 米就有一位红军牺牲，无数红军的鲜血染红了两万五千里红军长征路。长征的胜利是共产党人理想和信念的胜利，长征的胜利向全中国和全世界的人民宣告了以马克思主义科学理论为指导的、以共产主义为崇高信念的党和人民军队是不可战胜的。

第二，长征精神激励着共产党人不断追求真理、检验真理。长征途中，面对追兵穷凶极恶地围追堵截，红军在同敌军的奋勇斗争中，在同党内的错误思想的激烈斗争中，中国共产党带领红军找到了中国革命的正确道路，确立了毛泽东在全党的领导核心地位，为革命事业转危为安提供了重要保证，我们党坚持独立自主地解决长征途中遇到的种种问题，不断指引中国革命的实践走向新的胜利。经过长征的千锤百炼，在不断追求真理、坚持真理的过程中，全党和红军变得更加团结，历经长征的历练，中国共产党也成长为抗战的中流砥柱，成为中国革命取得最终胜利的决定性力量。

第三，长征精神激励鼓舞着中国共产党始终密切联系群众，使党始终赢得广大人民群众的衷心拥护。长征是唤醒民众的播种机。第五次反"围剿"失利，红军被迫开始长征，在正义与邪恶两种力量的较量中，在光明与黑暗两种前途的抉择中，在极端困难的条件下，中国共产党始终坚持紧紧依靠人民，密切联系群众,宣传群众。长征途中,中国共产党高举一致抗日的大旗,吹响了全民族觉醒和奋起的号角,推动了抗日民族统一战线的形成,我们在长征途中向广大人民群众宣传了我们的主张,传播了革命火种。长征的胜利说明,只有扎根人民、依靠人民,才能克服困难,赢得胜利。长征是无与伦比的,是举世无双的,没有异常坚定的信念、没有意志力无比顽强的党和军队,要战胜人间罕见的饥寒交迫、千难万险是不可想象的。伟大长征精神,是保证党的革命事业不断走向新的胜利的强大精神力量,是每一位中华儿女取之不尽、用之不竭的精神动力和源泉。

三、延安精神

延安既是红军长征的落脚点,又是党指挥中国革命的起点,更是中国革命走向全国范围内的全面胜利的转折点。延安作为中国革命的大本营,人民用小米养育了我们的军队、养育了我们的党,中国共产党在陕北扎根的 13 年中,在历经数次考验之后愈发成熟,愈发坚强,最终走向了中国革命的胜利与辉煌。在延安这片土地上,中国革命在党的领导下结出了胜利的果实,并孕育了伟大的延安精神。

(一)党中央在延安 13 年,形成了伟大的延安精神

从国际背景看,第二次世界大战爆发之后,国际法西斯势力异常猖獗,德国法西斯席卷欧洲,在亚洲,日本帝国主义势力占领东亚和东南亚的大部分地区。1931 年 9 月 18 日,日军侵占东三省,日本帝国主义意图将中国变为其殖民地。

从国内背景看,第五次反"围剿"失利后,为保存革命力量,党和中国工农红军行军两万五千里进行战略转移,1936 年 10 月到达陕北吴起镇, 与红

二十五军胜利会师,以延安为中心的陕北成为全国革命的根据地。国共两党一致对外,抗日战争进入相持阶段的同时,国民党政府对边区实行严格的经济封锁,由于自然灾害,气候干旱、土地贫瘠的陕甘宁边区和抗日根据地衣食堪忧,陷入了极为困难的境地,这是延安精神形成的客观原因。

(二)延安精神培育了一代代共产党人

延安精神是我们党的宝贵财富。江泽民、胡锦涛等党的领导人先后对延安精神进行过多次概括,提出要使延安精神世世代代传承下去。党的十八大以来,习近平总书记先后多次到延安进行考察,提出要保持延安时期忘我的精神、昂扬的斗志和科学精神。党的二十大闭幕不久,习近平带领新一届中央政治局常委再次赶赴延安,他强调指出:"在延安时期形成和发扬的光荣传统和优良作风……要代代传承下去。"①并在此次讲话中重申了延安精神的内涵,可以概括为以下几个方面。

1.坚定正确的政治方向

方向就是旗帜,旗帜立起来了,才知道路要奔赴何方。只有牢牢把住政治方向,才能在波谲云诡的形势面前把好政治定力,在大是大非面前不动摇、不含糊。坚定远大的共产主义信念、共产主义理想是延安精神的灵魂。毛泽东在延安抗大开学典礼的讲话中就讲到,抗大的各位不远千里,跋山涉水,来延安,首先要学的就是政治方向。政治方向既有正确的,也有错误的,抗日救国,打倒日本帝国主义,既是中华民族共同的宗旨,同时也是抗大的各位要学习的政治方向。毛泽东在抗大的演讲中富有号召力和凝聚力的呼声,为把全国人民团结凝聚起来一同抗战竖起了一面团结一致抗日的旗帜。无数追求进步的知识分子怀着满腔热血,冲破沦陷区日伪军的阻挠,国统区

① 《习近平在瞻仰延安革命纪念地时强调 弘扬伟大建党精神和延安精神 为实现党的二十大提出的目标任务而团结奋斗》,《人民日报》,2022年10月28日。

国民党的拦截,从北京、上海等地不远万里奔赴延安追求政治理想,他们放弃了优渥的生活和物质享受,一心向往革命、一心拥护革命,只因向往圣地延安。在长期的革命战争中,共产党人以高度的革命乐观主义精神,排除万难,朝着正确的政治方向,追求革命的伟大胜利,这就是坚定正确的政治方向的伟大力量。

2.解放思想实事求是的思想路线

坚持做到实事求是是党的理论成熟的重要标志。从党内看,毛泽东是坚持做到调查研究的倡导者和践行者,从湖南运动讲习所到井冈山,再到延安,毛泽东一贯坚持,破解中国革命的难题,只有把科学调查和研究有效结合起来,才能深入事物内部。延安时期,共产党人坚持调查研究,大兴实事求是之风,就曾有这样一个史实。在陕甘根据地,刘志丹等许多参与创建根据地的干部被误当作反革命分子抓起来,随时都有可能被处决。毛泽东听到这一汇报之后,立刻制止了逮捕和杀人行动,因为杀人不是"割韭菜",人命关天,头一落地可就长不拢了,不调查清楚事情的来龙去脉,错杀了革命的同志不是立功,不是执法,而是犯罪。因此毛泽东要求大家一定要慎重处理这样的犯罪。于是,立即派出工作组去瓦窑堡调查,经过实事求是的调查,释放了被捕的同志,并重新分配了工作,使延安成为长征的稳固的落脚点和一致抗战的坚实根据地。

3.全心全意为人民服务的根本宗旨

延安时期,党在领导抗日民族统一战线政权的实践中,在根据地建设中致力于建设清廉政府,积极开展民主普选活动,始终代表最广大人民的根本利益,散发着为人民服务的光辉。比如,在统一战线人员占比的分配问题上,共产党员、无产阶级和贫民、非党的左派进步分子各占三分之一。通过这样的政权构成,有力地发展了进步势力,孤立了顽固势力,抗日民族统一战线得以进一步扩大,为争取抗战胜利提供了重要保证。在边区政府建设上,中国共产党倡导为政清廉、不谋私利。延安时期,处决红军旅长黄克功就是中国共产党执法如山的典型案例。黄克功身经百战,年幼就参加了红军,并且在长征中立过大功。在延安任职抗日军政大学第六队队长期间,开始自恃立过战功,骄横情绪日涨。1937年,因恋爱对象刘茜(来延安的城市女青年)另有所爱,逼婚不得,黄克功盛怒之下开枪将其打死,于是边区法院宣判对黄克功处以极刑。结果虽令人惋惜,但是对黄克功的处决教育了党员干部,挽回了黄克功事件在边区内外及国内外造成的不良影响,用事实表明,中国共产党是为人民服务的政权,边区实行的是真正的民主政治。

4.自力更生艰苦奋斗的创业精神

在延安时期,交通封闭,经济落后,农民生活负担极重,长期过着"端上饭碗照影影"的艰苦生活,在这样艰苦的环境中,国民党对边区实行重重封锁,"一两棉花,一尺布,都不许进边区"。为克服边区的物质困难,改善敌后抗战的艰苦局面,党领导人民自力更生、艰苦奋斗,在荒山坡上、野山沟里、水塘和河流边,战士们你追我赶,全力劳作,开展大生产运动。359旅用辛勤的汗水浇灌出了万亩良田,实现了"不要一粒米,一寸布,一文钱"的奋斗目标。在延安清贫艰苦的条件下,党的领导人带头开垦种菜种地,朱德总司令在延安王家坪八路军总部大门西侧亲自开垦了三亩地,和妻子康克清时常挥着铁钎和锄头,地里种出的蔬菜朱总司令总是挑出来长势良好的送给乡亲们和延安养伤的战士们,并教育战士们,不仅要用笔杆子、枪杆子和敌人作斗争,还要拿起锄头粉碎日本帝国主义和国民党顽固派的军事包围和封锁。正是在这样艰苦的环境下,共产党人以昂扬的精神斗志战胜了困难,生活得到显著改善,为争取革命胜利奠定了重要的物质基础。延安时期孕育的延安精神成为支撑中国共产党战胜一切困难和强敌,取得新民主主义革命胜利的思想武器。

(三)继续从延安精神中汲取力量

延安精神贯穿着马克思列宁主义、毛泽东思想的精髓,继承和发扬着中华民族的优良传统,散发着共产党人优良作风和崇高理想的光芒,是中国共产党革命斗争经验的结晶,在延安时期发挥了极大的能动作用。

第一,推动了中国革命由土地革命向抗日战争的转变。中央和红军从1935年10月19日到达陕北,到1948年东渡黄河为止,延安时期跨越了13年,是中国革命史上极为重要的一段时期。在经历了国共合作的失败、第二次国内革命战争的曲折和第五次反"围剿"的失利,党在白区的革命力量损失殆尽,被迫开始长征,三大主力会师时不足3万人。在极为困难的革命条件下,党中央以民族大义为重,坚持将马克思主义和中国革命实际相结合,主动调整战略方针,实现了革命形势的转变。在抗日战争中,党坚持搞好自身建设,统一战线,广泛发动群众,同日伪军展开殊死搏斗,面对国民党的封锁,积极开展大生产运动。正是延安精神的激励鼓舞下,中国共产党由弱变强,为赢得抗日战争取得历史性转折提供了强大的精神支撑。在抗日战争结束前夕,华北、华中、华南等广大地区都已经成为抗日革命根据地,党员数量由初期的4万人发展到121万人。中国共产党和人民军队在抗日战争结束时已经成为不可忽视的一支强大武装力量。

第二,促进了党的理论的不断成熟。延安时期也是中国共产党的理论体系不断成熟的历史时期。马克思主义中国化的首次提出就处于这一时期,此外,党确立了实事求是的思想路线,有力克服了在统一战线中的错误倾向,坚持了抗日战争"持久战"的正确观点。在党内开展整风运动,使党内的错误思想路线得以克服,党组织得到了净化,全党内部达到了团结统一的目的。党的六届七中全会通过的《关于若干历史问题的决议》促进了马克思主义和中国实际问题的相结合。1945年4月至6月,党的七大胜利召开,毛泽东思想被写入党章,中国共产党实现了从理论到实践的完全成熟,延安精神作为革命精神,其特有的精神作用促进了党和党的理论的不断成熟,中国共产党也随着不断成熟的理论的正确指导,已经能够在复杂的革命环境中正确地处理遇到的各种实践问题。

第三,延安精神是推动中国共产党从局部执政走向全国革命胜利的精神动力。中国共产党结合时代环境,实事求是地确立了党在民族革命战争时期的纲领和政治路线,并制定了各项具体政策。在延安局部执政的过程中,党实事求是地开展"三三制"政权的实践,在边区实行了一系列民主改革,发扬自力更生、艰苦奋斗的精神,开展生产自救运动,坚持实事求是的思想路线,冲破了教条主义的束缚,实行新民主主义革命时期的经济政策,在廉政建设上,党政干部没有级别之分,也没有工资,边区各级政府清正廉洁,把人民群众的利益作为最大利益,实行官兵一致、军民一致,因此边区民众支持、拥护政府。党和红军在延安时期这种优良作风是延安精神内容化的表现,对比国民党政府的贪污腐败,延安政府广为国内外人士所称颂。中国共产党在延安的局部执政,不仅积累了领导国家政权的经验,还培养了一批懂经济、懂政治、懂军事、懂文化和社会管理的人才,造就了一支忠于革命、忠于党、忠于人民的英勇善战的人民军队。在延安精神的鼓舞和广大人民群众的支持下,中国共产党领导人民赢得了解放战争的胜利,赢得了从延安向全国的胜利。

四、西柏坡精神

伟大的革命实践产生了伟大的西柏坡精神。中共中央移驻西柏坡,处于中国革命伟大转折的历史时期,面临的任务依然严峻,同时也是我国革命最辉煌、最成功的时期,实现了全国革命重心的伟大转移,为新民主主义社会转向社会主义社会开辟了道路。在中国革命即将胜利的历史转折时期所表现出来的既善于破坏旧世界，又善于建设新世界的伟大精神，是中国共产党的宝贵精神财富。

（一）不断学习领会"两个务必"的深邃思想

西柏坡是永载中国革命史册的名字。1947年3月，蒋介石任命胡宗南为总指挥，率领大军进攻陕甘宁解放区。中共中央当即决定从整体战略布局出发，一部分同志前往华北，毛泽东、周恩来等人留守陕北，指挥全国解放战争以稳定大局。1948年3月，在革命的转折关头，党中央决定将晋察冀、晋冀鲁豫组成华北解放区，这成为"今后一连串胜利的开端"。1948年春天，随着革命形势的变化，经毛泽东、周恩来、任弼时研究认为，中央在陕北的目的已经达到，需要找到一个对指挥作战有利的地方。随即，中央作出了进行战略东移的决定，西柏坡时期由此开始。

在短短的一年零三个月，国内革命形势就发生了根本性的变化，国民党的反动统治基本被推翻，国民党再无反抗之力。在西柏坡时期，党创造了解放全中国、结束战争的大好局面，擘画了新中国的宏伟蓝图，极大地振奋了人心，为建立新中国奠定了重要基础，这一时期铸就孕育的西柏坡精神，是我们党最宝贵的精神财富之一。

1.务必谦虚谨慎、不骄不躁，务必艰苦奋斗的精神

夺取全国政权，成为执政党，中国共产党会不会成为李自成？能否继续保持同人民群众的血肉联系？能否继续保持过去艰苦奋斗、谦虚谨慎的优良传统？这是对全党以及全体党员提出的重大考验。新中国成立以后，面对国民经济恢复发展和建设的繁重任务，党能否克服各种困难，学会进城以后生产建设等一系列自己不懂的问题？面对如何建设社会主义这个问题，党是否能够保持过去那种优良的作风？这些重大问题关系到革命成果的巩固、社会

主义目标的实现,以及中国式现代化的前途和命运。毛泽东在党的七届二中全会上明确告诫全党必须防止因为胜利带来的骄傲、居功自傲、不思进取、贪图享乐和不愿再过艰苦生活的情绪,革命胜利只是第一步,在这之后才是漫漫长征路,全党同志必须坚持谦虚、谨慎、不骄、不躁,要警惕资产阶级糖衣炮弹的进攻,要继续保持艰苦奋斗的作风。毛泽东率先垂范,明确不送礼、不做寿等"六不","决不当李自成"的谆谆教导值得每一位共产党人深思。

2.敢于斗争、敢于胜利的精神

敢于斗争、敢于胜利的精神实质是敢于将革命进行到底的斗争精神。随着革命形势迅速发展,党领导的人民军队已经全面进入全国反攻阶段。1948年下半年,人民解放军总数已经由开始时的 127 万增长到 280 万,而国民党的军队不仅没有增长,反而由 450 万减少到 365 万,[①]中国人民解放军在力量对比上仍明显处于劣势。在这样的情况下,中国共产党面临的一个重要问题,就是能不能把握好时机,将革命进行到底。战争形势对国民党越来越不利,于是国民党内部出现了"主和"的声音。此时,国民党有美国的支持,而且在人数上还占有相当的优势。在这样重要的历史转折关头,中国共产党明确要求人民解放军要敢于打前所未有的大仗,防止敌人用和谈的缓兵之计得到休整,"然后再来打人民"[②]。在伟大斗争精神的鼓舞下,中国共产党不失时机地发动了三大战役,歼灭了国民党的有生力量。1948 年底至 1949 年初,国民党蒋介石发表"求和"声明,国际上甚至有人提出了"划江而治"的呼声。党中央号召人民将革命进行到底,正是在这样宏伟的革命实践中,全党以敢于全胜的精神状态,赢得了革命胜利,充分体现了中国共产党人大无畏的革命底色。

---

① 中共中央党史研究室:《中国共产党的九十年》,中共党史出版社、党建读物出版社,2016 年,第 316~317 页。

② 《毛泽东选集》(第四卷),人民出版社,1991 年,第 1244 页。

3.坚持实事求是、一心为民的精神

中国共产党是人民的政党,自诞生之日起,就一心为民,坚持依靠人民群众,靠团结广大人民群众夺取胜利。为了解决涉及人民切身利益的土地问题,党号召人民群众自己去推翻封建势力,在这样的号召下,解放区的土改运动轰轰烈烈地展开,使解放区的 1.5 亿农民获得了土地,增强了打败蒋介石的信心和力量,为赢得解放战争的伟大胜利争取了重要条件。在解放战争中,广大人民群众踊跃参军参战、修桥架路、抢救伤员,据不完全统计,共计动员 183 万民工参与辽沈战役, 动员 543 万民兵支援淮海战役前线, 动员 154 万余人参与平津战役,①在战斗中,运送的粮食、担架、小车,修建的公路、桥梁等更是不计其数。在塔山阻击战中,塔山群众"纷纷卸下自家门板,有的连炕沿、柜盖也都拆下来"②。在土改运动如火如荼地开展的同时,整党的工作也在有序展开。在革命处于战略转变的特殊时期, 同时进行着的革命工作、农村工作及城市接管工作紧迫而繁重,这就要求中国共产党必须实行统一领导和指挥,在广泛的民主的基础上,实行高度的集中统一。为此,我们党建立了各中央局和分局向中央请示报告制度, 使权力尽可能集中在党中央和中央机关手中,使全党、全军在政策上、行动上保持了高度的统一,极大地丰富和发展了党的民主集中制。由此可以看出,党的兴衰成败和党的民主集中制的贯彻执行是息息相关的,党的民主集中制贯彻得好,党的凝聚力、战斗力、号召力就能够得到有效增强,党的执政地位就能够得到有效保证。

4.善于破坏旧世界,善于建设新世界的精神

经过 27 年的艰辛革命,党带领人民历经千险,浴血奋战,百折不挠,在革命即将在全国范围内取得胜利的全新形势下,"破坏旧世界"的任务即将完

---

① 平津战役纪念馆:《平津战役纪实》,天津人民出版社,1999 年,第 215 页。
② 中共中央党史资料征集委员会等:《辽沈决战(上)》,人民出版社,1988 年,第 572 页。

成,"建设新世界"的任务已经摆到中国共产党面前,在步入新世界的转折点上,中国共产党人创造性地发展了马克思主义,对如何"建设新世界"进行了诸多探索。在党的七届二中全会上,确立了农村向城市、革命向建设、农业国向工业国、新民主主义社会过渡到社会主义社会的目标和方向,提出在历史转变时期彻底消灭反革命和帝国主义势力、迅速恢复生产的工作方针,制定了以生产建设为中心的经济、政治、外交等一系列政策,还提出要学会生产、商业、银行等技术和管理工作。会上,党还确立了要建立一个人民民主专政的国家,确立了实行民主集中制基础上的一系列新的政策举措。这为成立新中国、探索具有中国特色的社会主义建设道路提供了最初设想,绘制了蓝图。

(二)以"赶考"的清醒和坚定答好新时代的答卷

西柏坡精神鼓舞着中国革命实现重大转折,奠定了建设新中国的思想基础,确立了建设新中国的原则,提出了加强执政党建设的重大命题。

第一,促进了中国革命走向胜利的重大转折。一是实现了战争向和平的转变。近代中国,饱经沧桑,历经磨难。1840 年第一次鸦片战争以后,外敌入侵不断。中国开始逐渐丧失独立自主的地位,中国人民在连年的战火中流离失所,苦不堪言。从国内社会看,中国各阶级为了挽救陷于水深火热的人民而奋起反抗。与此同时,军阀混战,民不聊生。长期的革命战争中,中国人民始终处于被动的地位,直到解放战争时期打赢三大战役之后,中国人民才开始掌握战略的主动权,夺取全国胜利后进入一个和平建设时期,西柏坡精神是促进中国革命进程转变的精神动力。二是实现了农村向城市的转变。长期以来,党中央一直以农村为据点,领导广大农民开展革命运动,抗日战争胜利后,接管的城市越来越多,党的工作重心也随之进入一个新的发展阶段。三是从革命向建设的转变。在过去 28 年的革命中,党带领人民推翻了一个旧世界,长期以来连绵不绝的战争使经济遭受了重创,国家贫穷,民生凋敝,国民经济恢复发展的任务极重,发展生产成为全党的首要任务,于是中国共产党提出了"三年五年恢复,八年十年发展"的战略构想。

这三大转变具有同向性和相互联系性。新中国成立以后,在步入全面开展社会主义建设时期,战争向和平、农村向城市实现了顺利转变,进行了社会主义建设的探索,西柏坡时期为我们要走的这条道路打下了思想基础。

第二,确立了建设新中国的原则。党的七届二中全会上,围绕如何建设新中国的问题,从经济、政治、文化各方面进行了基础性的分析和多方面的思考。党的七届二中全会分析了新中国起步时的经济状况,认为在取得革命胜利后党领导人民进行经济社会建设,"中国的经济遗产是落后的"[1]。帝国主义制度和封建制度长期压迫,这使得全国范围内,现代性工业占百分之十左右,农业和手工业占到百分之九十左右,[2]从受教育情况看,当时中国社会有90%都是文盲,这一社会问题反映了经济文化落后的问题,是处理一切问题的基础。与此同时,党的七届二中全会还确定了新中国要坚持人民民主专政、共产党领导、以马列主义和毛泽东思想为指导等立国治国的原则。

第三,提出了加强党的建设的历史课题。面对全国范围内的伟大胜利,党领导的伟大人民革命会不会变成一次旧式的农民起义?这是毛泽东等领导人反复思考的问题。这个问题能否成功地解决,不仅关系到政权的巩固,而且关系到社会主义道路的前途。毛泽东在党的七届二中全会上对党内在胜利前可能出现的四种情绪进行了深入分析,毛泽东提出的防止"糖衣炮弹"的攻击为全党敲响了警钟。革命在全国范围内赢得胜利,取得前所未有的成绩的时候,共产党人一定要继续保持谦虚谨慎、艰苦奋斗的姿态,"两个务

---

① 《毛泽东选集》(第四卷),人民出版社,1991年,第1433页。
② 《毛泽东选集》(第四卷),人民出版社,1991年,第1430页。

必"是广大干部抵制资产阶级思想腐蚀的思想遵循。

五、新民主主义革命时期党的精神谱系的特征分析

新民主主义革命时期,在外有西方列强入侵、内有封建势力统治的危难时刻,中国共产党带领人民在长达28年的浴血奋战中,涌现出了数以万计的英雄人物、可歌可泣的英雄群体,熔铸了以浴血奋战、百折不挠为主旋律的精神谱系,形成了包括井冈山精神、苏区精神等在内的16种具体精神形态,谱写了一曲曲感天动地、气壮山河的英雄赞歌。这些伟大精神既一脉相承,又与时俱进,集中体现了中国共产党人矢志不渝的革命信念、救国救民的理想追求、视死如归的精神风貌。

一方面,这一时期党的精神谱系彰显了共同的时代主题。

近代以来战乱频仍、山河破碎,革命与战争的时代主题是新民主主义革命时期中国共产党人精神谱系孕育形成的共同时代背景。在革命与战争的时代背景下,党团结带领全国人民反抗"三座大山"的压迫,共同彰显了争取民族独立和人民解放的实践主题。

中国共产党成立以后,开始在马克思主义的指导下,紧紧围绕救国救民的主题,领导人民进行开天辟地的伟大实践,以坚定的理想信念、彻底的革命气概、无畏的斗争精神熔铸了新民主主义时期一个又一个中国共产党人的精神丰碑。

面对血腥屠杀,共产党人毅然决定以信仰的火炬照亮漫漫长夜,以武装反抗打响了国民党反动派的第一枪,先后建立了井冈山、赣南、闽西等一系列革命根据地,在艰苦的武装斗争中先后铸就孕育了井冈山精神、苏区精神等伟大精神。由于第五次反"围剿"的失利,中国共产党被迫进行战略转移,在长征途中,以毛泽东同志为主要代表的中国共产党人以强烈的责任担当,

独立自主地作出决定,在关键时刻挽救了党、挽救了红军,挽救了中国革命的前途,造就了遵义会议精神。在长征途中,广大工农红军不畏艰险,血战湘江、四渡赤水、征服空气稀薄的冰山雪岭,击退穷凶极恶的追兵围堵,在漫漫两万五千里的征途中铸就了长征精神。九一八事变后,中华民族到了最危险的时刻,中国共产党积极促成国共合作的统一战线,团结和带领广大人民与日军展开长达14年的殊死血战,在贫瘠的陕北、巍峨的太行山、东北的白山黑水等地形成了太行精神、沂蒙精神、东北抗联精神等伟大精神。党中央来到延安之后,在陕甘宁根据地物质极度困乏的困境中,中国共产党人坚持自力更生、艰苦创业,铸就了延安精神。在中国革命实现伟大胜利的前夜,党中央在西柏坡决心以"赶考"的清醒,决心"考好"革命胜利后的"答卷",孕育铸就了西柏坡精神等伟大精神。

另一方面,这一时期具体精神形态的内涵实质、历史地位等内容的差异性,体现了这一历史时期中国共产党人精神谱系的独特性内涵。

一是具体精神形态的内涵具有差异性。例如,面对大革命失败后严峻的革命形势,共产党人探索出了一条与俄国革命相反的具有中国特色的革命道路,体现出了井冈山精神"实事求是闯新路"的精神特质。再如,面对第五次反"围剿"的失败,中央红军被迫踏上战略转移的征途,红军在两年的时间里,用双脚丈量了福建、江西、广东、湖南等11个省,跨越了人迹罕至的雪山、草地,红军跨越两万五千里征途体现了长征精神。又如,党中央扎根延安13年,中国共产党人为改善艰苦的环境,自力更生进行物质生产,在艰苦实践中铸就了伟大的延安精神。

二是发挥的历史作用不同。具体来说,井冈山精神是中国特色革命道路的"开路先锋",点燃了中国革命的"工农武装割据的燎原之火"。长征精神是中国革命战略转移的恢宏篇章,是鼓舞人们不畏艰难、奋勇向前的精神丰碑。延安精神是中国共产党优良作风和传统的集中体现,"自己动手、丰衣足食",发扬光大了中国共产党的优良传统,吸引着数以万计的进步青年跋山涉水,来到延安宝塔山下寻真理,丰富着中国共产党局部执政的实践。西柏坡精神是进京赶考前的"精神洗礼",面对两种命运、两种前途的历史抉择,党中央既把握了中国革命胜利的光辉前景,又在胜利面前保持了极其清醒的头脑,在西柏坡运筹帷幄、决胜千里,为夺取新民主主义革命的全面胜利、筹备建设新中国提供了强大的精神支撑和精神动力。这些伟大精神一脉相承并各具特点,树立起了新民主主义革命时期的精神丰碑,为促进新民主主义革命的胜利提供了强大的精神动力。

第五章 ‖ 社会主义革命和建设时期中国共产党人精神谱系

　　新中国成立以后,中国共产党不仅要迅速掌握和学习建设社会主义国家的全新本领,实现工作重心的转变,而且要继续发扬革命年代的优良传统。这一时期我国面临着较为严峻的国际形势。

　　首先,社会主义阵营内部矛盾激化。新中国成立初期,在西方国家封锁、包围的情况下,党领导人民采取"一边倒"的对外政策,中国视苏联为"老大哥",苏联在很多方面给予中国指导,中苏在经济、政治、文化、教育等多方面长期保持着密切的联系。然而在涉及两国利益及国际社会上的一些重大问题时,苏联的大国沙文主义越发明显,比如提出了在我国建立长波电台、建立共同潜艇舰队等无理要求。被中国严词拒绝后,苏联开始在各个方面向中国施压。1960 年 6 月,布加勒斯特会议召开以后,中苏两党的分歧开始扩大到两国意识形态领域,中苏论战升级。7 月,苏联突然决定撤走在华援建的所有专家,撕毁所有的专家合同、补充书、议定书,并宣布废除所有科技合作项目。①中苏关系在苏共二十大以后变得越发紧张,1962 年,美苏爆发了古巴导弹危机,中印边境也爆发了大规模的冲突。在这两个事件结束之后,赫鲁晓夫公开指责中国在加勒比海危机和中印边境冲突中采取的原则立场, 中苏

---

① 《中国共产党历史:第二卷(1949—1978)》(下册),中共党史出版社,2011 年,第 643 页。

关系也因此彻底破裂。

其次,中国与周边国家及美国关系持续紧张。中国与美国长期处于冷战状态,20 世纪 50 年代开始,美国对中国采取军事封锁和贸易禁运,加紧制造"两个中国"。台湾当局趁大陆在 1962 年出现经济困难之际,企图拉拢美国支持其反攻大陆。美国也趁机在我国南大门燃起战火,将越南战争从南方扩大到北方,美国不断入侵中国的领海和领空,对中国进行严重的军事挑衅,威胁着中国的国土安全;印度军队在苏联的支持下不断地挑衅着我国西藏等地区,中苏关系的恶化和破裂导致中苏边境北部也出现了严重的冲突,中国面临的武力威胁更加严峻。

中国与西方国家在经济、科技、军事等方面的差距越发增大,危机感日益增强,这导致了我国在很长的一段时间内处于备战状态,人民迫切希望国家能够以最快的速度强大起来, 尽管我国在建设社会主义的过程中出现了失误。但是全国人民依然相信党,相信国家,党带领人民在进行社会主义革命和建设的实践过程中铸就孕育了一系列精神, 为广大人民群众改变贫穷落后面貌提供了精神支撑,同时也丰富了民族精神的内涵。

一、雷锋精神

雷锋的一生是短暂的,但雷锋精神是永恒的,雷锋精神是中国共产党人宝贵的精神财富。雷锋毫不利己、专门利人、无私奉献、助人为乐的崇高精神代表着一个时代、一个民族的整体形象和精神风貌,是中国共产党人永远的精神丰碑。

(一)雷锋精神是时代的楷模

20 世纪 60 年代是一个英雄辈出的年代。所谓时势造英雄,雷锋精神的产生和当时独特的国际国内环境密不可分。面对西方国家的封锁包围，无论是国家还是个人，都需要英雄模范来鼓舞斗志、积聚力量以摆脱困境，在全面开展社会主义建设的道路上奋勇向前，这为雷锋式的英雄人物的产生提供了重要的环境氛围和条件。

雷锋生活在 20 世纪五六十年代，这一时期正是中国面貌发生巨变的重要历史时期。第一，我国社会基本制度的确立是雷锋精神产生的现实制度基础。社会主义制度的确立，华夏大地的广大人民群众第一次感受到了作为国家主人的温暖和尊重，人民群众对党的热爱之情和感恩之情空前高涨，坚定信心跟党走，热爱党、歌颂党，成为这一时期社会的主流价值取向。出生于旧社会贫苦家庭的雷锋，遭受过旧社会的种种苦难，新中国建立以后，在社会主义大家庭中真切地感受到了社会主义好，感受到了新国家新社会的幸福与温暖，培养了雷锋助人为乐、无私奉献的优秀品质，激发了雷锋想要报效国家、奉献社会，把自己有限的生命奉献给党和人民的决心。

第二，我国基本经济制度和分配制度的建立是雷锋精神产生的经济基础。新中国成立以后，封建剥削制度的经济基础被彻底推翻。1956 年底，三大改造完成，我国确立了社会主义公有制和按劳分配的基本分配制度。地主阶级和资本家这样的剥削阶级被消灭，确立了新的生产关系，同时也确立了社会生产者之间平等、互助的关系，长期革命斗争中形成的优良传统和中国共产党人的优秀品质在新中国成立以后也一直被继承和弘扬，全社会形成了助人为乐、无私奉献的道德风尚。雷锋深受英雄事迹的鼓舞，决心以这些革命英雄人物为榜样，"永远忠于党，忠于人民"[①]。在新中国成立以后新的政治制度、经济制度的基础上，在良好的党风、民风、社会风气的影响下，在开展社会主义建设的伟大实践中，诞生了雷锋及雷锋式的先进人物，在实践中不

---

① 总政治部编：《雷锋日记选》，解放军文艺出版社，2012 年，第 21 页。

断凝练、提升，最终凝结为时代的伟大精神。雷锋精神既是个人品质、言行的提升概括，也是社会主义建设时期雷锋式的先进人物的群体画像。与此同时，雷锋精神的形成还得益于中华优秀传统文化的浸润，以及对马克思列宁主义、毛泽东思想的扎实实践。

（二）社会主义核心价值观的生动体现

雷锋精神孕育于 20 世纪 50 年代末到 60 年代初的社会主义建设时期，雷锋精神蕴含着中华民族的传统美德，代表着人类进步的价值取向，展现了共产主义的道德品质和伟大人格。1963 年 2 月，《人民日报》发表的通讯和评论员文章中详细介绍了雷锋的先进事迹，并阐发了雷锋日记中蕴含的闪光思想。周恩来在读过这些文章后深受感动，并应《中国青年》杂志请求，为雷锋作了题词。随后，《中国青年》杂志出版了《学习雷锋专辑》后，周恩来再次题词，他在题词中写道："向雷锋同志学习：憎爱分明的阶级立场，言行一致的革命精神，公而忘私的共产主义风格，奋不顾身的无产阶级斗志。"邓小平把雷锋精神定位为共产主义精神和品格，他在题词中写道："谁愿当一个真正的共产主义者，就应该向雷锋同志的品德和风格学习。"2013 年 3 月，在毛泽东为雷锋题词 50 周年之际，习近平在参加全国两会部分团组审议时提出"雷锋、郭明义、罗阳身上所具有的信念的能量、大爱的胸怀、忘我的精神、进取的锐气，正是我们民族精神的最好写照"。2012 年 2 月，中共中央办公厅印发的《关于深入开展学雷锋活动的意见》中鲜明地指出了雷锋精神的深刻内涵，①主要包括以下几个方面的内容。

---

① 2012 年 2 月，中共中央办公厅印发的《关于深入开展学雷锋活动的意见》指出，要大力弘扬雷锋热爱党、热爱祖国、热爱社会主义的崇高理想和坚定信念，弘扬雷锋服务人民、助人为乐的奉献精神，弘扬雷锋干一行爱一行、专一行精一行的敬业精神，弘扬雷锋锐意进取、自强不息的创新精神，弘扬雷锋艰苦奋斗、勤俭节约的创业精神。

1.热爱党、热爱祖国、热爱社会主义的崇高理想和坚定信念

雷锋始终把个人利益与国家、民族的利益紧紧联系在一起。雷锋把中国共产党看作自己的母亲,他说,"要永远做您的忠实儿子"①,雷锋一心向党,他说自己身体里的细胞流淌着伟大的党的血液,自己愿意为着共产主义事业奉献一切,甚至是自己的生命。雷锋对党的忠诚、对祖国的热爱、对人民的全心全意服务不是停留在口头上的,而是体现在为党和国家事业奋斗的实际行动上。他是这么说的,也是这么做的。在团山湖农场时,雷锋把自己省吃俭用省下来的钱捐给农场买拖拉机;党号召大办农业,雷锋就主动申请从县委机关调到生产一线;党号召青年服兵役,他就多次请求到部队参军。雷锋把对党的热爱和感激之情化作了对社会主义事业的坚定而执着的信仰,时时处处为国家着想,时时事事以国家为先,把自己的青春献给了祖国最壮丽的事业。

2.服务人民、助人为乐的奉献精神

雷锋总是先人后己,助人为乐,做好事不留名,助人困济不图利,舍己救人不图回报,雷锋以自己助人为乐的大爱胸怀和高尚道德帮助每一个人。雷锋在沈阳站外出时,偶遇一位背着小孩的中年妇女弄丢了车票和钱,于是雷锋用自己的津贴帮她买票,当这位大姐含着泪,问雷锋叫什名时,雷锋却说自己名叫解放军。这便是雷锋,他在平凡的岗位上、不起眼的小事当中,甘作一颗小小的螺丝钉,立志把党和人民给予的一切投入到无限的为人民服务之中,甘当"傻子"。他说自己活着的目的就是让别人过得更好,他说要做有利于人民和国家的"傻子",并且心甘情愿、发自肺腑做这样的"傻子",因为革命需要,"建设也需要这样的'傻子'"②。

---

① 总政治部编:《雷锋日记选》,解放军文艺出版社,2012 年,第 25 页。
② 总政治部编:《雷锋日记选》,解放军文艺出版社,1989 年,第 61 页。

3.干一行爱一行、专一行精一行的敬业精神

雷锋虽然只有小学文化程度,但是他不仅善于钻研,而且勤于钻研。他先是学会了驾驶拖拉机,而后又积极响应号召,成为一名推土机手。雷锋的一生,无数次把自己的积蓄捐给需要帮助的人,自己连一瓶汽水都舍不得喝,他时时刻刻把共产主义和社会主义的理想信念化为自己的实际行动,时刻为社会主义作贡献。雷锋把全国、乃至全世界的劳苦大众都看作是自己的亲人,他作为抚顺市人大代表,他说:"要为他们的自由、解放、幸福更幸福而贡献自己毕生的全副精力,直至最宝贵的生命。"①在弓长岭焦化厂工作期间,雷锋带领大家不顾瓢泼般的大雨,硬是保住了7200袋水泥,这一感人事迹被《辽阳日报》刊载报道。20世纪60年代初,辽阳发洪水时,他带病在抗洪抢险的第一线奋战了七天七夜,并捐了自己仅有的100元钱。在进入鞍钢一年多的时间里,雷锋因为工作特别突出,多次被评为先进工作者、标兵、"红旗手",并荣获"青年社会主义建设积极分子"的光荣称号,雷锋忘我牺牲的精神值得所有人学习。

4.锐意进取、自强不息的创新精神

无论是在工作中还是在生活中,雷锋总有一种无穷的动力,就是要钻进去、吃透它,通过学习钻研,不断地丰富和提升自己。他虽然文化程度低,但是在22年的短暂生命中却做出了那么大的成绩,成为全国人民学习的楷模。1960年8月,由于驻地发生洪水,雷锋一接到抗洪命令,就同战友们在大坝上连续奋战7天7夜,全然不顾自己因为救火被烧伤的双手。这就是雷锋百折不挠的伟大精神,锐意进取、勇往直前的奋进意志。新时代学习雷锋锐意进取、自强不息的创新精神,就是要紧跟时代步伐,自觉致力于经济社会发展各领域创新,就是要坦然面对困难,以决不被任何困难压倒的气概,攻

---

① 邢华琪:《雷锋全集》,华文出版社,2012年,第101页。

坚克难、施展才华,为中国特色社会主义事业作出力所能及的贡献。

5.艰苦奋斗、勤俭节约的创业精神

雷锋学习非常刻苦,抓紧一切可以抓紧的时间刻苦学习,追求新知,积极把个人融入国家和集体之中。雷锋在日记中这样写道:"如果你是一滴水,你是否滋润了一寸土地? 如果你是一线阳光,你是否照亮了一分黑暗? 如果你是一粒粮,你是否哺育了有用的生命? 如果你是最小的一颗螺丝钉,你是否永远坚守你的岗位?"①雷锋勤于钻研、善于钻研,1958 年 9 月,他积极响应支援鞍钢的号召,在鞍山成为一名推土机手。在团山湖农场期间,他为了能早日学会驾驶拖拉机,雷锋牢记师傅教导,把拖拉机性能、驾驶技巧总结成 15 条驾驶准则,在农闲时,让同志们考他,点一条、背一条,雷锋的每次回答都能做到准确无误。雷锋不满足于记住规则,他觉得开拖拉机是一门大学问,要做到能驾驶、能保养、能维修、能节油,他立志"努力钻研,勤学苦练,克服一切困难,忘我地工作,争取做望城县第一个优秀的拖拉机手"②。雷锋为了弄懂汽车的构造和原理,他把熟悉的推土机、拖拉机拿来反复比较,终于摸透了汽车的原理,成为一名技术精湛的汽车兵。

(三)让雷锋精神在新时代绽放更加璀璨的光芒

雷锋精神是艰苦奋斗、勤俭节约的民族精神的体现,其中蕴含着的锐意进取、无私奉献的炽热情怀是党性的集中体现。2023 年,正值毛泽东等老一辈革命家为雷锋同志题词 60 周年之际,习近平作出了"让雷锋精神在新时代绽放更加璀璨的光芒"③的号召,新时代要继续传承和弘扬雷锋精神,为奋

---

① 《见证人讲述:雷锋日记》,人民出版社,2018 年,第 21 页。
② 戴明章主编:《回忆雷锋》,内蒙古人民出版社,1999 年,第 277 页。
③ 《习近平对深入开展学雷锋活动作出重要指示强调深刻把握雷锋精神的时代内涵 让雷锋精神在新时代绽放更加璀璨的光芒 蔡奇出席座谈会并讲话》,《人民日报》,2023 年 2 月 24 日。

进新征程凝聚更加强大的力量。

第一，雷锋精神中闪耀着的信念的光芒，是人们进行社会主义建设的强大精神动力。学习雷锋，就是要学习他忠于革命、忠于党的榜样的力量。雷锋对共产主义信念的坚守是树立共产主义意识形态的现实典型。在 20 世纪五六十年代，我国在国际社会上遭遇了困局，从国内社会来看，遭遇严重困难时期，一些党员领导干部为人民服务意识淡薄，以毛泽东为主要代表的中国共产党人意识到当时社会存在的这种问题，全国上下迫切需要一个具有广泛认同度的典型人物来整合全国人民的精神状态，号召人民团结一致、共渡难关，雷锋就是这一时期的先进典型。雷锋面对困难时表现出来的昂扬向上的精神状态、大公无私的奉献精神、舍生取义的高尚品德，集中反映了社会主义先进道德，能够激发人们的坚强信念和昂扬斗志，是物质条件极端困难的条件下建设社会主义的强大精神动力。

第二，雷锋精神中蕴含着的对人生价值意义的探寻，是人们实践遵循的价值坐标。雷锋牺牲时只有 22 岁，但是他却在 22 年的短暂人生中，通过自己力所能及的小事作出了自己的贡献，实现了自己的人生价值。雷锋的先进事迹体现了中国共产党倡导的高尚的共产主义的世界观、人生观、价值观。在严峻而复杂的党情、国情、世情下，党在全国范围内开展增产节约运动，倡导人民自力更生、艰苦建国。部队里开展了"忆苦思甜""三忆两查"等教育活动。雷锋是一心为民、大公无私的先进典型，全国人民争先恐后地做雷锋同志那样的好战士，学习像雷锋同志那样活学活用毛主席著作、像雷锋那样一心为公，埋头苦干。雷锋对人生价值的追求，体现了一个淳朴而简单的普通劳动者的善良品质和人生追求，为全国范围内广大人民群众自觉树立共产主义的世界观、人生观、价值观起到了典型模范作用。

第三，雷锋精神中蕴含着的责任意识和担当精神，是人民进行社会主义建设的行动指南。1963 年 2 月，《解放军报》连发 3 篇社论，号召全军做"毛主席的好战士",号召全军向雷锋同志学习。3 月 15 日,共青团中央也发出了全国青少年学习雷锋的通知,号召在各地青年中广泛开展学习雷锋的活动,全国范围内形成了学习雷锋的热潮,学习雷锋如滚滚春雷,从军营扩展至辽宁抚顺,直至延伸到全国,成为全国范围内最大规模的、最深入人心的、效果最好的群众性运动。在雷锋精神的激励下,全国各地雷锋式青年层出不穷,在日常生活中,人们互相帮助的现象屡见不鲜。人们争相做好事,而且是"偷偷摸摸"做好事,有战士帮助孤寡老人打扫院子、把水缸挑满后悄悄离开做无名英雄。总之,在雷锋精神的鼓舞下,人们纷纷从在行动上学习和践行雷锋精神,形成了路不拾遗、夜不闭户的良好的社会氛围。

二、焦裕禄精神

在调任兰考县委书记后一年多的时间里,焦裕禄以大无畏的精神和气概带领人民战胜"三害"(旱涝、盐碱、风沙),在他去世后,他在兰考县工作的感人事迹和崇高精神被报道和挖掘,在党中央的重视和提倡下,焦裕禄逐渐由具体的人名升华为具有丰富内涵的精神符号。

(一)生也沙丘,死也沙丘,父老生死系

1.时代背景

20 世纪 60 年代是一个激情迸发、热情昂扬、英雄辈出的年代,同时也是一个需要英雄、呼唤英雄的年代。在这一时期,党的各条战线上涌现出了像人民公仆雷锋、石油铁人王进喜、淘粪工人时传祥等一大批先进模范人物。

焦裕禄精神的形成有着一定的时代偶然性。党领导人民进行社会主义建设过程中遭遇了严重的挫折,"左"倾错误由于反右倾扩大化而进一步发展,纠正错误的过程被中断,国民经济在"二五"计划期间遭遇了严重的困

难,人民生活水平下降,大部分地区都处于贫困状态。为确保第三个五年计划的顺利实施,党号召广大人民群众勇于克服困难,化困难为动力,这就需要树立共产党人勇于克服困难的典型,使广大人民群众坚定对中国共产党的信心。

2.焦裕禄的先进事迹被发掘

1964 年春天,焦裕禄肝病愈发严重,河南省委和中共开封地委决定送焦裕禄到北京治病。焦裕禄在京住院治病期间,时任中央政治局常委、中央书记处书记的邓小平亲自指示医院要加大诊疗力度,挽救焦裕禄同志的生命。[①]但由于焦裕禄的病情处于肝癌晚期,已无力回天,遂转回河南郑州。1964 年5 月 14 日,焦裕禄因肝癌医治无效于河南郑州逝世。

在焦裕禄逝世后,他在兰考县带领人民群众同旱涝、盐碱、风沙这"三害"作斗争的事迹开始被广为报道。时任兰考县委通讯干事的刘俊生牢记焦裕禄生前嘱托,在焦裕禄逝世一个月后,他撰写了文章全面总结了兰考县人民治理"三害"的经历。后来应《河南日报》编辑部的要求撰写了《一个党的好干部》一文,虽然当时并未刊发,但是在一定范围内宣传了焦裕禄作为一名县委书记的良好形象。

1964 年 5 月 17 日,时任兰考县委副书记的张钦礼在全省林业会议上讲述了焦裕禄的英雄事迹,引起了人们的共鸣,会后他向河南省委递交了焦裕禄在兰考县除"三害"的事迹报告,得到了省委领导的肯定。新华社河南分社副社长张应先等人进一步把焦裕禄作为一个先进典型进行挖掘,在《人民日报》刊发了焦裕禄事迹的通讯稿。《河南日报》随即对这篇通讯稿进行了全文转载,并配发了《学习焦裕禄同志为人民服务的革命精神》的社论。焦裕禄的先进事迹在河南省得到了初步宣传。

1965 年, 新华社副社长穆青安排分社记者周原去兰考采访焦裕禄的事迹,周原深受感动,结束采访他向穆青汇报工作后,穆青决定亲自去兰考县

---

① 杨长兴等:《焦裕禄一生》,中央文献出版社,2011 年,第 249~250 页。

调查采访,进一步提炼升华了焦裕禄的事迹。经过穆青等人的努力,《人民日报》刊发了焦裕禄事迹的长篇通讯,同时配发社论,这使得焦裕禄的先进事迹被全国人民知晓,在全国引起了极大的反响。此后,解放军原总政治部、全国总工会、团中央等部门相继发布通知,号召向焦裕禄学习。随后全国各省、市、县委相继发出了向焦裕禄学习的号召。2月15日阎桂芳和苏文忠刊载在《人民日报》上的《用焦裕禄精神改造汉源》的文章中首次概括了"焦裕禄精神",自此,"焦裕禄精神"开始作为一个特定的精神标识出现在官方权威媒体上,"焦裕禄精神"逐渐被提炼为全国范围内学习的精神文化。

(二)焦裕禄精神是党员、干部的"一面镜子"

焦裕禄是人民的好公仆、党的好干部。习近平先后多次对焦裕禄的典型事迹进行过高度评价,并凝练概括了焦裕禄精神的内涵,主要体现在以下几个方面。

1.亲民爱民

焦裕禄精神蕴含着亲民爱民的核心价值理念,焦裕禄之所以被称为县委书记的好榜样,就是因为他时刻想着为人民谋利益,始终关注广大人民群众的疾苦,始终与广大人民群众心连心,情相依,始终为人民群众办实事,赢得了人民群众的爱戴。焦裕禄为官一任,总是在群众最困难、最需要帮助的时候出现,关心、帮助群众。在带领人民治理"三害"的过程中,他与人民群众同吃同住,问政于民、问需于民。在1963年冬月的一个晚上,鹅毛大雪下了一夜,焦裕禄彻夜未眠。第二天天刚亮,他就把县委委员、各科局级领导干部召集起来,分成四个小组分赴各地去慰问困难群众。焦裕禄在风雪中走访了9个村子,访问了十几户困难家庭。当他走访到一位老大爷家时,老大爷问他是谁,过来干啥。他回答说:"我是您的儿子。毛主席让我来看望您。"这一句话体现了焦裕禄视人民群众为衣食父母,像爱护自己的父母那样爱护老百姓,带领老百姓过好日子。

2.艰苦奋斗

作为中华民族的优良传统,艰苦奋斗同时也是共产党人的传家宝。艰苦奋斗的内涵深刻继承和发扬了中国共产党在革命年代的优良传统。焦裕禄任职的兰考县是个内涝、风沙、盐碱灾害十分严重的"不毛之地"。焦裕禄赴兰考任书记时正是当地遭受自然灾害最严重的一年,全县粮食产量下降到了有史以来的最低水平。作为党员干部,焦裕禄始终坚守在抗击灾害的第一线,封沙、治水、改地,哪里风沙最大,他便第一个过去查风沙,哪里洪水泛滥,他便第一个冲向洪峰。哪里雨雪交加,他便第一时间访贫问苦,登门给群众送救济款、救济粮。办公条件差,有人提出想要改善,焦裕禄坚持,坐在破椅子上照样不耽误革命,在灾区面貌没改变、群众生活很困难,吃着国家的统销粮的情况下,改善办公条件的事情不但不能做,头脑中有这个想法本身就一件很危险的事。焦裕禄作为党的好干部,他袜子补了又补,被子、褥子缝了又缝,他用自己的实际行动践行了勤俭节约、艰苦奋斗的奋斗精神。

3.科学求实

焦裕禄在带领人民改变兰考的斗争中,不是凭借一时的热忱蛮干,而是以科学的态度,积极把革命热忱和尊重客观规律相结合,积极做中国共产党实事求是的思想路线的坚定践行者。他有一句名言是"吃别人嚼过的馍没味道",为了摸透兰考县的自然情况,焦裕禄靠着一辆自行车和两只脚走访、调研,在兰考县 470 天的时间里他用脚步丈量了兰考县的每一个角落,摸清楚了沙荒、沙丘、风口的分布情况,形成了治沙、治碱、治涝等治理自然灾害的正确思路。焦裕禄在调查研究的基础上,提出了翻淤压沙、翻淤压碱、种植泡桐树等有效办法。种植泡桐树的方法是在焦裕禄上任不久后的一次调研中,从群众的口中得知沙土窝里能种泡桐树,既能挡风,又能压沙,用处极多。焦裕禄在咨询当地林业技术人员的基础上,摸清了泡桐的生长特点,带领人民种植泡桐,既抵御了风沙,又形成了当地的特色产业,为改变当地的面貌作出了重要贡献。

4.迎难而上

成绩是干出来的,迎难而上是焦裕禄精神责任和担当的集中体现。焦裕禄初任兰考县委书记的时候,兰考黄沙漫天,盐碱遍地,内涝成片,恶劣的自然环境再加上其他的一些棘手问题如果处理不好,很容易受到处分。因此当时的很多干部都在议论"灾区栽干部",一方面,调任兰考县的干部不愿过去,另一方面,已经在兰考县任职的干部经常想着的不是为民办实事,而是如何尽快调离那里。组织在将焦裕禄调任兰考县工作之前,向他介绍了兰考县的实际情况,并让他做好面对严峻挑战的思想准备。焦裕禄却认为,越是困难越能历练人,他决心改变兰考县的落后面貌。在兰考县工作一年多的时间里,他拖着病体和干部们跑遍了兰考县 149 个生产大队中的 120 多个大队,他因病晕倒,但在组织安排他入院接受治疗的情况下,却请求医生再给他一天的时间安排工作,在肝病极度疼痛的折磨下,他用硬物顶住肝部以缓解疼痛。即便到了生命的最后一刻,焦裕禄心中考虑的依然是兰考的"三害"治理问题,他用自己的生命诠释着共产党员对理想信念的执着和对宗旨的坚守。

5.无私奉献

在兰考工作期间,焦裕禄时时刻刻体现着无私奉献的崇高品格,在他心中无时无刻不装着人民,却唯独没有他自己。焦裕禄作为一名基层党员干部,家里人口多,又长期患着肝病,1963 年春节,在县委贴出的救济名单中,他的名字赫然在列。对于这件事,他专门组织召开了机关党员大会,他在会上表示,自己不符合救济标准,分给他的钱他一分也不要,坚决拒绝政府给予的一切救济。并要求县委广大党员干部要时时处处向着人民群众,为全县树立榜样。在他的带领下,十几名同志也坚决放弃政府的救济。焦裕禄说绝不因为自己是县委书记而搞特殊,绝不享受任何比别人高的特殊待遇。在对待子女的工作问题上,焦裕禄推荐自己的女儿去最艰苦的供销社做临时工,洗萝卜、切萝卜、做咸菜,所有的活儿都干,他还对厂长说,千万不要因为她是县委书记的女儿而高看一眼,一定把她安排在最脏、最累、最艰苦的地方,只有这样,才能对她的进步有好处。他的大儿子因为看戏没买票,而受到他的严厉斥责,他让大儿子检讨自己的错误并向剧场补交了戏票钱。他还为此亲自起草了《干部十不准》,以坚决防止党员干部及其子女出现特权思想,规定任何一位领导干部都要遵守执行。

(三)焦裕禄精神过去是、现在是、将来仍然是我们党的宝贵精神财富

焦裕禄是县委书记的榜样,是全体共产党员的楷模。焦裕禄用自己的实际行动树立了县委书记的光辉形象,具有永恒的时代价值。

第一,焦裕禄精神是为人民服务的精神标杆。焦裕禄时刻把人民群众的冷暖放在心上,为了人民的事业鞠躬尽瘁。在风雪铺天盖地的时候,他心里惦记的是群众吃得怎么样?住得怎么样?生产队的牲口冻坏了没有?他带领干部访贫问苦,视人民群众为衣食父母。焦裕禄经常和人民群众同吃同喝同劳动,始终保持着劳动人民的本色,因为他知道,身为党的干部,如果不与人民群众同劳动,"思想就要起变化,要变颜色"[1]。在群众最需要关心、帮助的时候,焦裕禄冲在最前面,当他知道自己的病已经无法治疗的时候,他强忍着剧痛也不让护士给他注射止痛针。在物质条件极为艰苦的情况下,焦裕禄坚持"先天下之忧而忧,后天下之乐而乐",这使广大人民群众也深受伟大精神的鼓舞,再苦再累,也能看到希望,也能把精神变为前行的强大动力。

第二,焦裕禄精神激发了兰考群众救灾斗争的革命热情。焦裕禄担任县委书记时,几乎是兰考县自然灾害肆虐最严重的时期。为了获得第一手资

---

[1] 穆青、冯健、周原:《县委书记的榜样——焦裕禄》,《人民日报》,1966年2月7日。

料,焦裕禄带领人民知难而进,以大无畏的精神气度、实事求是的科学态度、深入开展调查研究,终于在重重困难中找到了一条治理"三害"的正确道路。兰考是开封地区最苦、最穷、最困难的一个县,焦裕禄通过调查认识到,尽管一部分群众为了生计逃荒,但是他相信绝大多数的群众有改变家乡面貌的强烈要求,群众的这种强烈要求,就好像堆放在地上的干柴,"只要蹦出一个火星,就可以引起熊熊烈火"。韩村、秦寨、赵垛楼等地的贫下中农社员不依靠国家、自力更生的革命精神使焦裕禄受到了极大的鼓舞,他在誓师大会上说道:"韩村的精神、秦寨的决心、赵垛楼的干劲、双杨树的道路……是兰考的新道路,号召全县人民学习这四个样板,发扬他们的革命精神,在全县范围内锁住风沙,制服洪水,向'三害'展开英勇的斗争。"[①]正是焦裕禄的顽强斗志和坚定必胜的决心,深深地感染了全县的广大干部和人民群众,激发了兰考全县人民进行抗灾斗争的革命斗志,激发了兰考人民共同振奋起抗灾自救、自力更生、艰苦奋斗的决心,这对于战胜自然灾害起到了重要的精神激励作用。

第三,焦裕禄精神体现了中国共产党自力更生、艰苦奋斗的优良传统。焦裕禄到兰考上任后,面对的第一个选择是两手向上,依赖救济,还是依靠群众自力更生。毫无疑问,焦裕禄选择了后者。他深刻地认识到,"干部不领,水牛掉井",干部是决定兰考县命运的关键。他通过多种方式激励干部、教育干部明确方向,坚定自力更生、艰苦奋斗的决心,决心苦战三年、五年,改变兰考县的落后面貌。干部的士气被鼓舞起来以后,如何治理"三害"?焦裕禄常常住在农民的草庵子里,蹲在牛棚里,他带头去最困难的队蹲点调查,带头种植泡桐树。他给自己规定,把参加劳动作为日常生活的重要内容,他走到哪里,干到哪里。焦裕禄自力更生、艰苦奋斗的精神深刻鼓舞了兰考县的人民群众,激励着千千万万的人民群众敢于与天斗、与地斗,共同战胜自然灾害的重重困难,自力更生建设美好家园。

---

① 穆青、冯健、周原:《县委书记的榜样——焦裕禄》,《人民日报》,1966年2月7日。

三、大庆精神

20 世纪五六十年代,新生的中华人民共和国百废待兴,悄然崛起的国民经济遭遇了石油瓶颈。在党中央的号召下,来自全国各地数以万计的科研工作者、军人、工人、学生汇聚大庆,开始了石油大会战。大庆石油人以高度的革命精神和科学的态度相结合坚持独立自主、自力更生、艰苦奋斗,用最少的资金、最短的时间、最少的财务成本开发出了大油田,在气吞山河的实践中铸就了大庆精神。

(一)大庆油田的发现翻开了具有历史转折意义的一页

石油是黑色的"金子",是工业的"血液"。20 世纪初,美国美孚石油调查团到中国山东、河南、陕西、甘肃等地进行石油勘探,得出了中国石油资源储存匮乏的结论。斯坦福大学教授勃拉克·韦尔德也认为中国没有中、新生代海相沉积,"充实"了所谓中国"贫油国"的论据。

新中国成立初期,美国等西方国家对我国采取"石油禁运""窒息红色中国"的政策。中国由于石油紧缺,不少以石油为动力源的工业因此而遭遇停工、停业、停产,新中国的经济发展遭遇瓶颈。为解决石油"贫血"的严重威胁,毛泽东就发布命令,把中国人民解放军的一个师共计 7747 人转移到石油战线,以扩大石油队伍。1953 年,随着我国第一个五年计划的开展,党明确提出了扩大石油工业建设的方针。在这一方针的指导下,全国上下齐动员开展对石油勘探、开发的大会战。

我国著名地质学家李四光、潘钟祥、黄汲清等人先后到河西走廊、陕北高原、四川盆地等地进行勘探。1941 年,中国赴美国攻读博士学位的青年学者潘钟祥在他的论文中提出了"陆相生油"理论。在这一理论的指导下,我国于 20 世纪 50 年代中期开始进行了石油勘探的战略重点东移。为摆脱"贫油国"的帽子,党和政府动员全国上下鼓足干劲投入勘探、开发石油的大会战中。

1959 年 9 月 26 日,松辽盆地第三基井终于喷出油流,打破了中国"贫油国"的论断。可是面对这样一个大油田,当时我们国家一无技术,二无经验,而且设备落后,国家经济困难。党和政府决定开展石油大会战,几万名的会战大军从全国四面八方汇聚到黑龙江大庆萨尔图。

从国家经济社会基本情况来看,这一时期正好赶上 3 年自然灾害,国家处于极度困难的状态,西方国家对中国实行经济封锁的同时,苏联撕毁了合同,撤走了在中国参与援建的所有专家;从自然环境状况看,松辽地区环境相当恶劣,1960 年赶上了 40 年不遇的大雨,工作环境艰苦,工人大多没有雨衣雨鞋。住宿环境极差,只能住在帐篷、活动板房,甚至是牛棚马厩里,这么一来,屋外下大雨,屋内下小雨,不仅衣服晾不干,连床褥都被打湿了。土路经过车撵人踩,成了烂泥塘。雨季过后,冬季最冷的时候气温可达零下 40 摄氏度,在"三九、四九棒打不走"的寒冬腊月里,石油工人在野外作业,一天都不停。他们以必胜的信念,凭借顽强的意志力,克服粮食短缺、住房设施全无、机械设施设备无法保障等恶劣条件,在荒无人烟的大草原上,克服蚊虫叮咬、饥寒交迫等自然环境对个人人身安全的威胁,经过 4 年多艰苦卓绝的奋战,中国终于摘掉了"贫油国"的帽子,为我国经济发展和社会主义现代化建设提供了能源保障。

(二)中华民族伟大精神的重要组成部分

20 世纪 60 年代,毛泽东多次接见"铁人"王进喜,并发出了"工业学大庆"号召。江泽民、胡锦涛等党的领导人多次对大庆精神的内涵进行提炼概括,多次强调大庆精神是我们宝贵的精神财富。2009 年 9 月习近平在大庆油田发现 50 周年庆祝大会上的讲话中①再次凝练了大庆精神的内涵，主要包括以下四个层次的内容。

1.爱国精神

爱国是石油工人会战大庆最直接的缘由。热爱祖国不仅仅体现在对国家的深厚情感,更重要的是体现在报效祖国的实际行动中。1959 年,王进喜在赶赴北京参加国庆十周年观礼和群英大会时, 看到大街上跑的汽车有的背了个大包。经过询问才知道,是因为我国缺少汽油,公共汽车得烧自己背的大包里的煤气。因为缺油,许多地方的汽车停了一半,"坦克入库,飞机趴窝,连毛主席住的地方都没有油用……"②王进喜忧国之心难以掩饰,潜然泪下。"煤气包"把王进喜"压醒了",使王进喜深深地感受到缺油给国家、民族带来的压力,真切地感受到了工人阶级肩负的担子有多重。他住在招待所夜不能寐,回到玉门以后,他再三请求参加大庆石油会战。王进喜和战友们正是肩负着在这样高度的责任感抵达大庆的。载着钻机的列车驶进萨尔图站,在大庆一望无际的大荒原上,没有吊车,怎么卸车? 怎么搬运? 有条件要上,没有条件创造条件也要上! 王进喜和队友们用血肉之躯和钢铁搏斗,他带领全队用大绳拉、用肩膀扛,靠人力把庞大的钻机卸下车运到井场并安装起来。三天三夜的"人拉肩扛",眼睛熬红了,肩膀压肿了,但是石油工人丝毫不畏惧困难,会战队伍表现出知难而进,决心为国家石油工业落后面貌而拼命的英雄气概和爱国情怀。

---

① 2009 年 9 月 22 日,习近平在大庆油田发现 50 周年庆祝大会上的讲话中指出:"大庆油田的开发建设,铸就了以'爱国、创业、求实、奉献'为主要内涵的大庆精神和铁人精神……集中展现了我国工人阶级的崇高品质和精神风貌。"参见《习近平在大庆油田发现 50 周年庆祝大会上的讲话》(2009 年 9 月 22 日),共产党员网,https://news.12371.cn/2014/09/24/ARTI1411530150450543.shtml?from=singlemessage&ivk_sa=1024320u。

② 李国俊、宋玉玲:《大庆精神》,中共党史出版社,2018 年,第 43 页。

2.创业精神

大庆精神的本质就是独立自主、自力更生。大庆石油工人在艰难困苦的自然环境和危险的考验下，铸就了顽强意志和吃苦耐劳的品质。在大庆艰苦创业初期，广大石油工人因陋就简，住在简陋的帐篷、木板房和牛棚里。大庆油田的主战场萨尔图草原在北纬 46°，纬度高，萨尔图的冬季极为漫长，国庆节就开始下雪。极寒时如果做不好御寒，人可能会被冻伤，设备可能会被冻坏，千辛万苦得来的成果会遭受损失。有老同志建议说入冬前先把部队和设备撤到抚顺、沈阳、长春等地，等开春再继续干。可是这样做必定会推迟油田开发的时间，给国家带来更大的困难。余秋里在《回忆录》中写到，会战开始前，我们说过多次，只许上，不许下；只许前进，不许后退。无论遇到多大的困难，也要硬着头皮顶住，这个决心绝不动摇。可是要过冬，一无足够资金，二缺乏建筑材料，三是时间来不及。经过调查当地居民住房情况，终于决定采取"干打垒"（就地取土筑成墙壁，房顶用羊草和芦苇作垫层，覆盖碱土泥巴抹光，取暖用火坑或火炕）解决住房问题。一大批来自城市的高级知识分子、专家、教授、工程师一下班就去现场，卷起袖子和裤腿，动手打夯掘土，挑水和泥，大家都以能参加"干打垒"为荣。"干打垒"是大庆精神艰苦创业精神的集中体现。

3.求实精神

石油工人参与会战既有猛如老虎的干劲，也有细如绣花的"细劲"。"细劲"充分体现的是石油工人严肃认真的工作态度，也就是求实精神。大庆油田三矿四队队长辛玉在检查时遇到一件小事。新来的徒工小孙刚领了刮蜡片没几天，又拿着新的刮蜡片匆匆上井，他回到材料库了解情况时才知道，原来是小孙没有仔细检查，刮蜡片被挤扁了，所以才领了新的。这件小事折射出小孙隐瞒事故，缺乏石油工人该有的老实态度。三矿四队以这件小事抓工作作风，召开"事故分析现场会"，小孙认识到了自己的错误，表示要把那个变了形的刮蜡片挂起来时时刻刻提醒自己，包括队长在内的所有成员都开始认真反省自己，全队开始逐渐形成了严格细致的工作作风。1964 年 1 月 16 日，大庆油田书记、指挥、大队长、教导员、工人代表等共计 600 余人，冒着零下 30 多摄氏度的严寒做检讨。油建指挥部负责人说由于他们工作不认真，使 10 根 10 米长的钢筋混凝土中的某些部位大量不合格，比预计宽了 5 毫米。5 毫米不过一根韭菜叶的宽度，而且也不影响实际使用，油建指挥部负责任的可贵之处就在于，不放过这宽出来的 5 毫米，因为今天宽了 5 毫米，明天就可能宽出 6 毫米、7 毫米。所以，这 5 毫米必须铲除。现场的专家、工程技术人员开始拿起榔头，把大梁上宽出来的 5 毫米一一铲掉、磨光，这充分体现了大庆人坚持严格要求、严肃态度、严明纪律的精神。

4.奉献精神

胸怀国家战略全局的大庆石油人为了开采出国家经济建设急需的石油，在冰冻三尺的松嫩平原上，"宁可少活二十年，拼命也要拿下大油田"。在艰苦卓绝的环境下战天斗地，需要克服常人难以想象的重重困难。打井时突然出现了井喷的突发情况，王进喜就和工人们商量加入黄土和水泥来压井喷。由于水泥和泥浆不融合，而且现场又没有搅拌机，在这个万分紧急的情况下，王进喜拖着带伤的病体和几名工人奋力跳进泥浆池里，经过苦战，井喷被压住了，然而王进喜的双腿却被碱性很大的泥浆烧起了血泡，带着伤的腿变得血肉模糊。王进喜和 1205 钻井队的队友们的英雄行为和气概感动了附近的乡亲们。王进喜领着工人们和钢铁"打架"，不吃饭睡觉，压不倒、累不垮，乡亲们见了心疼地说道："人是铁，饭是钢，就是铁人这样也不行啊！"从此，王进喜"铁人"的称号就这样得来了。王进喜带领工人们"北风当电扇，大雪当炒面"，以乐观的精神，创业的豪情，在天寒地冻的松花江畔打通了中国工业的"血脉"，为中国工业发展立下了不可磨灭的不朽功勋。

（三）激励各族人民投身社会主义建设的强大精神力量

大庆精神具有鲜明的时代特色，表现了工人阶级良好的精神风貌，是激励着全国人民不畏艰难、奋勇向前的伟大精神动力。

第一，大庆精神是大庆油田发展的精神支柱。新中国是在一片废墟上诞生的，新中国石油工业从诞生之日起就肩负着国家和民族发展的重任。石油工人事事以大局为重，处处以国家命运为念，始终怀着一颗为国家分忧的赤子之心，以强烈的责任感和主人翁意识，把爱国当作自己最义不容辞的行动、当作最崇高的指向，他们立志报国，把祖国的需要和发展作为自己最神圣的责任。"青天一顶星星亮、荒原一片篝火红"，在这样艰苦的条件下，石油工人终于拿下大油田，成功摘掉了新中国"贫油国"的帽子。大庆精神激励着石油人塑造坚毅的品格，在创造了巨大物质财富的同时，更创造了石油战线宝贵的精神财富，铸就了石油战线的宝贵思想基础，大庆精神永远是激励石油人奋勇前进、不断取得新的胜利的不竭精神动力和强大精神支柱。

第二，大庆精神是带动我国工业发展的强大精神支撑。新中国成立以后，以大庆油田为代表的我国民族工业已经迅速发展，大庆油田成为我国工业战线上的一个先进典型。20世纪60年代前期，大庆油田为独立自主、自力更生发展中国石油工业作出了巨大的贡献。大庆工人用较少的投资、比较短的时间，全部用自己制造的设备建成了大庆油田，建成了炼油厂。1964年元旦，石油工业部党组正式向中央递交了《关于大庆石油会战情况的报告》，中央决定在全国范围普遍传达这个报告。毛泽东在会见外宾时，对大庆会战取得的成绩自豪之情溢于言表，随后发出了学习大庆油田经验的号召。此后，全国民族工业掀起了学习大庆经验的运动。国家领导人后来多次到大庆视察工作。1964年12月，周恩来在第三届全国人民代表大会《政府工作报告》中多次讲到大庆油田工人的先进事迹，号召全国各行各业开展比先进、学先进、赶先进、帮后进的运动,形成了学解放军、学大庆的热潮。

第三,大庆精神是中华民族宝贵的精神遗产。大庆精神是在轰轰烈烈的石油大会战中孕育诞生的。大庆精神继承了中华民族自强、进取等优秀传统文化的内核,会战职工怀揣着毛泽东的《实践论》和《矛盾论》,纷纷表示,这困难,那困难,最大的困难是国家缺油;这矛盾,那矛盾,最主要的矛盾是国家建设等油用。"铁人"王进喜长期超负荷工作,后来住进了北京 301 医院,被查出来胃癌晚期。王进喜说:"癌症也是纸老虎,你们把我治好了,我回大庆再干它 20 年。"但"铁人"王进喜不幸逝世时只有 47 岁,曾经发出"宁可少活 20 年"的铮铮誓言的"铁人",岂止是少活了 20 年,他把自己的一生都交给了党,交给了祖国的石油事业。大庆精神是中华民族精神的升华,是社会主义革命和建设时期时代精神的结晶,大庆精神汇聚了中华民族的优良品质和工人阶级在长期实践中铸就的不畏艰险、艰苦创业的优良传统和作风。

四、"两弹一星"精神

广大科学家和科研工作者们以强大的使命感和责任感,响应党和国家研制"两弹一星"的号召,隐姓埋名,潜心科研,在"两弹一星"任务的实施过程中,无数科学家、科技工作者以身许国,默默奉献。他们以自身顽强的毅力,克服重重困难和阻碍,终于成功研制出"两弹一星",为中国科学技术的发展积累了成功经验的同时,孕育铸就了"两弹一星"精神。

(一)中国人民在 20 世纪"创造的新的宝贵精神财富"

20 世纪 50 年代初,美国的核讹诈、核威胁让世界人民头上笼罩着战争的阴影。美国派遣第七舰队侵入台湾海峡,并将朝鲜战争的战火烧到中国东北边境。在抗美援朝战争中,美国自始至终在对我国进行核威胁,无论是美国总统杜鲁门,还是前线指挥官麦克阿瑟,都多次以原子弹威胁我国,叫嚣要摧毁我国一切国防设施。

新中国成立以后相当长的一段时间内,原子弹的阴霾一直笼罩着我国的上空。虽然在抗美援朝中我国取得了胜利,但是我们付出了巨大的代价,尤其是在武器装备方面,我们远远落后于美国。这种情况下,党中央更加坚定了研制核武器的决心。但同时,中苏关系进一步恶化,直至破裂,苏联最终撤走了所有在华专家。在进退两难之际,中国科学家隐姓埋名,坚持独立自主,自力更生,1960 年,新中国仿制的第一枚近程导弹成功发射,开启了中国导弹武器的历史。1964 年,仅仅时隔 3 年零 11 个月,在中国新疆罗布泊的大漠深处,第一颗原子弹爆炸成功,3 年后,我国第一颗氢弹爆炸成功。6 年后,我国第一颗人造地球卫星"东方红一号"发射成功,当"东方红,太阳升"的歌曲响彻太空,世界被震撼了。"两弹一星"的研制成功,极大地提高了中国的国际地位。

(二)干惊天动地事,做隐姓埋名人

江泽民[①]、胡锦涛等党的领导人在多个场合先后对"两弹一星"精神的内涵进行提炼和概括,提出要使"两弹一星"精神在新时期发扬光大。党的十八大以来,习近平也多次提出要弘扬"两弹一星"精神。根据党和国家领导人对"两弹一星"精神的提炼和概括,"两弹一星"精神的基本内涵主要包括以下三个方面。

1.热爱祖国,无私奉献

"两弹一星"的科学家们用自己的实际行动诠释了对国家、对党、对人民的忠贞不渝和矢志不移。100 多年来,中华民族饱受列强的蹂躏,新中国的成

---

① 1999 年 9 月,江泽民在出席为研制"两弹一星"作出突出贡献的科学专家表彰会上指出:"在为'两弹一星'事业进行的奋斗中,广大研制工作者培育和发扬了一种崇高的精神,这就是热爱祖国,无私奉献;自力更生,艰苦奋斗;大力协同,勇于攀登的'两弹一星'精神。在祖国繁荣昌盛的今天,'两弹一星'精神依然是我们奋力前行的精神动力。"

立彻底结束了这段饱受帝国主义奴役和压迫的历史，中华民族从此重新屹立于世界民族之林。新中国成立初期，经济很困难，科技水平也很低，科学家们毅然放弃国外优渥的科研条件和优越的物质生活，他们既不图名、也不图利，强烈的爱国之情和民族自尊心促使着科学家们即使身处世界各地，也要积极响应祖国的号召，纷纷回国，决心用自己的知识报效国家。1950 年到 1957 年这几年时间，在核物理研究方面卓有成就的王淦昌、在力学方面与钱学森齐名的郭永怀，材料科学与工程专家陈能宽，理论物理学家、核物理学家邓稼先，核武器技术专家程开甲等科学家毅然决然回到祖国参与到"两弹一星"的研制之中。著名地质学家李四光就从英国辗转瑞士、意大利历时半年多才回到祖国。邓稼先在获得美国普渡大学物理学博士学位后依然决定踏上回国的轮船，他说："我的生命就献给未来的工作了，做好了这件事，我这一生就过得很有意义，就是为它死了也值得。"①爱国主义是归国科学家几十年默默无闻、隐姓埋名开拓创新的动力，也是他们不断克服重重困难的精神支柱，他们在祖国最需要的时候毫不犹豫，以惊人的智慧和高昂的爱国主义情怀创造着人间奇迹，推动着我国科技事业的进步。

2.自力更生，艰苦奋斗

70 多年前，新中国刚诞生不久。西方国家对新中国政权虎视眈眈，动辄以核武器威胁，社会主义阵营的"老大哥"苏联也与我们断绝了交往。1959 年 7 月，苏联政府通知撤走所有在华专家时，放下狠话，离开外界的资助，中国 20 年也搞不出原子弹。新中国成立初期，我国经济发展水平低，仪器设备简陋，实验材料缺乏，试验场地不完善，科研工作者日常生活仅有 28 斤粮食定量，只有在过春节时才能吃到一小碗晒干的白菜帮子和红薯面的窝窝头，二尺布票只够买双鞋，夏天穿的是同事从贵州带来的草鞋，由于需要保密，甚

---

① 宋健：《"两弹一星"元勋传》(上册)，清华大学出版社，2001 年，第 271 页。

至和家人朋友都中断了联系。①广大科技工作者们因陋就简，并没有被这些困难吓到，没有先进的实验室，无法验证理论计算方法是否正确，于是科学家们组织人力，靠手摇计算机和计算尺，甚至用算盘来计算。他们带着蜡烛、手电筒、老虎钳、锉刀等工具，趴在水泥地上设计图纸，在水泥地上的图纸中诞生了中国卫星、火箭的雏形。在茫茫戈壁滩上，科学家们风餐露宿，不辞劳苦，以顽强意志力克服了常人难以想象的各种艰难困苦，经受了生命极限的考验。自力更生、艰苦奋斗是我们战胜一切困难的法宝，这种精神深刻地体现在参与研制"两弹一星"的科学家身上。

3.大力协同，勇于攀登

"两弹一星"精神是一种团结协作、"合写一篇大文章"的攻坚克难精神。一方面，"两弹一星"本身就是一个新鲜事物，对于从事"两弹一星"科研的绝大部分科研工作者来说也仅仅停留在书本上。科研工作者们从最基本的资料、教材学起，几张办公桌，十几名刚大学毕业的青年科技人员，他们百折不挠，勇于攀登，在电子元件、新材料、精密机械、测试技术、计量基准等多个领域的协同配合下，出色而高效地完成了"两弹一星"的科研任务。另一方面，在新中国成立之初，我国经济、科技、文化都十分落后的现实情况下，要研制出原子弹、氢弹、导弹、卫星这样的高科技事物，规模之宏大，技术要求之高，综合性之强决定了必须要举全国之力来保证完成。为此，中央成立了专门委员会，在中央专委会的指挥下，全国的科研机构形成了"一盘棋"，拧成"一股绳"，上下一心，协同配合，保证了"两弹一星"研究工作的顺利推进。

（三）大力弘扬"两弹一星"精神

成千上万的科学家和科研工作者们群策群力、团结协作、突破了一系列关键技术，实现了我国科学技术事业质的飞跃，书写了中华民族几千年文明

---

① 沈传宝：《科技强国，永垂青史——"两弹一星"座谈纪要》，《中共党史研究》，2001年第1期。

创造史上最为光辉灿烂的美好篇章,在此过程中铸就了伟大的"两弹一星"精神,是我们宝贵的精神财富。

第一,"两弹一星"展示了中华民族无穷的创造力。在没有现成可查资料的情况下,我国成功研制出"两弹一星",使我国国防取得质的飞跃,奠定了新中国国家安全的科技基础。更为重要的是,新中国的科学家们做了45次核试验就取得了成功,仅用了10年左右的实践就把构想变为了现实,并推动了我国核试验理论设计走向世界先进水平。中国科学工作者不仅在研制"两弹一星"过程中取得了科学技术质的飞跃,使中国和科技进入世界先进国家行列。我国科学家研制"两弹一星"的过程中表现出来的惊人速度既是科学奇迹,更是不解之谜,在这一过程中铸就的"两弹一星"精神,彰显了伟大的中华民族无穷的创造力。

第二,"两弹一星"提升了中国的国际影响力。邓小平指出:"如果六十年代以来中国没有原子弹、氢弹,没有发射卫星,中国就不能叫有重要影响的大国,没有现在这样的国际地位。"[①]"两弹一星"的成功,在科技上向全世界宣告了我国实现了质的伟大飞跃,使我国的国防实力和综合国力得到显著提升,奠定了我国在世界舞台上不可或缺的地位,这极大地鼓舞了中国人民的士气,提振了全国各族人民共同建设社会主义的志气,提升了我国的影响力,深刻影响了世界格局。

第三,"两弹一星"精神具有永恒的意义。成功研制"两弹一星"的意义和影响力已经远远超过科学技术研究本身。伴随着社会主义建设不断向前发展,包括"两弹一星"精神在内的伟大科学精神的铸就孕育、弘扬和践行不断有了适宜生存的"土壤"。我国不仅创造了"两弹一星"这样令全世界瞩目的科学成果,而且李四光、钱学森、邓稼先等优秀的科学家在极为困难的条件下为国家争得了荣誉,作出了贡献。与此同时,科学家们创造的"两弹一星"

① 《邓小平文选》(第三卷),人民出版社,1993年,第279页。

精神激励着全体中华儿女在建设社会的过程中，在开展科研攻关时始终保持昂扬向上的精神状态。

五、红旗渠精神

古往今来，治水的传统与中华文明的繁衍相生相伴。中华文明的发展史，也是一部人民群众改造和利用自然的发展史。林县人民以改天换地的英雄气概克服千难万险，用双手在太行山上挖出一条人工天渠——红旗渠。从1960 年 2 月开工到 1969 年 7 月支渠配套工程完工，红旗渠的建成，不仅创造了巨大的物质财富，而且铸就了伟大的精神财富。

（一）中华民族不可磨灭的历史记忆

林州，原名林县，位于山西、河北、河南三省交界处，独特的地理位置，使得林县自古传承着多元的地域文化，其中，三晋文化、燕赵文化、中原文化，以及抗日战争时期形成的太行精神，经过历史的沉淀，共同成为红旗渠精神的文化底色。

水资源短缺的问题是林县发展建设首先要解决的突出问题。这是因为，林县的生态环境十分复杂，林县境内多山地，布满了高山、深谷、丘陵、盆地，这就造成了森林覆盖少，水土流失严重的问题。更为甚者，林县地表水奇缺，十年九旱。几百年来，林县发生过 100 多次自然灾害，大旱绝收 30 多次，当地老百姓常常一年四季忙到头，却吃了上顿没下顿。林县历朝历代都把大量的人力物力投入水利设施的兴建之中，可是这些水利工程都无法彻底解决林县缺水的难题。水贵如油导致了人民惜水如命。山村里的人民平时很少洗脸，只有在逛庙会、走亲戚这样的特殊日子里才舍得洗脸，更别说是洗衣服。即便是出门洗一次脸也是大人先用，小孩后用，洗完留着脏水下次再用。刷锅洗碗水也是上顿用了下顿再用,直到水成了糊糊状才舍得让牲口喝。

缺水还导致林县人民的卫生状况奇差。食品不清洁,地方传染病盛行,农村地区又闭塞,缺医少药,广大人民群众有了病没办法治只能求神拜佛。林县人民深受缺水之苦,视水如命,求水心切,不仅一些村子的名字用水命名,诸如"张家井""李家池""龙送水""砚花水",而且当地人民的名字中也一定带有"水"字,以求得好兆头。①

林县因为境内多山川、丘陵,交通不便,面对干涸的河井和光秃秃的山川,林县人民不得不选择背井离乡,艰难恶劣的生存环境带给了林县人民太多的苦难,"天下事,有所激有所逼者成其半"。要获得新生,就必须大力解决水资源短缺的问题。1957 年,林县作出了改变林县面貌的决议,代表们宣誓"头可断,血可流,不建好林县不罢休"。从 20 世纪 60 年代开始,林县各级党员干部和群众同心协力,靠着双手、锤铲等简单工具,踏平了 1250 座山头,钻透了 211 个隧道,架起了 152 座渡槽,挖砌土石 1818 万立方米,成功实现了"引漳入林",创造了人类水利建设史上的奇迹。

(二)林县人民多壮志,誓把河山重安排

红旗渠精神是中国共产党人精神谱系的一座丰碑。目前,国内对红旗渠精神科学内涵的表述共有四次②,第一种对红旗渠精神内涵的概括得到较为

① 丁同民、郑中华、王军:《历久弥新的红旗渠精神》,人民出版社,2015 年,第 8 页。

② 1990 年 3 月,中共林县县委、林县人民政府在《关于宣传、继承和发扬红旗渠精神的决定》中首次将红旗渠精神表述为"自力更生、艰苦创业、团结协作、无私奉献"。第二次是在 1993 年 8 月 30 日,中共河南省委在《关于学习林县人民创业精神的决定》中将红旗渠精神表述为"解放思想、实事求是,自力更生、艰苦创业,自强不息、开拓创新,团结实干、无私奉献"。1998 年 10 月 15 日,时任林县县委书记杨贵发表在《人民日报》上的《红旗渠精神的思考》一文中将红旗渠精神描述为"为了人民,依靠人民,敢想敢干,实事求是,自力更生,艰苦奋斗,团结协作,无私奉献",这是第三次表述。第四次表述是在 2011 年 10 月,新华社社长发表的长篇通讯《守望精神家园的太行人——红旗渠精神当代传奇》一文中,对红旗渠精神作了"难而不惧,富而不惑,自强不已,奋斗不息"的概括。

广泛的认同,因此,本书采取第一种对红旗渠精神的表述形式。

1.自力更生

天行健,君子以自强不息。愚公移山的神话传说就是中华民族自力更生优秀品质的真实写照。自力更生既是中华传统文化中的核心因子,也是一代又一代的中华儿女薪火相传的优秀品质。粮食短缺、物资短缺,数以万计的群众自备口粮,奔赴修渠工地的第一线。他们宁愿苦干,也不愿苦熬,宁愿吃得眼前苦,也要换来万年幸福长久,他们宁愿自力更生,也不愿停下来,向政府等、靠、要。在长达 10 年的修渠过程中,林县人民自备工具,自带干粮,石灰自己烧,水泥自己造。林县人民坚持"既要吃烂肉,又要省柴火",每一分钱,每一袋水泥,每一把锤头都做到物尽其用。林县三条干渠及配套支渠共计投资 6865 万多元,而国家投资仅仅占到了 14%。在三年极度困难时期,林县人民在荒蛮险峻的悬崖峭壁间用一锤一钎创造了伟大奇迹,铸就了伟大精神。

2.艰苦创业

在太行山隧道凛冽呼啸的山风中,在锤子和铁钎的哐哐作响中,在寒来暑往的季节变换中,几万名共产党员、共青团员、青年民兵,不顾生命危险,勇往直前,冲锋陷阵。河水冰彻透骨,在没有任何设备的情况下,林县人民在寒风中仅仅凭借着两只手,争分夺秒地打出了 3 万块料石。当一块块料石扔到深不可测的河水中被大水冲走时,几百名汉子愣是跳进冰冷刺骨的河水中,肩并着肩,臂挽着臂,架起了一道道人墙。岸上的人们疾步流星地抬着石头,背着沙袋,在人墙下用一块块巨石垒起 70 米高的拦河大坝时,跳到河里的人们早已冻紫了嘴唇,冻僵了四肢。恶劣的施工条件、简陋的工具、繁重的体力劳动考验着林县人民的信心和决心,这些困难都没有压垮林县人民,没有使林县人民在大自然面前屈服,反而激发了林县人民不屈不挠的艰苦创业精神。

3.团结协作

"聚精会神挖水渠,一心一意引水来。"为了彻底改变林县常年受干旱困扰的面貌,在长达 10 年的修建过程中,林县党委充分依靠人民群众,动员全县各个地方、各个单位心往一处想,劲往一处使,相互支持、相互配合,保证了工程取得顺利进展。红旗渠在修建过程中,受到了周恩来、李先念等党中央领导人、河南省委省政府,以及山西省委和平顺县的无私援助。由于物资紧缺,修建红旗渠的指挥部给全体干部定下的标准是——"五同""六定"。"五同"即干部与民工群众同吃、同住、同劳动、同学习、同商量,并给参加劳动的干部群众定任务、定时间,只能超额完成,不能拖欠。同时还给干部定下了生活低标准,即干部领的口粮要比民工群众少。县委书记杨贵就身先士卒,处处走在前列,吃饭的标准与大家都一样,这使他曾经饿晕在地上。炊事员偷偷给他煮了小米干饭时,他坚决表示,民工群众吃什么他就吃什么,坚决拒绝炊事员给开的小灶。[①]在红旗渠的修建过程中,广大党员干部和民工群众通力协作、相互扶持,为红旗渠的修建提供了有力保证。

4.无私奉献

在红旗渠的修建过程中,各地区人民不计较个人利益得失,为红旗渠的修建贡献了力量。姚村公社第一营妇女营营长李改云是一位仅有 24 岁的女性党员,面对即将崩塌的山体,她疾步向前,一把推开愣在旁边不知所措的队友,自己却被压在碎石底下。她清醒后的第一句话是问"还有人压在下面吗?"她不等身体完全恢复就急忙赶回工地,她说,作为一名党员,为了全县人民的水,流点血算不得什么,因为人民之水贵于血。而这只是浩浩荡荡的修渠大军中最感人而又再普通不过的场景之一。参与修建红旗渠的英雄,人人都是宣传员、工作员、战斗员,哪里有任务,哪里的任务最危险,哪里就有

---

① 丁同民、郑中华、王军:《历久弥新的红旗渠精神》,人民出版社,2015 年,第 165 页。

共产党员的身影。参与修建红旗渠的广大人民群众人人争当先锋、人人无私奉献,人人争当楷模,才成就了英雄的红旗渠,孕育了红旗渠精神。

(三)用红旗渠精神教育人民特别是广大青少年

面对 20 世纪 50 年代末到 60 年代初三年困难时期的严峻考验,林县人民以超乎寻常的宏大理想,凿壁穿石,完成了堪称世界奇迹的壮举。红旗渠精神是广大人民群众在中国共产党的领导下团结一致战胜苦难的光辉篇章。

第一,红旗渠精神是民族精神的集中彰显。中华民族精神中勤劳勇敢、吃苦耐劳、坚韧不拔、自强不息的优良传统为林县儿女充分继承发扬,形成林县太行儿女"战天斗地、奋发有为"的豪情壮志。为了解决千百年来的水荒,共产党员身先士卒,率先垂范,林县人民十年如一日,不计报酬,不怕牺牲,用勤劳的双手在太行山上挥斧抡锤,充分体现了林县人民"战天斗地、奋发有为"的豪情壮志。林县人民坚持"誓把山河重安排"体现的坚韧、执着、自强、奉献的精神将永远镌刻在中华民族精神的史册上,永远流传。红旗渠精神虽然诞生于林县,但是红旗渠精神的影响力早已超越了河南林县的地域,成为全国人民共同战胜困难的宝贵精神财富。同时,红旗渠精神也是社会主义革命和建设时期时代精神的集中体现,伴随着改革开放历程的不断深入,红旗渠精神成为鼓舞林县人民不断奋发有为的精神力量。十年峥嵘岁月,30万林县人民战太行,此后的十年间,林县大大小小的建筑队伍走出太行,遍布全国,谱写了"十万大军出太行"的壮丽篇章。历经十年的艰苦奋斗,林县人民开始不再为生计发愁,他们又踏上了"争创一流富太行"的征程,他们自力更生,奋力改造和建设着自己的家园,由此创造了巨大的经济效益、社会效益和文化效益。林县人民在此基础上,解放思想、积极进取,在红旗渠精神的激励下催生了"美太行"的"太行之变"。红旗渠精神既是民族精神的集中体现,更随着社会的发展,尤其是改革开放的大潮不断积累、沉淀,成为中国共产党人精神谱系的重要组成部分。

第二,红旗渠精神是中国共产党宗旨的集中体现。身为共产党员,要保证一言一行时时刻刻都要符合最广大人民的根本利益。在林县,摆脱贫困、发展生产,首先要解决的就是水资源短缺的问题。时任林县县长杜清旺为了争取修渠的批文,他说代表林县人民向中央、省委磕三个响头都可以。红旗渠得以顺利修建,正是凭借当地干部这样为人民服务的赤诚之心,才终于能够通过层层审批,最终付诸实施。在拦河筑坝之际,500多名共产党员和共青团员奋不顾身跳入漳河水的激流之中,终于在河道中央筑起了人墙,使大坝如期合龙。鹦鹉崖是一个危险地段,施工过程中,巨石突然坍塌,致使9人牺牲,3人重伤,在指挥部决定立即停工的情况下,指挥部仍然收到大量突击队申请继续开展会战的请愿书,广大共产党员在鹦鹉崖会战中与广大人民群众同吃同住,完全将生死置之度外,充分体现了全心全意为人民服务的根本宗旨。

第三,红旗渠精神是执着追梦的精神支撑。红旗渠精神集中体现了人类在极端恶劣的自然环境下顽强奋斗的精神,是社会主义革命和建设时期的"愚公移山"。林县人民通过一个又一个十年的奋战,战太行、出太行、富太行、美太行,充分发挥了人的主观能动性,红旗渠的成功修建是执着追梦的光辉典范,红旗渠精神体现了林县人民卓越的实践能力,为勇于战胜艰难曲折提供了不竭的精神动力,具有超越时空的恒久价值。

六、社会主义革命和建设时期党的精神谱系的特征分析

进入社会主义革命和建设时期,一方面,国际社会对我国新生政权在经济上实施封锁,政治上实施孤立,军事上进行包围;另一方面,国内社会千疮

百孔,百废待兴。在这样严峻的形势下,中国共产党带领人民进行了艰辛探索,在长达 29 年的探索历程中,涌现出了一大批坚持大干快上建设社会主义的杰出人物、先进团体,孕育了以自力更生、发愤图强为主要精神元素的精神谱系,谱写了一首首捍卫和平正义、战天斗地的壮丽史诗,构筑了具有特定历史时期特征的精神谱系。这些伟大精神既是对新民主主义革命时期中国共产党人精神谱系的传承,也是结合社会主义的实践对中国共产党人精神谱系的赓续发展。

一方面,这一时期党的精神谱系彰显了大干快上共同建设社会主义的时代主题。

新中国成立以后,我国进入了自力更生、大干快干建设社会主义的历史时期,开辟了中国历史新纪元。党号召人民继续大力发扬革命年代敢于与天斗、与地斗,不怕牺牲的艰苦奋斗精神,我们党带领人民"自力更生、发愤图强,创造了社会主义革命和建设的伟大成就"[①]的同时,以英勇无畏的气概和顽强不屈的意志,谱写了以巩固新生政权、自力更生建设社会主义为主旋律的英雄史诗。由于党在带领人民开展社会主义建设的思想和理论准备不足,对建设社会主义的艰巨性和复杂性认识不足,尽管这一时期的探索走了弯路,发生了较为严重的经济困难,但是广大党员心系群众,广大人民群众坚决跟党走,全国各族人民同舟共济战胜自然灾害,休戚与共,艰苦奋斗,构筑起了社会主义革命和建设时期中国共产党人精神谱系。

20 世纪 60 年代初期,我国经历了三年自然灾害,在中国最需要帮助的时候,苏联撤走了在中国参与援建的所有专家,这导致了新中国面临着成立以来最严重的经济困难。同时,中国周边局势日趋紧张,面临着来自多方面的战争挑衅和军事压力。党带领人民克服无技术、无资金、无人才的重重压

---

① 习近平:《在庆祝中国共产党成立100周年大会上的讲话》,《人民日报》,2021 年 7 月 2 日。

力,凭借着改天换地的英勇气概,铸就了这一时期中国共产党人精神谱系新的精神形态。

其中,以雷锋和焦裕禄为代表的模范人物,坚持全心全意为人民服务,把老百姓当作自己的亲人,竭尽所能解决人民群众在生产生活中遇到的生活难题。雷锋精神和焦裕禄精神激发了广大人民群众在极度困难的情况下建设社会主义的热情和积极性;以王进喜为代表的一大批石油工人,以高度的革命精神和严谨的科学态度,坚持独立自主、自力更生,克服了生产和生活上难以想象的严重困难,他们大战苦战,用最少的资金、最短的时间、最少的资金投入,开发出了大油田,大庆精神激励了广大人民群众不畏艰难、勇往直前、独立自主地开展经济建设;我国"两弹一星"的成功研制,大大增强了我国的国防和科研实力,"两弹一星"精神激励着广大科研工作者艰苦奋斗,大力协同,勇于攀登;为了改变生存环境,河南林县人民在与恶劣的自然环境的斗争中,以超乎寻常的宏大理想,建设了红旗渠这一"绝壁悬河",把人民奋斗追求美好生活之旗插在了太行山巅,孕育形成了红旗渠精神。

另一方面,这一时期党的精神谱系基于社会主义革命和建设的实践呈现出差异性。社会主义革命和建设时期孕育形成的 12 种伟大精神共同诞生于全党和全国各族人民团结一心、不畏艰难,全面建设社会主义现代化事业的时代背景中。这一时期铸就形成的众多具有代表性和开创性的伟大精神既是对伟大建党精神的赓续,同时也是对新民主主义革命时期中国共产党人精神谱系的传承和发展。

一是精神形态内涵的差异性。例如,抗美援朝的胜利,以"钢少气多"战胜了"钢多气少",结束了近代以来任人宰割的历史悲剧,展现了不畏强暴的民族风骨,彰显了以舍生忘死为核心内涵的抗美援朝精神。身处世界各地的科学家们毅然决然回国,用自己的专业知识报国,为科研攻关事业贡献出了自己的聪明才智,用了仅仅十多年的时间,就使"两弹一星"事业取得了巨大成功,铸就了"两弹一星"精神。面对新中国成立初期石油能源紧缺,工业停产停摆的情况,以王进喜为代表的石油工人以高度的责任感,鼓足干劲,全力参与到石油的勘探开发中,彰显了以为国分忧为核心内涵的大庆精神(铁人精神)。

二是各自承担任务的差异性。各个具体精神形态由于诞生的时空背景不同,这使各个精神形态承担的历史任务有所差异。例如,抗美援朝精神的诞生是英雄的中国人民志愿军激战云山城、鏖战长津湖、血战上甘岭,为了人类和平与正义事业舍生忘死的浴血奋战中锻造形成的,彰显了中国共产党和中国人民勇于保家卫国、保卫和平的责任和担当。再如,北大荒精神的形成是千百万的拓荒者以顽强的勇气和意志力挑战身体的极限,用一锹一锤开拓美好家园的辛勤劳作和艰苦奋斗中铸就的,彰显了中国共产党人面对困难敢于迎难而上的伟大精神品质。又如,雷锋精神、焦裕禄精神、王杰精神等精神的形成,充分体现了共产党员和先进模范在牺牲和奉献中服务人民、奉献社会,充分体现了他们的崇高理想和高尚道德,是共产党人永久流传的崇高精神品质,是激发广大人民群众建设社会主义的热情和积极性的强大精神动力。

总之,在以"建设"为主旋律的时代背景下,面对社会主义建设事业的重重困难,为捍卫新生政权,为改变物资紧张、建设经费短缺和改善生产力落后等状况,党领导人民在国防、国家工业体系、科技攻关、基础设施建设等领域形成了以大干快干、勇于克服困难、自力更生为核心的伟大精神,这些伟大精神深刻反映了这一时期党和人民表现出来的独立自主的精神状态、奋发昂扬的精神斗志和意气风发的精神风貌,为保持既定道路的坚定信念、为国家经济科技的独立、为国家政权的稳固发挥了重要激励作用。

第六章 ‖ 改革开放和社会主义现代化建设新时期中国共产党人精神谱系

改革开放是中国历史上的一次深刻的社会变革。围绕和平与发展的时代主题,党的三代领导人带领全体中华儿女接续奋斗,冲破了传统社会主义的束缚,中国特色社会主义现代化建设取得了翻天覆地的变化,在历史性的突破和伟大实践中孕育了这一时期中国共产党人精神谱系。

一、改革开放精神

改革开放是党和国家的一次伟大觉醒。在 40 多年改革开放的实践中,我国成为世界第一大制造业大国,中国从被"开除球籍"的危险边缘到日益走近世界舞台的中央, 伟大的改革开放精神是 40 多年伟大实践历程的结晶,也成为推动改革开放不断向纵深发展的强大精神动力。

(一)改革开放铸就伟大改革开放精神

党的十一届三中全会以后,改革开放成为新时期最强劲的声音。40 多年来,社会主义现代化事业取得了举世瞩目的成就,人民用双手书写了国家和民族发展的壮丽史诗。习近平总书记在庆祝改革开放 40 周年大会上的讲话中指出:"改革开放铸就的伟大改革开放精神,极大丰富了民族精神内涵,成为当代中国人民最鲜明的精神标识。"①党带领全体中华儿女内破困局,外顺潮流,在实行改革开放的伟大实践中,我国生产力水平得到大幅度提高,中国人民实现了由食不果腹、小康到逐步奔向共同富裕的伟大跨越。

40 多年来,从个别领域的"破冰"到全部领域"破局"、从地方试点到全国各地改革开放的全面展开,改革开放的实践中不断涌现了各行各业的先进人物和英雄事迹,使伟大改革开放的实践孕育升华为伟大改革开放精神,与此同时,伴随着社会的快速发展,面临的一些新问题也亟须我们关注并加以解决。"精神危机"作为近些年来逐渐凸显的问题,"佛系青年""丧文化"开始在青年群体中逐渐流行开来,面对城市化进程中人与人之间关系的疏远与冷淡和紧急突发状况,"扶不扶"问题所表现出来的信任危机和诚信缺失,还有社会上存在的一些有失公平的现象,当今社会居高不下的离婚率,整个社会普遍存在着焦虑、不安、惶恐等心理状态。经济的高速发展造成了人民认知上的转变和价值观上不同程度的变迁,亟须在现实力量中重构人们的认知,充实人民的精神世界。过去 40 多年改革开放的实践中积累的宝贵历史经验和精神财富凝结为伟大的改革开放精神,在全面深化改革的过程中,伟大的改革开放精神将激励全党和全体中华儿女继续团结奋斗,不断取得新的胜利。

(二)极大丰富了民族精神内涵

改革开放精神既是对中华优秀传统文化的传承和赓续,更是基于改革开放的伟大实践对实践历程和经验的高度凝练和升华。

1.改革开放铸就了解放思想、实事求是的求实精神

改革开放始于解放思想。解放思想是首要前提,如果不能首先在思想领域进行深刻变革,就会在实践过程中面对各种困难、挑战、挫折、阻力时变得畏手畏脚、停滞不前。只有解放思想才能冲破固有的一切条条框框,才能在实践

---

① 习近平:《在庆祝改革开放 40 周年大会上的讲话》,《人民日报》,2018 年 12 月 19 日。

中制定出正确的方针、政策。党和国家之所以能取得重大成就，就是因为中国共产党始终坚持解放思想、实事求是，走出了实现巨大历史性突破的康庄大道。若没有真理标准问题的大讨论，就不能够冲破长期以来积累的"左"的思想束缚，就不可能重新树立党的正确思想路线。实事求是是改革开放不断取得成功的思想保证。坚持实事求是，是由历史和实践证明了的制胜法宝，在实践中要继续坚持和不断发扬。改革开放的伟大实践丰富了党的思想路线的时代内涵的同时，也铸就了伟大改革开放精神解放思想、实事求是的思想内涵。

2.改革开放铸就了敢闯敢试、敢为人先的担当精神

改革开放是一项前无古人的伟大事业，没有任何现行经验可以借鉴。在这样的情况下，没有点"闯"的精神、不去大胆地闯、大胆地试，就走不出新路，干不成事业。敢闯敢试，敢为人先，核心在于"敢"，"敢"字背后蕴藏的是一种勇气和魄力。40多年来，党带领全国人民创造了历史性成就，国家发生了翻天覆地的历史变迁，这样成绩的取得，与伟大改革开放精神密不可分。40多年来，中国人民在中国共产党的领导下始终秉承开拓创新的精神，勇于推进理论创新、实践创新、制度创新、科技创新。在中国特色社会主义的实践中创造了一个又一个奇迹，不断赋予了中国特色社会主义鲜活的生命力。40年弹指一挥间，小岗破冰，深圳兴涛，海南弄潮，浦东逐浪，雄安扬波，无一不是靠着"敢"字当头，无一不是靠着"大胆地试、大胆地闯"出来的。

3.改革开放铸就了开拓进取、勇于创新的创新精神

每个时代都有每个时代的精神，不断弘扬以开拓进取、勇于创新的时代精神是40多年来改革开放的伟大实践取得成功的重要原因。中华民族是富有创新精神的民族。古人讲"与时迁移，应物变化""苟日新，日日新，又日新"，正是中华民族富有创新精神的最好写照。创新精神是中华民族几千年来世世代代、生生不息的不竭动力。40多年的改革开放史实质上也是一部实践创新史和理论创新史。从实践创新来看，从小岗村当年的"包产到户"到新时

代的"土地经营权流转",从兴办经济特区,到"一带一路",设立自由贸易试验区、自由贸易港,党带领人民不断在实践中开创了中国改革开放翻天覆地的新局面。从理论创新来看,在改革开放40多年的实践中,我们党既坚持了"老祖宗不能丢"①,又通过实践经验的总结,讲出了"老祖宗没有说过的话"②。党在领导人民40多年的改革开放历程中,基于改革开放的实践,进行了一系列理论创新,改革开放的创新实践孕育了开拓进取、勇于创新的创新精神。

4.改革开放铸就了开放包容、命运共存的包容精神

对内改革、对外开放是辩证统一,不可分割的,以开放促改革,以开放倒逼改革,是实施改革开放的实践逻辑,也是我国经济社会实现高速发展的重要法宝。改革开放使中国成功利用国际国内两个市场、两种资源,形成了经济发展的合力,中国在改革开放的大潮中实现了全方位的开放,越来越与世界融为一体,也使得世界重新认识了一个不一样的中国。这些年来,随着改革开放的大门越开越大,从"请进来"到"走出去",从加入世界贸易组织到"一带一路"的建设,越来越多的中国产品成为全球公共产品,表明了中国积极推进对外开放、与世界共享发展机遇,互利共赢的决心。改革开放40多年的成功实践表明:改革开放是一项极富战略远见的伟大国策,关起门来搞建设是行不通的,40多年改革开放的实践铸就了开放包容、命运共存的包容精神。

(三)当代中国人民最鲜明的精神标识

伟大的改革开放精神是实现中华民族腾飞奋起的强大精神支撑,并将源源不断地为新时代新征程的砥砺奋进注入强大精神动力。

第一,改革开放精神是新时代全面深化改革的精神指南。改革开放40多年来,取得重大成就的同时,外界对改革开放的质疑从未中断过。以西方

---

① 《邓小平文选》(第三卷),人民出版社,1993年,第369页。
② 《邓小平文选》(第三卷),人民出版社,1993年,第91页。

的发展经验和标准来评判中国改革开放的成效者,有之;借古非今,割裂"两个30年",指责改革开放走向了一条其他道路者,有之;抓着改革开放的问题不放,只抓支流不看主流,以削弱人民对改革开放的信心者,有之;更有甚者,一些国家将我国的改革开放视为"洪水猛兽",大肆渲染"中国威胁论"。所谓船到中流浪更急。现在,改革开放已经进入一个新的历史起点,愈进愈难,愈进愈险,越是需要澄清误区,把改革不停滞、开放不止步的共识根植于心,这就需要不断发挥伟大改革开放精神的激励作用,坚定"四个自信",既不走封闭僵化的老路,也不走改旗易帜的邪路,坚决在大是大非面前保持战略定力,从伟大改革开放精神中汲取精神力量。

第二,改革开放精神是丰富新时代中国人民精神生活的重要精神动力。孕育于改革开放伟大实践的改革开放精神,深刻地改变了国家、民族和人民的命运。从国家的角度而言,在伟大改革开放精神的激励下,我国综合国力实现了巨大提高;从民族的角度来看,中华民族实现了从"挨打""挨骂"到昂扬屹立于世界民族之林;从中国人民的视角来看,改革开放精神改变了中国人民的精神风貌、精神境界、精神追求,不断地丰富中国人民的精神世界。在改革开放40多年当中,人民的幸福感、获得感、安全感不断提升,不仅激发了人民对实现美好生活的向往,也激发了人民为实现梦想而不断拼搏奋斗的积极性、主动性、创造性,提供了源源不断的精神动力。

改革开放精神不仅属于过去改革开放40多年的实践,更属于现在和未来。在接续探索建设中国特色社会主义的征程上,我们砥砺奋进,创造了一个又一个奇迹。实现"第二个百年"奋斗目标的蓝图已绘好,新时代新征程上,要继续凝聚起全国各族人民实现中华民族伟大复兴的磅礴伟力,确保党的战略目标如期实现。总之,伟大改革开放精神是中华民族腾飞崛起的精神动力,也是在新时代新征程再出发的精神伟力。

二、抗洪精神

我国是一个有着悠久历史和灿烂文明的国家，同时也是一个自然灾害频发的国家。面对频发的自然灾害，全体中华儿女表现出了无比坚强的意志和顽强拼搏的斗争精神，彰显了中华民族排除万难、敢于胜利的决心。广大中华儿女在共同面对自然灾害时激发出来的精神认同，是中华民族在磨难中不断奋起的不屈精神力量，是实现两个百年奋斗目标、实现中华民族伟大复兴的强大精神支柱。

（一）在同洪水的搏斗中展现出的崇高精神

1998 年夏天进入汛期以来，我国北方局部及南方地区出现了持续强降雨甚至暴雨，引发了严重的洪涝灾害，致使沿江沿湖的城市、广大农村的生产和人民生命财产安全受到洪水的严重威胁。此次洪涝灾害持续时间之长，洪峰水位之高，均为历史罕见。为了战胜这场特大自然灾害，在党中央的坚强领导下，解放军、武警部队共投入 36 万多人次，经过部队官兵和各部门同洪水殊死搏斗、团结一致奋战，终于保住了三江大堤的安全，取得了抗洪救灾的胜利，把洪水对人民群众生命和财产的威胁降到了最低。在同洪水这场气吞山河的伟大斗争中，蕴藏在全体中华儿女内部的宏大精神力量被激发出来，涌现出了一大批英雄人物、英雄群体和英雄事迹，汇聚成中华民族顶天立地的浩然正气。1998 年 10 月 28 日，江泽民在全国抗洪抢险总结表彰大会上的讲话中概括了抗洪精神的具体内涵，①主要包括以下几个层次。

---

① 1998 年 10 月 28 日，江泽民在全国抗洪抢险总结表彰大会上的讲话中指出："在同洪水的搏斗中，我们的民族和人民展示出了一种十分崇高的精神。这就是万众一心、众志成城、不怕困难、顽强拼搏、坚韧不拔、敢于胜利的伟大抗洪精神"，参见江泽民：《在全国抗洪抢险总结表彰大会上的讲话》，《求是》，1998 年第 19 期。

1.万众一心、众志成城

在 1998 年的抗洪抢险中,百万军民在党中央的坚强领导下,舍生忘死,与洪水展开了殊死搏斗,用自己的血肉之躯,用中华儿女精忠报国的满腔热血构筑了保卫人民生命财产的牢固防线, 为中国及世界人民的抗洪史留下了一幅惊天动地、催人泪下的恢宏画卷。九江位于江西省的北部,在 1998 年的特大洪水中属于重灾区, 长时间超过历史最高水位的洪水的袭击使九江的防洪墙险象环生。8 月 7 日,在九江城区以西 4 千米处的一段防洪墙突然倒塌,江堤上形成了一道 50 米的豁口。危急关头,坚守在九江长江大堤的抗洪部队紧急出动,2000 余名官兵和 5000 余名民兵、预备役人员奔赴现场。2000 余名官兵组成一道道传送链,把堵水用的石料、粮包抛投到激流中。湍急的水流将石料、粮包冲得无影无踪。为了堵住激流,部队官兵们整整奋战了一天多的时间,各个疲惫不堪,不少人中暑、脱水。然而"部队换防"一声令下,一批疲惫的士兵撤下,生龙活虎的一批猛将又冲上前去。人民子弟兵众志成城抗击洪水的同时,广大人民群众也倾其所有,在长江流域,洪峰一次又一次冲击威胁着江堤的时候,为保卫粮仓,超过百万的荆楚儿女忍痛放弃自己的家园,遭受经济上的重大损失。在嫩江、松花江流域,当洪峰一次次扑向我国最大的石油工业基地——大庆油田时,当地人民群众表示"宁可淹粮田,也要保油田"。眼看江水淹没用汗水浇筑的农田和心爱的房屋,广大人民群众义无反顾地舍弃小家,保护全局,才最终赢得了抗洪救灾的伟大胜利。

2.不怕困难、顽强拼搏

革命英雄主义在抗洪抢险中发挥了重要的作用。人民解放军和武警战士坚决响应党和人民的号召,在抗洪抢险的过程中,充分发挥一不怕苦二不怕死的革命战斗精神,他们坚守在抗洪抢险的第一线,用自己的血肉之躯筑起了抗洪抢险冲不垮的抗洪大堤, 有的官兵战士在抗洪抢险中甚至失去了自己的宝贵生命。在江西九江险象环生的抗洪抢险中,武警某部和武警九江支队官兵协同作战中,采用平铺进占技术,从两边向中间平铺石料。施工战士身穿救生衣,四五人一群攀在钢架上,用身体挡住洪水,才使填石工作顺利进行。解放军和武警部队 24000 多官兵经过数个昼夜的决战,共填筑土石方 12 万立方米,筑坝用钢材 80 吨,渡口沉船 10 艘,终于遏制住肆虐的洪水,在堵口决胜之际,时任国务院总理朱镕基深情地对官兵说:"感谢你们!人民感谢你们!"①

3.坚韧不拔、敢于胜利

特大洪水持续时间长、危害范围广,一次洪水还未退去,新的更大的洪流又上来了,洪水一次更比一次高,是对人的体力和精神极限的极大挑战。广大官兵刚刚用土筑堤堵住洪水,洪流上来,水位接着上升,官兵马上又得投入新的战斗。人被累乏,堤被泡软,随时都有决堤的危险,抗洪抢险物资一次又一次用完,广大官兵临危不乱,沉着冷静,果断筑堤、固坝、堵漏,面对一次又一次洪峰的袭击,夺取了一次又一次的重大胜利。在滔滔洪水面前,没有广大官兵坚韧不拔的毅力,没有敢于胜利的信心和决心是很难在同洪水的殊死搏斗中取得胜利的。洪水高一尺,广大军民的斗志高一丈。在危急的险情面前,广大官兵用自己的血肉之躯抵挡住洪水的猛力进攻,充分展示出了广大官兵坚韧不拔、敢于胜利的伟大精神品质。

(二)无比珍贵的精神财富

党带领人民战胜困难,扫除障碍铸就的抗洪精神是新时期中国人民最宝贵的精神财富。

第一,抗洪精神谱写了改革开放和社会主义现代化建设新时期军民鱼水之情的新乐章。面对洪水的肆虐,军民更加团结,心贴得更近,干群、军民

---

① 傅颐:《中国记忆 1949—2014 纪事》,深圳报业集团出版社,2010 年,第 293 页。

鱼水之情更浓。"人在堤在,誓与堤坝共存亡",是人民子弟兵用自己的实际行动付诸实践的铮铮誓言。人民的好儿子吴良珠,拖着自己的病体在长江大堤上连续奋战了 50 多个日日夜夜,病情恶化,倒在大堤上。在哈尔滨,一家老少来到了大堤上为人民子弟兵包饺子,武警某部官兵三天只吃了四顿饭,但是他们不忘把从洪水中救出来的食物送给当地的乡亲们。一位年迈的大娘突然发现了自己一直在找的救命恩人,激动地说:"就是他救了我全家,救了我的外孙。"大娘立即认了那位战士做干儿子,并心疼地抚摸着他单薄的军衣说:"赶明儿娘再给你做几身衣。"九八抗洪中,重现了革命年代的军民鱼水情。

第二,九八抗洪奏响了党群团结的雄浑乐章。九八抗洪的胜利首先是党中央坚强领导、及时决策的结果。在长江流域发生特大洪水以后,党中央立即把抗洪抢险作为全国头等大事来抓,党中央主要领导多次深入抗洪抢险的第一线指挥抢险,鼓舞了军民士气与斗志。抗洪重点区域所在的省、市、县各级领导干部都表现出高度的公仆意识,多次深入抗洪抢险第一线,看望慰问群众,指挥救灾抢险。哪里最艰苦哪里就有他们的身影,各级党组织和党员干部总是出现在最危险、最困难的地方,在整个民族、国家遇到困难时,中国共产党总是成为带领全国人民挑战艰险、敢于胜利的中流砥柱,我们党才能够在千里大堤上铸就抗洪的伟大胜利。

第三,九八抗洪促进了改革开放和社会主义现代化建设新时期民族凝聚力的合力。民族凝聚力就是大局意识、全局观念,是整个民族和国家在危难时刻每一份子都能够服从大局,个人服从整体,勇于牺牲、敢于奉献形成的一股合力。广大人民群众为了抗击洪灾,主动拆掉自己的房屋,湖北公安县在 16 个小时之内完成了 32 万群众的大转移。为了保卫大庆油田,广大农民含泪开挖支堤,将滔滔洪水引入了绿油油的农田,引向自己的村庄⋯⋯全国各地上到各级领导,下到广大人民群众,都团结一心从抗洪大局出发,有钱的出钱,有力的出力,展现出了一幅"一方有难八方支援"感人画面,全党、全军、全国人民在九八抗洪抢险斗争中展现出来了风雨同舟、共赴危难、敢于牺牲、甘于奉献的精神。

三、抗击"非典"精神

传染性疾病是影响人类生存的大敌。2003 年,非典型性肺炎突然暴发,具有高致命性和致死率的 SARS 病毒成为全人类不得不面对的一场重大灾难。面对突如其来的生死考验,中华民族始终团结一心、顽强拼搏,与病魔坚决作斗争,直至取得了抗击"非典"疫情的完全胜利。抗击"非典"精神是激励中国人民和全体中华民族奋勇向前的精神动力。

(一)在防治"非典"的斗争中形成了抗击"非典"精神

2003 年暴发的"非典"疫情是一场波及全球 30 多个国家和地区的严重健康危机,中国成为这场危机的重灾区。全球报告死亡病例共计 784 例,中国内地死亡病例达到了 340 例,占到了 44%。

2002 年 11 月 16 日,广东省佛山市报告了一例男性患者就诊时出现了非典型肺炎的症状。2003 年 1 月,广州市收治了河源市一例肺炎病人以后,该病人使用各种抗生素医治无效。不久,密切接触的 8 名医务人员出现了相同的症状,临床诊断中,专家们开始给这种疾病诊断为"非典型性肺炎"。2003 年 2 月开始,广东省进入发病高峰,病因不明。

2003 年 2 月 10 日,四川赴广州探亲、奔丧的患者,返回四川后,出现了"非典"的典型症状。2 月 7 日,湖南省报告了广州返乡的首例病患,内陆省份山西省也成为 SARS 暴发的重灾区,并由这一条传播链进一步传播到北京,病毒通过现代交通工具迅速蔓延到全国 20 多个省份,并迅速蔓延至世界各国。

面对"非典"疫情对人民生命健康安全的威胁和国民经济发展造成的严重冲击,中华民族始终团结一心,顽强拼搏,广大共产党员始终冲锋在前,广大人民群众团结一致相互支援,在党中央的坚强领导下,全国人民奋起共同抗击"非典",终于取得了胜利。

(二)凝聚人心、克敌制胜的强大精神支柱

胡锦涛在主持中共中央政治局第四次集体学习时强调:"在当前这场防治非典型性肺炎的斗争中,我们要大力弘扬万众一心、众志成城、团结互助、和衷共济,迎难而上、敢于胜利的精神,形成抗击疫情的强大合力,彻底战胜'非典'。"这段论述中,明确阐明了抗击"非典"精神的科学内涵。

1.万众一心、众志成城

在"非典"疫情发生后,全国亿万人民坚持心往一处想,劲往一处使,在全国范围内形成了抗击"非典"疫情的强大合力。在中国共产党的坚强领导下,国务院科学决策、高瞻远瞩,广大党员领导干部深入基层指挥,面对"非典"疫情,共产党员冲锋在前,用实际行动履行全心全意为人民服务的根本宗旨。无数医务工作者冲锋在前,在没有硝烟的战场上冲锋陷阵,上海第二军医大学 63 名医护人员告别亲友,奔赴北京小汤山医院全力救治病患。山东省派出来由 7 名专家组成的专家组,奔赴河北,在支援河北人民抗击"非典"战疫的同时,还积极为北京等疫情重灾区献血、提供血浆,以缓解因疫情引起的血库紧张。重庆第三军医大学党委发出支援北京小汤山医院的通知时,收到了上千封请战书,大家纷纷要求上一线支援,最终组成了由 67 人组成的医疗队奔赴小汤山。一批又一批来自五湖四海的医务工作者奔赴最前线,广大人民群众面对肆虐的"非典"疫情也纷纷行动起来,由社区党委、居委会、社区工作者、志愿者等组成的工作网,负责每天的环境消杀,为"非典"

疫情全面胜利作出了重要贡献。

2.团结互助、和衷共济

在"非典"疫情肆虐的战场上,全社会广泛动员,团结一致,共同行动,给病患无微不至的关爱,给奋战在一线的工作人员满腔热情的支持,给疫情"重灾区"以最切实的帮助,全社会形成了一种"一方有难八方支援"的氛围,形成了社会主义社会的良好道德风尚,为共同战胜"非典"疫情创造了强有力的精神力量。在"非典"的诊治过程中,医院就是战场,病毒就是敌人。在救治病患的过程中,广大医护人员明知会有被感染、有死亡的危险,仍然担当奉献、相互安慰、相互鼓励,奋战在救治病患的第一线。解放军302医院的姜素椿教授年过古稀,仍然昼夜奋战在抗击疫情的第一线,医院领导考虑到他年事已高,劝他赶紧撤离一线,回家休息。然而他却说:"作为一名医护人员,救治病患是本职工作,坚守岗位,不怕牺牲是一名共产党员应该做的,所以不能撤离。"在抢救病人的过程中,姜素椿教授也不幸染上"非典",为了尽快找到治疗"非典"的有效方法,他甘愿冒着生命危险接受血清注射,为攻克"非典"难题作出了重大贡献。与此同时,广大党员和共青团员们也自发地组织起来,为社区居民讲解"非典"防治措施,为白衣天使制作"爱心包",各级政府机关也纷纷捐款捐物,为战胜疫情奏响了"最强音"。

3.迎难而上,敢于胜利

在抗击"非典"疫情的过程中,广大科技工作者敢于攻坚克难,医务工作者临危不惧,各行各业从业者都坚守岗位,反映了面对"非典"疫情坚持迎难而上,敢于胜利的精神品格。钟南山和同事们收治了我国国内第一例非典型肺炎确诊患者,率先摸索出一套救治非典型肺炎的救治方案。当记者问他:"这个病你怕不怕?"钟南山回答道:"怕,当然怕。我们就像战场上的扫雷班,我们不去,谁去?在人民群众的健康受到威胁的时候,我们医务人员就需要义不容辞地冲上去,这是我们的职责。"这样掷地有声的话语是对抗击"非典"精神最有力的诠释。2003 年 4 月,北京成为疫情重灾区。为全面收治病人,北京市决定建成一所传染病专科医院——小汤山医院,这是世界医疗史上绝无仅有的先例。小汤山医院一经建成就确立了"降低病死率,提高治愈率,确保零感染"的目标,在全力运转 51 天后,小汤山医院以全世界最低的病死率、医护人员零感染、零投诉的成绩圆满完成任务,充分体现了敢于胜利的崇高精神。

(三)我们战胜一切艰难险阻的宝贵精神财富

抗击"非典"的"战役"使全体中国人民的心紧紧连在一起,在最困难的情况下,广大人民群众在党中央的坚强领导下,同舟共济、患难与共,以不同的方式参与到抗击"非典"的斗争之中。面对突如其来的病毒让我们党、国家和人民经历了磨难和痛苦,但是伟大的中国人民并没有被病毒压垮,抗击"非典"精神使我们砥砺前行,不断奋起。

第一,抗击"非典"的胜利,充分展示了集中力量办大事的优越性。党中央迅速采取一系列坚强有力的措施,颁布的配套法律、法规,为取得抗击"非典"斗争的伟大胜利取得了重要保障。小汤山医院可以容纳 1000 多张床位,院内各项设施均达到了先进水平,其建成仅仅用了 7 天时间。小汤山医院建成后,2003 年 5 月 1 日到 5 日,收治了占全世界十分之一、占中国七分之一比例的 680 名病患,死亡率不到 2%,[1]医护人员为此付出了巨大的牺牲,所有的种种都离不开我国社会主义制度提供的重要制度保障。

第二,抗击"非典"的胜利,充分弘扬了中华民族精神。在"非典"发生后,能够在短时间内凝聚人心,号召全国,从根本上看,源于中华民族在几千年的发展过程中形成的伟大民族精神。中华民族精神根植于几千年中华民族

---

[1] 石平:《从抗击非典看社会主义制度的优越性》,《求是》,2003 年第 14 期。

的历史发展进程中。诸如以民为贵的人文精神,崇仁尚义的道德追求等传统在千百年来凝聚人心、维系多民族国家的形成、创造文明中发挥了重要的作用。人类社会的发展从来都不是一帆风顺的,总是伴随着曲折在磨难中前进。无数次自然灾害、外敌入侵都没能动摇我们战胜困难的决心,在"非典"严峻的防控形势下,抗击"非典"精神成为战胜"非典"疫情的强大精神动力。

第三,抗击"非典"的胜利,进一步丰富了以爱国主义为核心的民族精神和以改革开放为核心的时代精神的内涵。一是丰富了科学精神的内涵。最终能够战胜突如其来的"非典"疫情,靠的是现代科学技术。我国科学家在实验室与"非典"病毒赛跑,在非典病原体、流行病学模型等方面都取得令世界瞩目的成果的同时,广大人民群众也在较短的时间内掌握了流行病的基本预防知识,群防群治,为遏制疫情蔓延起到了重要作用。二是丰富了法治精神的内涵。无论是医学层面的《中华人民共和国传染病防治法》等法规,还是维护社会稳定层面的《中华人民共和国刑法》《中华人民共和国治安管理处罚条例》,从明确各方责任、规范政府和医疗机构各方行为,维护社会稳定,为保障人民群众的生命安全和身体健康提供了可靠的法律保障。成功战胜"非典"疫情的实践,也是向广大人民群众普及法治精神的一次重要科普。三是培养了广大人民群众的民主精神。在"非典"疫情发生之初,由于政府没能及时公布疫情的真实情况,造成了民众恐慌和国际舆情指责。为此,中央政治局专门召开有关会议,强调要准确发布疫情信息,如实向公众报告。中央迅速派出检查组,给予相关人员处分,并从 4 月 21 日起由每 5 天一公布改为每天公布,疫情信息得到及时披露,使各种谣言失去了市场,保障了公民的知情权,政府及时召开新闻发布会,决策及时,信息公开透明,树立了一个良好的政府形象。"非典"疫情带来的"大考"培养了广大人民群众的民主精神,不断丰富了民族精神和时代精神的科学内涵。

四、载人航天精神

中国航天人不断在航天领域艰苦奋斗、攻坚克难,铸就了伟大的载人航天精神,铸就了新时期又一个新的精神辉煌。

(一)星空浩瀚无比,探索永无止境

遨游太空是中国人孜孜以求的梦想,载人航天是我们党和国家长期以来高度关注、高度重视的一项事业。在新中国成立之初,面对国家一穷二白、百废待兴的情况下,以毛泽东同志为主要代表的中国共产党人毅然决定研制"两弹一星",1970 年 4 月,我国自主研制的第一颗人造地球卫星"东方红一号"成功发射,使我国成为世界上第五个把卫星送上太空的国家。周恩来在即将发表的《新闻公报》上增加了"坚持独立自主,自力更生"这一条,充分展现了我国在航天事业上力争达到世界先进水平的信心和决心,赋予了"自力更生"的载人航天精神更为深刻的内涵。

1978 年,我国在启动改革开放以后,以邓小平同志为主要代表的中国共产党人明确将载人航天事业纳入"863 计划"。此后,结合航天事业的特点,并根据中央精神,航天工业部对航天精神进行了多次提炼和概括,江泽民在参观神舟一号飞船返回舱时、在神舟三号飞船发射成功时发表的讲话中,都对航天精神进行过凝练。2003 年 10 月 15 日,神舟五号载人飞船在酒泉卫星发射中心发射成功,第一次将中国首位航天员杨利伟送上太空,终于实现了中华民族的飞天梦想。11 月 7 日,胡锦涛在中共中央、国务院、中央军委召开的庆祝我国首次载人航天飞行圆满成功大会上发表了重要讲话。他指出:"伟大的事业孕育伟大的精神。在长期的奋斗中,我国航天工作者不仅创造了非凡的业绩,而且铸就了'特别能吃苦、特别能战斗、特别能攻关、特别能奉献'

的载人航天精神。"[①] 2005 年 10 月 12 日,我国自主研制的神舟六号载人飞船,在酒泉卫星发射中心成功将航天员费俊龙、聂海胜送上太空,经过 115 小时 32 分钟太空遨游后于 17 日凌晨安全着陆。11 月 26 日,胡锦涛在庆祝神舟六号载人航天飞行圆满成功大会上对载人航天精神的内涵作了进一步阐述。

(二)"两弹一星"精神的延续和发展

党的十八大以来,习近平多次谈到航天梦,对航天事业的发展多次作出重要指示。2013 年 7 月 26 日,习近平在会见神舟十号载人飞行任务航天员和参研参试人员代表时的讲话中指出:"特别能吃苦、特别能战斗,特别能攻关、特别能奉献,载人航天事业的成就,充分展示了伟大的中国道路、中国精神、中国力量,坚定了全国各族人民实现中华民族伟大复兴的中国梦的决心和信心。"根据此次讲话,载人航天精神可以概括为以下几个方面。

1.特别能吃苦

特别能吃苦,是航天人严肃认真工作作风的生动体现。航天员为了适应航天环境,必须接受包括超重耐力训练、低压缺氧训练、前庭功能和失重飞行等内容在内的"魔鬼训练"。就超重耐力训练这一项,航天员就要接受时速 100 千米的高速离心机训练, 承受相当于自身 8 倍重量的重力加速度的考验。在离心机上接受训练的宇航员,面部肌肉变形下垂,胸部极度压抑,呼吸困难,短短 40 秒的训练,就如同跑完 1 万米一样难受。但是即使这样,没有人在训练中按下身旁的红色按钮,因为只要按下它,就能"解脱"。这种特别能吃苦的精神还体现在试验场上。在神舟号飞船首任总设计师戚发轫的印象里,许多试验要露天做,无论是阴天、雨天,还是三九天、三伏天都是不能

---

① 《胡锦涛文选》(第二卷),人民出版社,2016 年,第 112 页。

停的。当试验赶上三九天,飞行员在飞机上手都冻麻了,飞机舱门打开后,高空氧气不足,人都得带着氧气面罩,把返回舱从万米高空投向地面。在今天,我们的生活科研条件虽然在不断改善,但是艰苦奋斗的优良作风永远不过时。

2.特别能战斗

特别能战斗,体现了航天人在科学道路上永攀高峰的科学精神,背后蕴含着的是一种无惧困难挑战、敢于直面挫折和失败的战斗精神。我国启动载人航天工程的事业比发达国家整整晚了 30 年。但是中国航天人敢于迎接挑战,敢于与时间搏斗,用 1 个月的时间完成 3 个月的工作,解决火箭整流罩超重问题,组装火箭发动机一般需要 24 天,他们只用 18 天就可出色完成;航天人敢于与自己较劲,为了把被称为"太空穿针"的手控交会对接技术的误差控制在毫米级,他们花费了 3 年时间,进行了 1500 次手控交会地面模拟训练。2017 年 7 月,卫星因发动机故障,未能被送到预定轨道,研发团队用了 3 个多月的故障排查,经历了半年多的试验验证,终于找到失利原因,从结构、材料、工艺等方面对发动机进行了改进。2018 年 11 月,改进后的发动机在试车过程中又出现了问题,研发团队再次进行改进,2018 年 4 月,由于后续任务的发动机又出现异响,研发团队对发动机结构再次进行了改进,终于在 2020 年 5 月首飞成功。这就充分体现中国航天人无惧困难和挑战,在攀登科技高峰的路上勇往直前,这种特别能战斗的科学精神也是新时代的科技工作者必须具备的品质。

3.特别能攻关

特别能攻关,体现了航天人勇于攀登的进取精神。飞船飞跃大气层时,飞船表面与大气层摩擦会导致表面温度短时间内迅速升高。既要保证船体不烧毁,同时还得保证身处返回舱的航天员安然无恙,这是飞船外层材料技术攻关必须要解决的问题。为了找到符合条件的防热材料,航天材料研究团队先后对八九百种材料逐一进行实验,经过大量复杂计算和反复分析论证,终于找到符合条件的防护材料,这项困扰许久的问题历经 15 年的探索,终于找到了解决方案。中国航天人勇于攻关的精神还体现在参与研制北斗系统领域的科研攻关中。北斗系统能从无到有,从弱到强,从并跑到领跑,靠的正是特别能攻关的载人航天精神。北斗三号卫星导航系统的正式开通,在一些领域达到了全球性能最佳,但同时,中国航天人也时刻保持着警醒,因为科技竞争时不我待,国外的导航系统即将升级到下一代,随时都会实现反超,因此科技报国仍须加倍努力。

4.特别能奉献

特别能奉献,体现了中国航天人崇高的爱国主义精神。中国航天人不计较个人得失,怀着强烈的责任意识和政治使命感,矢志不渝,他们可能不是称职的父母、子女,但他们却是中国航天事业的脊梁。中国载人航天工程神舟号飞船总设计师戚发轫在一次访谈时,讲述他与德国人交流时,对方想知道中国究竟有什么样的办法能在一年发射两艘飞船。中国航天凭什么能赶上德国?答案是勤奋、拼搏和奉献。中国航天人以苦为荣,不仅白天、晚上干活,而且周六周日都干活。对方反问:"那是违反劳动法的。"戚发轫说:"我们中国凭什么赶上你?就是凭这种精神。"[①]因为在中国航天人眼里,献身航天事业是"大爱",筑梦九天是"大家"。

(三)为坚持和发展中国特色社会主义增添了强大精神力量

载人航天精神为中国共产党人精神谱系增添了浓墨重彩的一笔,是进行社会主义现代化建设的宝贵精神财富。

第一,载人航天精神是对"两弹一星"精神的传承发展。没有航天人以苦

---

① 韩淑芳主编:《腾飞的故事》,中国文史出版社,2018 年,第 30~31 页。

为荣、以苦为乐的敬业奉献精神,中国航天事业是不能够创造特别业绩的。特别能吃苦,诠释了中国航天人致力于为国争光的坚定信念。航天员在一次次的训练中,要向生理和心理极限发出挑战,没有异于常人的坚忍,不能忍受常人难以承受的痛苦,很难坚持下去。中国航天技术超越了国外从单舱到多舱40多年的发展历程,直接研制出第三代飞船,拿出了独具特色的中国方案。特别能攻关,体现了中国航天人勇攀科学高峰的优良品质。早在20世纪90年代,我国长征系列运载火箭就已经研制成功12种不同类型的火箭,能够满足不同轨道、不同重量卫星的发射要求。

中国航天人继续在此基础上,重点突破了高可靠性、逃逸系统、冗余技术等3道难关,研制了堪称世界级课题的火箭故障检测诊断系统,为中国航天员安全进入太空提供了重要保障。特别能奉献,是中国航天人几十年如一日,坚持训练、坚持科研攻关的真实体现,几十年来中国航天人不图名、不为利,坚守与航天员飞天的辉煌一起书写中国航天史上厚重的一笔,铸就了中国共产党人宝贵的精神财富。

第二,载人航天精神对于建设航天强国、铸造中国航天事业的新辉煌具有重要精神指引意义。新中国成立初期,"两弹一星"的成功研制,挺起了中国国防工业的脊梁,中国国防工业随着中国特色社会主义事业的发展而不断迈向辉煌,载人航天精神激励着我国的载人航天事业的每一次成功和进步,载人航天精神是"两弹一星"精神的传承,是中华民族伟大精神的延展,载人航天精神的四个"特",体现在实际行动上,就是以高质量的精神状态、高质量的工作作风、高质量的工作成效继续推进航天事业,在这一伟大精神的指引下,对于建设航天强国、推动中国航天事业不断取得新的辉煌具有重要的精神指引意义。

第三,载人航天精神为我们继续坚持独立自主创新提供了借鉴和指引。从建国初期"两弹一星"的实践到载人航天事业的不断发展,我国航天人在中国共产党的领导下,坚持独立自主、自力更生、艰苦奋斗、钻研奋斗,取得了一个又一个优异的成绩。像载人航天这样的尖端技术不可能直接从国外拿来,这些"卡脖子"的技术如果不能自己掌握,不能很好地消化、吸收、创造,就一定会受制于人,因此只有掌握核心科技,提高自主研发能力,才能将国家的前途和命运牢牢地攥在自己手里。建设中国特色社会主义是一项全新的事业,需要解放思想,大力自主创新,同时还要求以科学的态度,尊重规律、运用规律,充分弘扬伟大精神,使实践经得起历史和人民的检验。

五、女排精神

女排精神是中国共产党人精神谱系的精神瑰宝。女排精神的孕育过程既有 1981 年首次夺得世界冠军,到实现五连冠的辉煌,也有历时 17 年低谷期的徘徊,然而无论是顺境还是逆境,尽管队员换了一茬又一茬,几经挫折和磨难,女排精神就如一盏永久不灭的长明灯,激励着顽强的中国女排队员们不断超越自我,不断追求卓越。

(一)女排精神代表着一个时代的精神

新中国成立以后,党和国家高度重视体育工作。1951 年,我国进行了首场排球比赛,选拔出了第一批排球运动员。贺龙在接见女排时提出了使中国成为一面旗帜,走出一条有中国特色的道路。此外,周恩来总理也十分重视女排的发展,当时日本女排称霸世界排坛,1964 到 1965 年,他先后 3 次邀请日本女排教练大松博文来华,帮助女排训练。大松博文教练在训练中严格要求,十分注重团结协作、顽强拼搏,这成为中国女排精神的最初源头。

当时中国正处于三年自然灾害的恢复期,浮夸风比较严重,乒乓球运动已经有了很大的起色,但是作为集体运动的排球却没有多大的起色。周总理在看过大松教练的训练以后，其新颖的训练方法引起了周总理的高度重视。于是，周总理提出要抓住排球界出现的这个机会、脚踏实地地进行排球训练。中国女排在吸收了国外先进战术和理念后，整体水平得到了提高，在训练中也逐渐展现出顽强拼搏的精神风貌。

1972 年和 1979 年，福建漳州和湖南郴州先后建立起了用当地盛产的竹子搭建的排球场地，条件极为简陋，被称为"竹棚"训练馆，棚中没有平整的地板，也缺少合适的器械，队员们摸爬滚打，经常浑身是泥，沙子磨破皮肤，嵌进肉里。郴州基地虽然有了地板，但是地板粗糙不平，队员们经常被扎得鲜血直流。女排队员们克服了重重困难，完成了高强度的"魔鬼训练"。中国著名排球运动员周晓兰就曾这样说道："'竹棚精神'就是为国争光，为民争光，艰苦奋斗，团结拼搏的精神……这种精神绝不是某一个人的私有财产，而是排球界几代人艰苦奋斗在中国女排身上的结晶，是一种宝贵的具有民族特色的精神财富。"①而这里的"竹棚精神"正是中国女排精神的雏形。

1976 年 6 月，中国女排重建，袁伟民出任中国女排教练，担当起了赶超国际水平、冲击技术高峰的重任。我国开始将体育作为一项外交手段与世界各国建立联系，女排同乒乓球等其他体育项目一样，承载着一定的政治性功能，为我国同其他国家建立外交关系提供了很多契机。中国恢复在国际奥委会上的合法席位一个月后，中国女排就取得了亚洲排球锦标赛的冠军，成为"三大球"（源于苏联的）中第一个冲出亚洲的项目。1981 年 7 月，《当代》杂志刊登了由鲁光撰写的报告文学——《中国姑娘》一文，《中国姑娘》中首次将"女排"和"精神"连在一起使用，这使得女排精神成为一种文化符号，成为一种鼓舞人心的精神力量。

① 邓星寿：《周晓兰重提竹棚精神》，《辽宁体育》，1989 年第 5 期。

同年 11 月 16 日,中国女排夺冠后,第二天《人民日报》就刊发了评论员文章,作出了学习女排的精神,振兴中华的号召。同时刊发了全国妇联贺电:"向你们学习,向你们致敬,让'女排精神'在我国四化建设的道路上永放光辉!"①同日,邓颖超在《体育报》上发表文章,号召学习中国女排精神。②这是主流媒体第一次正式提及"女排精神"。此后的 5 年时间内,中国女排连续 5 次夺冠,开启了我国大球翻身的新篇章。

然而在 1986 年世锦赛夺冠以后,"老一代"队员相继退役,女排队伍开始出现青黄不接的局面,阵容重新组合以后,中国女排的整体实力明显下降,与世界强队的实力差距逐渐拉大。在这段蛰伏的时期,中国女排姑娘们勇于接受成绩下滑的事实,不忘顽强拼搏、团结协作的决心和初心,从指导思想、意志品质培养和作风要求上,都延续了老女排的传统。从最早的袁伟民教练到胡进、郎平,中国女排从未放松过对意志品质的要求。走过低谷,在 2004 年雅典奥运会上, 中国女排再次夺冠,再次让国歌奏响在赛场上。在 2008 年北京奥运会上,中国女排姑娘们努力克服伤病的困扰,充分发扬女排精神,最终获得铜牌。

2011 年《人民日报》发表文章《"双百"人物中的共产党员:中国女排五连冠》,再一次高度评价了中国女排,勾起人们对女排精神的集体回忆。党的十八大以来,我们党把体育强国梦作为中国梦的重要内容,为新时代女排梦的传承熔铸了新的时代内涵。2019 年,中国女排第十次摘取世界女排三大赛桂冠。习近平在会见女排代表时完整阐述了女排精神的内涵。③

---

① 本刊评论员:《学习女排,振兴中华》,《人民日报》,1981 年 11 月 17 日。

② 邓颖超:《各行各业都要学习女排精神——树立远大志向,脚踏实地苦干实干,掌握精湛技艺,创造优异成绩》,《人民日报》,1981 年 11 月 18 日。

③ 习近平总书记会见女排代表时指出:"广大人民群众对中国女排的喜爱,不仅是因为你们夺得了冠军,更重要的是你们在赛场上展现了祖国至上、团结协作、顽强拼搏、永不言败的精神面貌。"参见朱基钗:《习近平会见中国女排代表》,《人民日报》,2019 年 10 月 1 日。

(二)人生能有几回搏

女排精神是中国女排队员们孕育铸就的最深层的价值体系，是中国体育精神的一个标志性符号，它不仅体现在折桂夺魁的瞬间，而且体现在低谷时期中国女排队员们的蹒跚前行之中。女排精神是一代人的记忆，女排精神已经超越了体育的界限，是中华民族宝贵的精神财富。

1.祖国至上

爱国主义是中华民族的优良传统和高尚美德，千百年来，中华儿女始终将实现民族独立解放、国家的尊严与荣誉放在至高无上的地位。35 年来，中国女排从低谷到辉煌，到再次崛起登顶，祖国至上贯穿中国女排队员奋斗的始终。中国女排队员把爱国的理想追求融入汗水与泪水交织的比赛场上，从竹棚走向亚洲之巅，又经历低谷，在质疑声中自强不息，涅槃重生，为国争光的信念和甘于奉献的意志发挥了重要的支撑作用。中国女排队员们把祖国荣誉看得高于一切，将强烈的爱国主义信念转化为激励自己的强大精神力量。在 2019 年女排世界杯上，郎平挂帅的中国女排直落三局战胜韩国队迎来开门红，赛后接受采访时郎平讲道："我们的目标就是升国旗、奏国歌！"①中国女排姑娘们将对祖国的炙热情感转化为团结奋斗、拼搏进取的不竭动力，充分体现了高尚的爱国主义情操。

2.团结协作

团队精神是女排精神中特别重要的一点。排球是一团体性项目，首先，队员必须具备团队意识、树立团队精神。这决定了全队上下必须要团结一致，拧成一股劲，相互合作，只有这样才能产生"6>6"的效果。在中国女排这个大集体中，每个人都是女排精神的践行者和发扬者。每位队员不仅自己有实力，而且整个女排队伍具有很强的凝聚力和战斗力，具有很高的默契度，

① 《人间正道是沧桑——献给中华人民共和国 70 华诞》，《人民日报》，2019 年 9 月 30 日。

在激烈的比赛中临危不乱，从容应对。在 2004 年雅典奥运会上，在第四局比分处于 21∶23 的落后时刻，中国女排在陷入绝境时爆发出了超强的战斗力，中国女排姑娘们惊天逆转，取得了胜利，在这样一个关键时刻，只要有一个人思想不集中或者出现了失误，都可能会前功尽弃。其次，排球作为一项综合性的体育科学，没有掌握排球运动的规律，没有运动项目管理和先进的排球战术打法，只凭借排球队员的战术实力是不可能取得成功的。中国女排的成功，恰恰体现了多个学科团结协作的结果，同时，中国女排用自己的方式诠释了团结协作的集体主义精神的深刻内涵，中国女排正是凭借这种团队精神跨越了一个又一个艰难险阻，实现了一次次惊天逆转，创造了一项项辉煌成绩。

3.顽强拼搏

顽强拼搏是体育精神的实质，说到底，顽强拼搏要求无论是在训练中还是在赛场上都能不屈不挠，奋斗到底。首先，中国女排的顽强拼搏精神体现在敢于不断地挑战新的目标。从零的突破到实现"五连冠"，在陷入低谷期的沉寂后蓄力爆发，从雅典奥运会上的惊天逆转，2016 年里约奥运会再登巅峰，再到 2019 年中国女排"十一连胜"成功卫冕女排世界杯冠军，中国女排不断地创造着辉煌。其次，中国女排顽强拼搏的精神还体现在敢于挑战生理极限，从日本大松教练的"魔鬼训练"，到陈忠和教练指导下"炼狱"般的训练生活，再到郎平教练超大运动量的训练，中国女排姑娘们不断挑战极限。再次，中国女排的顽强拼搏精神还体现在队员在遭受失败、质疑的低谷期，面对赛场上的压力，逆袭翻盘，特别是在里约奥运会四分之一决赛上，中国女排姑娘们以强大的心理素质应对巴西队主场观众们的哄扰，最终取得胜利，充分体现了顽强拼搏的精神。

4.永不言败

中国女排姑娘们无论是在训练中还是在赛场上，始终延续敢打硬仗、敢于胜利的精神特质,坚持到底,不到最后一刻绝对不放弃。从 1981 年女排世界杯上首次夺取世界冠军,到 2004 年再次夺冠,在这一期间中国女排几经沉浮,历经痛苦和挫折,承受了常人难以想象的伤病的困扰。但是她们一上场就把伤病置于脑后,以坚定的信念不畏强手,敢打硬仗,勇于胜利。在 2004年雅典奥运会上,中国女排一路打得没有对手。在球迷看来,俄罗斯女排也将不会是中国女排的对手。然而俄罗斯女排开局出色,中国女排连丢两局,当观众都认为夺冠无望时,中国女排从第三局开始绝地反击,每球必争,比分始终咬紧,在苦战中扳回两局,最终中国女排以 15:12 拿下胜局,实现惊天大逆转,永不言败的中国女排再次站在世界最高领奖台上。这充分体现了中国女排永不言败的顽强意志。

(三)喊出了为中华崛起而拼搏的时代最强音

女排精神是具有鲜明的时代性、民族性的精神坐标。无论处于"山峰"还是处于"低谷",女排精神始终与时代同步,日益彰显出巨大的时代价值。

第一,女排精神是建设体育强国的精神瑰宝。女排精神的形成是社会主义精神文明建设的重要成果。中国女排姑娘们不断传承女排精神,为中国女排不断取得新的辉煌起到了重要作用。中国女排的成功经验为其他体育竞技项目综合实力的提升提供了重要的示范引领作用。中国女排历届教练都十分重视对队员的思想建设,袁伟民教练在回忆自己对队员所做的思想工作丝毫不亚于培养队员训练所下的工夫。在中国女排的常规教育中,升国旗、军训等常规内容已经成为运动队伍精神文明建设的重要内容。当前,我国竞技体育的综合实力和国际竞争力得到较大提升,但同时,在建设体育强国的征程上还存在着诸多问题。例如在"三大球"、田径等基础项目上整体水平仍然有待提升。弘扬女排精神,就是要更加重视队伍的建设,抓好基础和技术等实力因素,同时加大"三大球"和基础项目的后备人才培养力度,培育运动员拼命、敢闯的心理素质,促进运动员整体素质的提升,同时不断适应国际竞技体育的新特点,实现竞技体育优势与人民群众生活有机统一,共同推动体育强国的建设。

第二,女排精神是塑造中国良好形象的文化符号。女排精神在发挥政治宣传、塑造良好的国家形象、表明国家立场、加强中国与各国之间的文化互动、增进友谊方面发挥了重要的作用。中国女排姑娘们在赛场上激烈的扣杀比赛过程中,电视机前的观众共同呐喊、助威、喝彩,创造了中国人独有的"集体记忆"。当中国女排夺冠,中国国旗在领奖台上冉冉升起,队员们共唱国歌,极大地增强国家荣誉感和民族自豪感。中国女排这样一支不断突破极限、战胜自我、奋力拼搏的队伍,激活了中国人民的共享感,凝聚了社会共识。当前,西方国家凭借其科技、经济、文化优势,主导着现代体育的话语权。女排夺冠成为我国体育事业崛起的重要标志之一,中国女排精神将作用于我国其他体育项目,激励运动员们不断顽强拼搏,这对增强我国体育实力,提升体育话语能力,增加话语权具有重要的价值意义。

第三,女排精神是实现中华民族伟大复兴的强大精神动力。正是由于中国女排队员们深厚的爱国情怀和报效祖国的使命担当,女排姑娘们才能始终在艰苦的训练中昂扬斗志、团结协作、顽强拼搏、追求卓越。2015年,当中国女排再度站在世界冠军的领奖台上,队员们站在领奖台上高高地举起了三位因病缺席队友们的球衣,团结协作的伟大精神深深地流淌在每一位中国女排成员血液里,呈现在每一位观众眼前,事实上,女排精神的意义,已经远远超越了竞技体育领域。实现中华民族伟大复兴,需要全体中华儿女紧密团结、共同奋斗,中国女排从零的突破到铸就辉煌,从低谷到巅峰,无论是20世纪七八十年代艰苦而简陋的训练,还是在里约奥运会上在最大困难面前最大程度地发挥潜能,集中精力迎难而上,"苦是灵丹妙药,要想强大起来,就得每日吃这服药"。在圆梦路上,也是同样的道理。

六、改革开放和社会主义现代化建设新时期党的精神谱系的阶段性特征

一方面,这一时期党的精神谱系都有着共同的时代背景。党带领人民冲破"两个凡是"的桎梏,停止了"以阶级斗争为纲"的口号,我国消除了长期以来党内存在的"左"的错误思想,改革开放取得了翻天覆地的伟大成就,时代背景的变化培植了这一时期中国共产党人精神谱系"解放思想、锐意进取"的精神土壤。党的精神谱系实现了由"革命""建设"向"改革"的话语转换。在40多年改革开放的实践中,也铸就孕育了包括改革开放精神、特区精神等伟大精神在内的9种具体的精神形态,在翻天覆地的实践中谱写了一曲曲精神赞歌,这些伟大精神既是对伟大建党精神的赓续,也是对革命和建设时期中国共产党人精神谱系的传承和发展,成为中华民族从站起来、富起来到迎来强起来的强大精神支撑。

改革开放精神为在实现中华民族伟大复兴的新征程上凝心聚力、接续奋斗,不断战胜各种困难和挑战,提供了强大的精神动力。抗洪精神是党在领导人民抗击自然灾害的斗争中铸就孕育的精神品质,全国人民紧密团结在一起,激发出全国各族人民的精神认同,从而支撑起中华民族在磨难中奋起的不屈力量。抗击"非典"精神是2003年全国人民齐心协力战胜SARS冠状病毒的奋战中形成的。亿万中国人民在抗击"非典"过程中,将心紧紧凝聚在一起,同舟共济、患难与共,全体中国人民在中国共产党的领导下,没有被困难压垮,而是在磨难中奋起,成为激励人民勠力同心、砥砺前行的伟大精神动力。载人航天精神是新时期我国科技工作者攻克了一个又一个科技难题和技术难关,推动了科技领域实现重大创新的过程中孕育形成的,为我国经济社会发展提供了强大的精神动力。女排精神是中国女排运动员们在赛

场上表现出来的团结一心、为国争光的爱国主义主义精神,积极进取、百折不挠的精神面貌,是我国体育事业的一面旗帜,激励着各行各业的劳动者们建功立业,女排精神是改革开放和社会主义现代化建设新时期中国共产党人精神谱系的重要组成部分。

另一方面,这一时期党的精神谱系存在着各自的差异性。

一是内涵表述和核心特质的差异性。这一时期形成的伟大精神内涵表述不同,蕴含其中的核心特质也具有新时期的独特代表性。例如,女排精神的形成展示了我国在实施改革开放的过程中,精神文明建设领域取得的重大成果,运动员在赛场上表现出来的团结一心、积极进取、为国争光的拼搏精神,展示了以团结协作为核心特质的女排精神。特区精神的形成展示了中国共产党人以一种开拓创新、奋发有为的精神状态勇于开拓、敢闯敢试,敢为人先的良好精神风貌,成为激励鼓舞着中华儿女怀揣梦想实干前行的精神支撑。抗洪精神、抗击"非典"精神等伟大精神彰显了党带领全国人民万众一心、守望相助、担当奉献的精神风貌,展现了面对自然灾害和疫情的"大考",全党和全国各族人民表现出来的一种强大精神认同。

二是各自历史地位的不同。女排精神展现了榜样人物、先进群体在改革开放的伟大实践中展现出来的一种焕然一新的精神状态和奋勇拼搏的精神风貌,是改革开放新时期伟大精神的崇高人格魅力的集中彰显;改革开放精神、特区精神彰显的是在拉开改革开放历史大幕的过程中,党带领全国各族人民以一种敢闯敢试、敢为人先、敢啃硬骨头的精神状态投身社会主义现代化建设事业,是改革开放 40 多年来取得举世瞩目伟大成就的精神动因。载人航天精神是新时期对"两弹一星"精神的发扬,展示了航天工作者在科技攻关领域永无止境的探索精神,奋发有为的创新精神,彰显了新时期我国在载人航天领域的非凡创造,创造了载人航天领域新的里程碑的同时,也在精神文明领域续写了中国共产党人精神谱系的崭新篇章。

第七章 ‖ 中国特色社会主义新时代中国共产党人精神谱系

党的十八大以来，以习近平同志为主要代表的中国共产党人立足新时代、新矛盾、新课题，高瞻远瞩、整体谋划，使党和国家的事业在党的十八大以来取得历史性成就，形成历史性变革，形成了中国特色社会主义新时代中国共产党人精神谱系。①

一、脱贫攻坚精神

党的十八大以来，以习近平同志为主要代表的中国共产党人把脱贫攻坚作为治国理政的一项重要任务来抓，在全国各族人民的共同努力下，我国脱贫攻坚战取得了累累硕果。

---

① 2021年2月，习近平在党史学习教育动员大会上的讲话中提出中国共产党在新时代形成的抗疫精神等伟大精神。2021年9月，党中央批准了中共中央宣传部梳理的第一批纳入中国共产党人精神谱系的精神，其中对于新时代伟大精神的表述概括了"脱贫攻坚精神、抗疫精神、'三牛'精神、科学家精神、企业家精神、探月精神、新时代北斗精神、丝路精神"8种精神。2023年3月，中共中央党史和文献研究院在《求是》第三期《弘扬以伟大建党精神为源头的中国共产党人精神谱系》一文中，概括了新时代形成的伟大精神包括"脱贫攻坚精神、抗疫精神、'三牛'精神、科学家精神、企业家精神、探月精神、新时代北斗精神、丝路精神、北京冬奥精神"9种精神。综合以上几种表述，本文重点选取脱贫攻坚精神、抗疫精神，以及北京冬奥精神等几种精神进行阐述。

（一）脱贫攻坚伟大斗争锻造形成了脱贫攻坚精神

脱贫攻坚精神的形成是对中华民族在长期奋斗中形成的伟大民族精神的继承和发展，是对共产党人初心和使命的价值诠释。中国人民在中国共产党的正确领导下，在脱贫实践中所展示出来的优良精神风貌，是脱贫攻坚精神的直接实践来源。

消除贫困是中国共产党一以贯之的目标。从打土豪、分田地，推翻剥削和压迫人民的三座"大山"，成立新中国，三大改造的完成，社会主义制度的确立，实现了消除贫困、改善民生的制度基础。改革开放新时期，我国实现了由计划经济体制向社会主义市场经济体制的转变，解决了人民群众的普遍贫困问题。1986 年开始，我国成立了专门的扶贫机构，标志着我国扶贫事业开始转向制度化、规模化、组织化。

党的十八大以来，党对打赢脱贫攻坚战作出了一系列战略部署，党的十九大进一步对脱贫攻坚作出新的战略部署，提出实施扶贫东西协作，以深度贫困地区为重点，确保 2020 年农村贫困人口脱贫。2021 年 2 月，习近平在全国脱贫攻坚总结表彰大会上庄严宣告，我国脱贫攻坚取得了全面胜利。这意味着我国解决了困扰千年的绝对贫困问题，党带领中华儿女创造了彪炳史册的人间奇迹的同时，也铸就了伟大的脱贫攻坚精神。

（二）中国精神、中国价值、中国力量的充分彰显

伟大的脱贫攻坚斗争在积累了物质上的累累硕果的同时，也凝聚起全党和全国各族人民砥砺前行的伟大精神力量。习近平在脱贫攻坚总结表彰大会上宣告我国脱贫攻坚战取得全面胜利的同时进一步指出："脱贫攻坚伟大斗争，锻造形成了'上下同心、尽锐出战、精准务实、开拓创新、攻坚克难、

不负人民'的脱贫攻坚精神。"这就凝练出了脱贫攻坚精神的基本内涵。

1.上下同心

人心齐,泰山移。打好脱贫攻坚这场硬仗,需要广泛动员各方面的力量,只有全社会上下同心,劲往一处使,才能最终取得胜利。党的十八大以来,以习近平同志为主要代表的中国共产党人充分动员社会各方面力量,举国同心,坚持"全国一盘棋",凝聚起了决胜脱贫攻坚的强大合力。为了摸清扶贫、脱贫情况,习近平总书记先后主持召开座谈会7次、先后50次参与调研工作,走遍了我国14个集中连片特困地区,为全党做了表率。在深入开展脱贫攻坚实践的8年多来,各级党组织和党员积极响应总书记的号召,在脱贫攻坚这个"战场"上建功立业,以行动兑现自己的诺言。中国共产党在扶贫脱贫的实践中确立了中央统筹、各省负总责,各个市县抓落实的工作总方针,有力保证了脱贫攻坚各项任务的有效推进,全社会涌现的闽宁合作、沪滇合作、两广协作等扶贫模式汇聚起了打赢脱贫攻坚战排山倒海的力量。2020年4月,习近平总书记赶赴平利县考察脱贫攻坚情况时,与陕西省委书记、安康市委书记、利平县委书记、蒋家坪村支书,5人同时出现在产业扶贫第一线上,共抓扶贫,由此,"五级书记"同框的照片在网上流传,生动诠释了全党上下同心决心打好脱贫攻坚战的决心。

2.尽锐出战

让贫困地区的贫困人口全部摆脱贫困,是最难啃的硬骨头,必须派出最硬的主力,用最精干的力量、最精锐部队打最硬的仗。为了如期实现这一目标,一方面,党中央不断加大对扶贫的投入,充分发挥政府的主导和主体作用,统筹整合财政涉农资金,确保"好钢"用在刀刃上。8年来,中央重点在深度贫困地区实施新增脱贫攻坚项目、重点投放新增脱贫资金、精准增加脱贫举措,中央财政累计投入6601亿元,专项财政扶贫资金真金白银地投入,为确保如期脱贫提供了强大的物质基础。另一方面,干部是脱贫攻坚任务能否顺利完成的决定因素。决胜脱贫攻坚的战斗中,全国各地各部门向脱贫攻坚主战场选派最优的精兵,投入了大量脱贫攻坚的精锐力量,这些精锐力量同广大贫困群众想在一起、生活在一起,以实际行动铸就了脱贫攻坚精神尽锐出战的深刻内涵。

3.精准务实

习近平指出:"脱贫攻坚,贵在精准,重在精准。"①脱贫攻坚越往后,难度越大,越要下一番"绣花"功夫。面对复杂多样的致贫问题,单一的举措往往很难奏效,在脱贫攻坚的实践中,党如何领导人民充分考虑贫困地区的现状,结合贫困地区的实际,尊重当地贫困人口的意愿,同时又要根据贫困对象精准施策,优化配置扶贫资源,合理设置扶贫方案。首先,摸清楚贫困对象的基本情况,盘清"家底",这是首要前提。各地坚持精准扶贫方略,坚持做到"六个精准",根据深度贫困地区的具体情况,实施"五个一批",对症下药、精准滴灌、实现脱贫致富。其次,解决贫困,根本上靠发展。必须由"输血式"扶贫转向"造血式"扶贫。作为全国脱贫攻坚楷模的张桂梅就是深耕教育脱贫的典型。她扎根边疆山区教育40余载,先后在大理喜洲一中、华坪县中心中学等学校任教,用教育之光阻断贫困的代际传递,照亮了无数人的心。她在党和社会各界的帮助下,推动建立了全国第一所全免费女子高中,用知识帮助近2000名女孩走出大山,用教育改变了她们的命运,实现了精准扶贫的持续、精准、务实,深刻体现了脱贫攻坚精神。

4.开拓创新

中国共产党在领导人民开展的脱贫攻坚的实践中,秉持开拓创新的品格,不断改革创新扶贫机制和扶贫方式。首先,中国共产党在领导人民开展脱贫攻坚的实践中形成了基于我国国情的中国特色反贫困理论。其中,坚持

---

① 习近平:《在全国脱贫攻坚总结表彰大会上的讲话》,《人民日报》,2021年2月26日。

中国共产党的领导是脱贫攻坚的根本保证;坚持以人民为中心、坚定不移走共同富裕道路;坚持调动贫困对象的积极性、主动性、创造性,激发摆脱贫困的内生动力等理论,深化了对减贫规律的认识,是马克思主义中国化减贫理论的最新成果,是对世界减贫理论的重大理论创新。其次,在开展脱贫攻坚的实践中,实事求是地确立了一系列各司其职、各负其责的责任主体,为开展脱贫攻坚实践提供了有力保障。同时,在进行脱贫攻坚的实践中还坚持东西部合作和对口支援,创造了扶贫开发的中国模式和中国经验。

5.攻坚克难

打赢脱贫攻坚战,并非轻轻松松就能完成。脱贫攻坚,攻的是贫中之贫,啃得是最难啃的硬骨头。以习近平同志为主要代表的中国共产党人秉持高度的责任感和使命感,以热血赴使命、以行动践誓言。下庄村是巫山县最穷的地方,因被险峻大山包围,置身其中仿佛置身万丈深井而得名"下庄"。这里的村民想出去只能徒步翻山越岭。20 年前,时任下庄村党支部书记的毛相林决定向绝壁要出路。在一无资金二无机械的情况下,在悬崖绝壁上"抠"出一条路谈何容易。他反复与群众打嘴仗、算细账、表决心,在他的感召下,下庄村终于达成修路共识。历时 7 年时间,长达 8 千米的"天路"改变了下庄村与世隔绝的状态,下庄村终于闯出一条致富路。在全国脱贫攻坚的实践中,涌现出了李保国、张桂梅、黄大发、黄文秀、黄诗燕等一大批先进人物,有1800 名党的同志牺牲在了脱贫攻坚的战场上。2021 年 2 月,党中央在全国脱贫攻坚总结表彰大会上授予毛相林等 10 名同志"全国脱贫攻坚楷模"荣誉称号。这些时代楷模的感人事迹和崇高精神是脱贫攻坚精神的生动体现,生动地诠释了共产党人的初心使命。

6.不负人民

唯有为民造福,才能不负人民。百万扶贫干部苦干实干,同贫困地区的人民群众想在一起, 干在一起, 把自己最美的青春年华献给了脱贫攻坚事业,深刻体现了坚持以人民为中心、坚持人民利益高于一切的价值旨归和不负人民的高尚情怀。广大扶贫干部在脱贫攻坚中坚持舍小家为大家,明知困难重重,仍然坚持不懈,他们常年加班加点把心血和汗水洒遍千家万户。黄文秀则是无私奉献、不负人民的先进典型。她在研究生毕业以后,主动放弃了大城市的工作机会,毅然决定考取广西百色的选调生,在脱贫攻坚的实践中,她倾其所有,将自己年仅30岁的生命奉献给了脱贫攻坚事业。在8年来脱贫攻坚的实践中,全国有1800多名扶贫干部献出了自己的生命,他们为了脱贫攻坚事业鞠躬尽瘁、死而后已,用自己宝贵的生命回答了对人民的忠诚和担当,充分彰显了中国共产党心怀人民、不负人民的政治情怀和价值底色。

(三)赓续传承了伟大民族精神和时代精神

脱贫攻坚精神集中展现了中国共产党的宗旨、全体中华儿女的共同意志,以及中华民族的伟大精神,充分彰显了中国精神、中国价值、中国力量。

第一,脱贫攻坚精神充分诠释了伟大民族精神的当代内涵。中国人民在波澜壮阔的历史长河中,自强不息,艰苦奋斗,孕育发展了伟大民族精神。与此同时,伟大民族精神伴随着中国人民的伟大实践,其内涵也不断丰富和发展。中国共产党团结和带领人民在全面建成小康社会的道路上迎难而上,奋发有为,在伟大脱贫攻坚的实践中,充分发扬伟大创造精神,坚持顶层设计和基层创新相结合,"第一书记制度"与"村支书"双规制实现了贫困户的精准识别,充分彰显了中国特色社会主义的文化引领性。在伟大脱贫攻坚的实践中,充分发扬伟大奋斗精神,无数党员奋战在前线,勠力同心,奋力实现群众"两不愁三保障",使每个人深受鼓舞,备受感染,充分彰显了中国力量。在伟大脱贫攻坚的实践中,广大党员干部充分高扬伟大团结精神,东西部扶贫协作,党政机关定点扶贫,军队、武警、社会力量参与扶贫,推动区域协调发展,无数共产党员和人民群众在脱贫攻坚的实践中表现出不屈不挠、自强不息的精神,全国人民在脱贫攻坚的过程中表现出齐心协力,强大的凝聚力和向心力,充分展示了伟大的团结精神。在脱贫攻坚的伟大实践中全国人民以团结精神构筑起了实现中华民族伟大复兴的钢铁长城。

第二,脱贫攻坚精神丰富了反贫困理论。党带领人民在新时代开展的脱贫攻坚的实践是立足中国特色社会主义制度,坚持马克思主义基本原理、践行马克思主义的基本价值追求的基础上形成的,在开展脱贫攻坚的实践中,坚持以扶贫对象的需求为主导,充分激发贫困群众脱贫致富的内生动力,通过社会各方力量扶持,凝聚了脱贫攻坚的合力,有力地提升了脱贫成效。脱贫攻坚的实践为广大发展中国家推进减贫事业、寻找脱贫道路提供了中国智慧和中国方案,社会主义制度集中力量办大事的优势也通过脱贫攻坚的实践得到了充分体现,这就有力地深化了马克思主义反贫困理论。

第三,脱贫攻坚精神是新征程砥砺奋进的精神驱动力。2020 年是兑现脱贫攻坚的承诺、全面建成小康社会的收官之年,然而突如其来的全球性疫情成为影响脱贫攻坚成绩的最大不确定性因素。面对新冠肺炎疫情这道"加试题",党和政府迅速建立了疫情分析应对机制,通过优先组织贫困地区劳动力外出务工、加强农资调配,组织贫困户生产、开展电商扶贫等方式,最大程度地克服了疫情对脱贫的冲击,扎实推动了贫困地区有力实现了脱贫脱困。党带领人民开展的脱贫攻坚的实践激发了贫困地区人民群众自力更生创造幸福美好生活的内生动力,广泛弘扬了新时代社会主义新风尚,使苦干实干、艰苦奋斗的精神在贫困地区蔚然成风,增强了新时代新征程砥砺奋进的精神动力。

二、抗疫精神

面对突如其来的疫情,全体中华儿女在党中央的坚强领导下团结协作、勇于奉献,以敢于斗争、敢于胜利的精神气概,同新冠肺炎病毒展开了殊死搏斗,最终取得了疫情防控的重大决定性胜利,并在这一实践中铸就了抗疫精神,凝聚起最终战胜疫情的强大合力。

(一)抗疫精神的孕育形成

伟大的抗疫精神作为一种独特的精神样态,其形成是基于辩证唯物主义和历史唯物主义,以现实的、实践的、作为历史发展主体的人民群众为出发点,是对中国革命文化、中华优秀传统文化、社会主义先进文化的传承发扬,更为重要的是,伟大抗疫精神直接源于党领导人民进行的抗击新冠肺炎疫情的伟大实践。

新冠肺炎疫情发生后,党中央和政府高度重视,先后召开20余次会议研究新冠肺炎疫情防控,明确了疫情防控的总要求,为快速遏制疫情的传播指明了方向,凝聚了力量。

面对疫情,广大医疗工作者毫不退缩,他们救治病患,用自己的血肉之躯构筑起了保护人民生命安全和身体健康的坚固防线,展现了医者仁心的高尚境界,诠释了广大医务人员舍生忘死的崇高品格。在一线从事新冠疫苗研发的广大医务科研工作者积极参与科学攻关, 及时推进疫苗研发;广大医务工作者在实施救治时,坚持中西医结合,先后推出9版诊疗方案,有效提高了救治率,降低了病死率,正是这大爱无疆诠释了伟大抗疫精神的丰富内涵。

此外,疫情防控更是全社会、全国各族人民风雨同舟、众志成城抗击疫情的生动实践。19个省份充分调集最优秀的人员、最充足的物资、最先进的设备千里驰援,充分彰显了“一方有难八方支援”的大爱精神。14亿多中国人坚持心往一处想,劲往一处使。“志愿红”“天使白”把个人冷暖融入集体荣辱和国家安危之中;广大公安干警驻守医院、转运病人,坚守在疫情防控的第一线,城乡和社区工作者,环卫工人、快递小哥、志愿者坚守在自己的岗位上无惧风雨,尽职尽责;全国人民更是在尽力支援湖北武汉的同时,坚决响应国家号召,自觉居家隔离,为阻断疫情的传播,为全国抗疫赢得主动作出了重大贡献。正是全社会、全国各族人民汇聚的磅礴力量,铸就了伟大的抗疫精神。

(二)抗疫精神的科学内涵

2020 年 9 月,习近平总书记在表彰广大医务人员等各条战线的抗疫英雄时指出:"在这场同严重疫情的殊死较量中,中国人民和中华民族以敢于斗争、敢于胜利的大无畏气概,铸就了生命至上、举国同心、舍生忘死、尊重科学、命运与共的伟大抗疫精神"[①],这明确提出了伟大抗疫精神的内涵,主要包括以下五个方面。

1.生命至上

生命至上首先体现在每一个生命的平等。在"生命至上"这一理念的指导下,无论是刚出生的婴儿还是耄耋老人,无论是轻症还是重症,无论是在国内的常住居民还是在国外的华人华侨,每一个生命都没有被遗忘。疫情发生后,为了帮助海外的华侨抗击疫情,我国驻外使馆通报发放了抗疫物资,向疫情期间在国外的中国留学生提供"健康包"。生命至上还体现在经济社会发展与人民生命安全出现冲突时,人的生命高于一切,社会交往、经济发展都退而居其次。疫情暴发之初,我国就果断在全国范围内实行最严格的管控措施,春节后复工推迟,企业停工停产,各大中小学延迟开学,湖北武汉是2020 年新冠疫情暴发时的主战场,在疫情最严重的时刻,党和政府最大程度上遏制住了疫情在全国范围内的肆虐,充分体现了生命至上。

---

① 习近平:《在全国抗击新冠肺炎疫情表彰大会上的讲话》,《人民日报》,2020 年 9 月 9 日。

2.举国同心

疫情防控是一项极为复杂的高难度工作，既是对我国公共卫生防疫的一次"突击检查"，也是对我国社会主义制度效能的一次大考。全国各族人民在中国共产党的领导下坚持风雨同舟，共同抗击疫情，这是取得疫情防控阶段性胜利的重要保证。一方面，中国共产党的领导是疫情防控取得重大决定性胜利的根本保证。在中国共产党的坚强领导下，全国上下统一协调、统一指挥、统一行动，在最短时间实现了医疗物资供应从紧缺向动态平衡的转变。另一方面，抗击新冠肺炎疫情是一场人民的战争。正是由于紧紧依靠人民群众，走好疫情防控的"群众路线"，才能打好疫情防控的人民战争。党中央对此次新冠疫情的防控部署既是"现象级"的，更是史无前例的。无论是新冠肺炎发生之初，要求广大人民群众做到长达 14 天的居家隔离，千万级的大型人口的城市实行"封城"，还是在多次反复暴发、多点发生、局部暴发的情况下，局部地区实行静态管理，再或是迅速落成的雷神山、火神山医院，都离不开广大人民群众的积极响应和配合，充分印证了"众人拾柴火焰高"，没有全国上下举国一心，就无法形成抗击新冠病毒的有力屏障。

3.舍生忘死

在抗击疫情的斗争中，最美"逆行"者们奋战在抗疫一线，为病毒肆虐的漫漫长夜带来了光明，书写了一幅幅感天动地的生死救援场景。2020 年初，在湖北武汉这个抗击新冠病毒感染的主战场上，有 54 万多名医务人员冲锋在前，全国约 4 万多名医务人员第一时间驰援武汉，数万名医务人员奋战在抗击疫情斗争的一线，既有年逾古稀的专家院士们，也有"90 后""00 后"年轻的医务工作人员，钟南山院士已经年逾八旬，他硬是挤上高铁餐车，日夜兼程，赶赴武汉。金银潭医院院长张定宇在得知自己已身患渐冻症的情况下，仍然坚持战斗在抗击病毒的第一线，在救援防护物资不充足的情况下，把防护服让给其他医务人员。战斗在一线的医务人员，由于长时间佩戴口罩,脸颊被勒出血痕,广大医务人员、基层志愿者由于佩戴手套而被汗水浸泡双手发白,但是他们临危不惧,在困难面前豁得出,关键时刻冲得上,用自己的血肉之躯守护众生。

4.尊重科学

尊重科学,精准施策是尊重生命、坚持生命至上的首要前提和必要保证。在与疫情赛跑的过程中,高扬科学精神是战胜疫情的关键。疫情防控斗争中,在没有特效药的情况下,党团结和带领广大人民群众充分尊重科学、依靠科学。我国充分发挥中医药的优势,采取中西医结合的方式,有效减轻了病患的症状,提高了救治率,控制了病情进展,有效降低了病死率,筛选出"三药三方"等中西医结合的有效办法被多个国家借鉴和使用。我国第一时间研发出核酸检测试剂盒,并注重加快疫苗研发,迅速确定病毒原理学和流行病学、动物模型的主攻方向,组织跨领域的研究团队相互协作,从而为疫情防控提供了优异的科学体系支撑。在开展疫情防控中,从"四早""四集中"到实施常态化疫情防控,密切跟踪病毒变异情况,确立疫情防控的战略决策,不断优化诊疗方案。无论是大数据行程溯源还是健康码识别,都为战胜疫情提供了科技支撑。

5.命运与共

突如其来的新冠病毒感染肆虐全球,暴露出全球健康治理的短板。任何国家都不能在全球健康问题面前独善其身,国际社会唯有齐心协力、加强合作,才能共渡难关,推动全球经济的复苏。我国政府本着公开、公正、透明的原则,及时向国际社会共享病毒基因序列,充分表达了我国希望与国际社会加强合作,实现合作共赢的美好愿望。中国在新冠肺炎疫情最为严重的时刻,收到国际社会的物资捐赠、慰问和帮助。与此同时,我国在自身产能有限、需求量巨大的情况下,积极向国际社会提供援助,承诺向发展中国家提供疫苗帮助,向有防疫物资缺口的国家提供口罩、防护服等防疫物资,并向有防疫医疗需求的国家派遣医疗专家组，这集中体现了我国致力于推动构建人类命运共同体的坚定信念,充分体现了我国的大国气度、大国担当。

(三)抗疫精神的价值意蕴

正所谓多难兴邦。面对种种磨难,我们不仅没有被压垮,反而是在苦难中愈挫愈勇,不断成长。新时代铸就的抗疫精神具有深厚的价值意蕴。

第一,抗疫精神是讲好新时代中国故事的重要载体。疫情发生后,我国是第一个积极开展疫情防控的国家,同时也取得了疫情防控的显著成效。从最初发生疫情时,全国范围内"封城",全国各省市对口支援,再到不断取得全国范围内疫情防控的阶段性成效,所有的一切都充分体现出中国速度、中国力量。在与病毒较量的过程中,我国充分发挥了"先锋"和主力的重要作用,全国人民都为战胜疫情做出了重大牺牲。在共同的话语背景下,聚焦在抗疫过程中的英雄人物和团体的抗疫故事,可以通过这些抗疫故事,向国际社会阐发好中国的抗疫逻辑,阐述好中国的抗疫理念,弘扬好中国精神。

第二,抗疫精神是"四个自信"的有力确证。疫情防控的决定性胜利,一是充分彰显了道路自信。中国特色社会主义道路是符合中国国情的强国之路。在湖北保卫战、武汉保卫战中火神山、雷神山医院的建设,各地方舱医院的大规模改建并迅速投入使用,在极短时间内实现了医疗资源的动态平衡,就是因为我们坚持的方向正确、道路正确。二是充分彰显了理论自信。"人民至上、生命至上"是中国共产党根本宗旨和价值追求的充分体现,我们党基于马克思主义来指导我国的抗疫实践,从而形成的人民健康理念,对于保障人民生命健康安全起到了重要的指导作用。三是充分彰显了制度自信。全国各地的医务人员驰援湖北,全国坚持一盘棋,在全国范围内高效地调动人力和物力,没有中国特色社会主义制度的保障是无法想象的。四是充分体现了文化自信。全国各条战线上的人民群众、科研工作者、医务工作者、一线抗疫工作者、志愿者以高度的责任意识和奉献精神,凸显的"一方有难八方支援"的团结协作精神,与中华民族长期以来形成的精神一脉相承,同时也是对民族精神和时代精神的新发展和新诠释,充分彰显了深沉而持久的精神文化力量。

第三,抗疫精神有助于提升中国在国际社会的话语权,充分展示中国负责任大国的形象。人类是一个荣辱与共的共同体,没有任何一个国家能够在重大危机面前独善其身,团结合作才是世界各国共同战胜危机的正确路径。面对疫情的大考,中国向全世界展示了尊重生命、敢于担当、不屈不挠的良好精神风貌,这充分彰显了中国智慧、中国方案、中国效率、中国速度。抗疫精神展现了全体中华儿女面对灾难和挑战时的伟大凝聚力和向心力,充分彰显出我国制度独有的优势和效能。以此为契机,积极构建融通中外的抗疫话语体系,我国的国际影响力不断提升。

三、北京冬奥精神

2022年,北京冬奥会和冬残奥会的成功举办,是我国在实现中华民族伟大复兴进程中的一项标志性的重大事件。我国成功举办了精妙绝伦的体育盛会,并在此过程中铸就孕育了北京冬奥精神。

(一)在冬奥申办、筹办、举办的过程中创造了北京冬奥精神

北京冬奥精神源于北京冬奥会、冬残奥会无与伦比的精彩性、历史影响性的成功实践。首先,中国共产党的坚强领导是北京冬奥精神形成的重要前提。在2022年新冠肺炎疫情肆虐全球的情况下,冬奥会、冬残奥会的举办困难重重,这对一个国家的组织协调能力和贯彻执行能力提出了重大考验。2017年以来,习近平先后5次实地考察北京冬奥会、冬残奥会的筹备情况,

强调冬奥会、冬残奥会的筹备工作要始终坚持绿色、共享、开放、廉洁的办奥理念,确立了筹备工作的总方向。很多项目场馆实现了从无到有,我国代表队在很多冬季项目中实现了从弱到强的跨越性发展。没有党中央的坚强领导,北京冬奥会、冬残奥会的成功举办是不可想象的。

其次,科学精准有效的疫情防控是北京冬奥精神形成的重要保证。安全稳定的社会环境是前提,为保证冬奥会赛事平稳举办,防疫安全工作面临着巨大的压力和挑战。我国充分利用社会主义制度的优越性,利用全国一盘棋的制度优势,集中优势医疗资源,尽锐出战。党中央多次召开疫情防控会议,从严做好疫情防控各项工作的部署,坚持把全部参与者的健康放在第一位,坚持“外防输入、内防反弹”,坚持“动态清零”的总方针不放松,“赛时期间,闭环内阳性比例仅为 0.45%”①,有力保证了各方人员的健康。

再次,人民的广泛参与是北京冬奥精神形成的重要因素。北京冬奥会、残奥会归根到底是一场全民共同参与的体育盛会。中国共产党是领导核心,人民群众是参与主体。我国通过冬奥会、冬残奥会的举办,使冰雪运动走向全国,人民广泛参与,各地民众积极广泛响应,全国先后有 3 亿多人参与到冰雪运动中来,通过冬奥会、冬残奥会的成功举办,人民群众生活公共服务品质得到显著改善,广大人民群众身心更健康,就业更充分、生活更美好。特别是通过此次冬奥会、冬残奥会的成功举办,培养了一批热爱冰雪运动的青少年,促进了全民健身意识的不断提升,普及冰雪运动向纵深发展。北京冬奥会、冬残奥会的成功举办,给了更多冰雪运动员实现梦想的机会。

最后,从北京冬奥会、冬残奥会的实践效果来看,中国体育代表团在冬奥会上赢得了 9 枚金牌、15 枚奖牌,在冬残奥会上赢得了 18 枚金牌、61 枚奖牌,创造了我国参加冬奥会、冬残奥会的历史最好成绩,赢得了运动和精神的双丰收,为北京冬奥精神的孕育增添了独特的内涵。此外,北京冬奥会的

---

① 习近平:《在北京冬奥会、冬残奥会总结表彰大会上的讲话》,《人民日报》,2022 年 4 月 9 日。

成功举办,为推动京津冀的协同发展、区域交通更便捷、公共服务更加均衡,在公共基础设施建设方面提供了重要的保障。伟大的事业孕育伟大的精神,北京冬奥精神进一步推动了北京冬奥会、冬残奥会向全国人民乃至全世界人民呈现出堪称完美的赛事典范。

(二)冬奥7年艰辛,奋斗铸就辉煌

2022年4月8日,习近平出席北京冬奥会、冬残奥会总结表彰大会并发表了重要讲话。他指出:"北京冬奥会、冬残奥会广大参与者珍惜伟大时代赋予的机遇,在冬奥申办、筹办、举办的过程中,共同创造了胸怀大局、自信开放、迎难而上、追求卓越、共创未来的北京冬奥精神"这明确指出了北京冬奥精神的科学内涵。①

1.胸怀大局

习近平指出:"胸怀大局,就是心系祖国、志存高远,把筹办举办北京冬奥会、冬残奥会作为'国之大者',以为国争光为己任,以为国建功为光荣,勇于承担使命责任,为了祖国和人民团结一心、奋力拼搏。"②胸怀大局的内涵凸显的是一种强烈的责任担当。言必行,行必果,成功举办冬奥会、冬残奥会是中国向世界人民作出的庄严承诺。北京冬奥会、冬残奥会是在新冠肺炎疫情在全球蔓延的情况下举办的。参与冬奥会、冬残奥会赛场的建设者们克服无水、无路、无电、无通信的"四无"困难,来自全国各地的数万名建设者夜以继日拼搏奋战,涌现在云端的"骡马队"、生命相托的"夫妻井"最终成就了"雪飞天""雪游龙"等惊艳世界的冬奥会场馆。科技工作者敢于攻坚克难,毫米级混凝土喷射成型技术首次被用于国家跳台滑雪中心和雪车雪橇中心等

---

① 习近平:《在北京冬奥会、冬残奥会总结表彰大会上的讲话》,《人民日报》,2022年4月9日。
② 习近平:《在北京冬奥会、冬残奥会总结表彰大会上的讲话》,《人民日报》,2022年4月9日。

场馆建设,打破了国外先进技术的垄断。参与冬奥会、冬残奥会筹办的工作人员和志愿者们牺牲小我,全身心地投入赛会的筹办之中,出现在赛场内外的大学生志愿者们牺牲了自己的假期时光,向全世界展示了奋发有为的青年一代的昂扬向上的良好形象。广大参赛的运动员们,不畏强劲的对手,心系祖国,刻苦训练,出色地完成各项比赛,取得了有史以来的最佳成绩。

2.自信开放

自信开放,就是雍容大度、开放包容。我们坚持自信开放,源于对历史和现实的准确把握。中国共产党成立以后,团结和带领中华儿女书写了彪炳千史的伟大功绩,强有力的实践成果是我们自信开放的历史根据。经过几代共产党人的接续奋斗,我国已经全面建成了小康社会,并且已经一跃成为第二大经济体,中国特色社会主义的鲜红旗帜高高飘扬,我国日益接近世界舞台的中央,这已经成为一个不争的事实。与此同时,在奥运奖牌榜上,中国常常名列前茅,我国与世界体育强国的差距正在不断缩小,这是我们自信开放的现实依据。自信开放作为北京冬奥精神的基本内涵之一,借助北京冬奥会这个载体,通过二十四节气、天干地支、折柳寄情等富有中国特色的传统文化元素有力地诠释了中华文化,通过北京冬奥会、冬残奥会的举办,向世界宾朋好友展示强大自信的、朝气蓬勃的国家形象。北京从 2008 年举办夏季奥运会到 2022 年举办冬奥会和冬残奥会,作为"双奥之城"的首都北京见证了中国人民越来越以更加开放、包容、自信的姿态走向世界。

3.迎难而上

习近平指出:"迎难而上,就是苦干实干、坚韧不拔,保持知重负重、直面挑战的昂扬斗志,百折不挠克服困难、战胜风险,为了胜利勇往直前。"①办好冬奥会是党和国家向世界人民作出的庄严承诺。在世界百年未有之大变局影响下,兑现中国人民的承诺,如期成功举办冬奥会,困难与挑战前所未有。

① 习近平:《在北京冬奥会、冬残奥会总结表彰大会上的讲话》,《人民日报》,2022 年 4 月 9 日。

然而千百年来中华民族在同各种艰难困苦作斗争的过程中，中华儿女从没有在困难面前退缩过，集中体现了中华民族特别能吃苦、特别能战斗的迎难而上精神。既能如期举办奥运会，又能保障赛事的成功举办，同时还能统筹国内经济社会发展，能做到的有且只有中国。在冬奥会赛场上，广大志愿者、医务工作者奋战在第一线，为保障冬奥会赛事的成功举办，撑起了一道道"防护伞"。正是凭着敢于迎难而上的精神，北京冬奥会、冬残奥会的参与者们啃下了一个又一个"硬骨头"，为党和人民交上了优异的答卷。

4.追求卓越

习近平指出："追求卓越，就是执着专注、一丝不苟，坚持最高标准、最严要求，精心规划设计，精心雕琢打磨，精心磨合演练，不断突破和创造奇迹。"[①]国际奥委会主席巴赫曾指出："奥运会可能是这个星球最复杂的一项活动。"[②]作为世界上规模最大、组织最复杂、气氛最强烈的综合性体育赛事，没有细致而周密的筹备保障，没有对各项工作中对细枝末节的坚守，这项精彩的体育赛事就无法进行。广大冬奥会建设者们以追求卓越的工匠精神，以精湛的技术建造了令世界叹为观止的场馆，例如首钢工业园，从高耸的冷却塔变身为有着优美弧线的"雪飞天"，正是基于科技工作者自主科研，实现了世界首例单板大跳台与空中技巧的赛道剖面转换；再比如，延庆国家雪车雪橇中心赛道"雪游龙"是由中国人自立科研攻关，并打破国外诸多关键技术垄断修建而成的。中国科技攻关修建的场馆和赛道赢得了运动员们的认可和赞许。挪威自由式滑雪运动员、自由式滑雪男子大跳台冠军比尔克·鲁德评价道，场馆十分惊艳，在这里比赛令人着迷。正是由于科技工作者追求卓越的工匠精神，才助力北京冬奥会、冬残奥会书写了令人刮目相看的奇迹。

---

① 习近平：《在北京冬奥会、冬残奥会总结表彰大会上的讲话》，《人民日报》，2022年4月9日。

② 本报评论部：《追求卓越，不断突破和创造奇迹——大力弘扬北京冬奥精神》，《人民日报》，2022年4月19日。

5.共创未来

习近平指出:"共创未来,就是协同联动、紧密携手,坚持'一起向未来'和'更团结'相互呼应。"①北京冬奥会、冬残奥会不仅是在北京举办的中国的奥运盛会,更是属于世界爱好和平、崇尚团结的人们的体育盛宴。人类是休戚与共的命运共同体。体育不分国界,运动也不分种族,实现世界和平是全人类的共同追求。2021 年,国际奥委会正式决定把"更团结"补充为奥林匹克格言,共创未来的内涵体现了对"更团结"的价值理念的精简表达。2022 年北京冬奥会、冬残奥会的开闭幕式上无不体现了这一中国精神和中国理念,深刻展示了中国人民对奥运精神的追随和弘扬,深刻体现了诠释奥林匹克格言的"中国方案"。当前,受俄乌冲突和世界粮食危机的影响,"全世界人民渴望能够团结一致、克服困难的心情从来没有如此强烈"②。中国是维护世界和平的重要力量,共创未来作为北京冬奥精神的重要方面,向世界传递出中国融通世界、共创美好未来的中国方案。

(三)发扬北京冬奥精神,"一起向未来"

北京冬奥精神是北京冬奥会、冬残奥会留给我们的宝贵精神财富,是中国共产党人精神谱系新的精神坐标,在新时代新征程上为推进建设体育强国、为实现中华民族伟大复兴、为树立新时代中国良好的国际形象,注入了强大的精神动力。

第一,北京冬奥精神为推进体育强国建设提供精神指引。一百多年前,南开校长张伯苓在全校运动会结束后,向青年学子发出了中国何时才能有自己的奥运选手、何时才能有自己的奥运队、何时才能举办一次奥运会的三连问。新中国成立的 70 多年来,我国体育事业在党的领导下取得了重大成

---

① 习近平:《在北京冬奥会、冬残奥会总结表彰大会上的讲话》,《人民日报》,2022 年 4 月 9 日。
② 张志丹、薛生山:《以北京冬奥精神助力民族复兴》,《中国社会科学报》,2022 年 5 月 5 日。

就，在竞技体育、群众体育、学校体育等方面不断取得新的进展，向"三连问"提交出了优质答卷。北京冬奥精神作为一种精神表征，激发了人民大众参与运动的热情，赋予了人民大众参与体育运动，强身健体的新动能。北京冬奥精神是对女排精神的新发展，不仅丰富了中华体育精神的内涵，而且为推动冰雪运动走向大众、增强大众参与的积极性，推动实施健康中国建设，提供了重要精神引领作用。

第二，北京冬奥精神为实现中华民族的伟大复兴提供了强大的精神动力。国无精神不立，人无精神不强。精神的展现和实践的推进是一个相互促进的过程。在北京冬奥会、冬残奥会的申办、筹办、举办过程中，广大参与人员心系祖国、志存高远，高扬爱国主义精神，把筹办、举办冬奥会作为"国之大者"，在北京冬奥会、冬残奥会的筹办、举办过程中涌现出了一大批先进团体和个人。在新冠疫情防控形势严峻、国际国内各种复杂因素叠加的情况下，迎难而上，向世界奉献了一场精彩绝伦的体育盛会。实现中华民族伟大复兴的前景光明，然而过程并不是一帆风顺的，这就需要我们在实现第二个百年目标的新征程上，发扬胸怀大局、迎难而上的北京冬奥精神，形成价值共识，不断为实现中华民族伟大复兴继续提供昂扬向上的精神动力。

第三，北京冬奥精神有助于展现新时代中国的良好形象。北京 2022 年冬奥会、冬残奥会是处于一个重大历史节点举办的标志性赛事，全国上下一心，确保了北京冬奥会、冬残奥会的如期举办，充分体现了中华民族自古以来言必信、行必果，诚实守信的传统美德。通过北京冬奥会、冬残奥会的开闭幕式上对中华优秀传统文化浓墨重彩的呈现，奥运赛事各个场馆的高科技装备和设施，以及灵动活泼的吉祥物，展示出了中华民族独有的"和而不同"的传统智慧，中华文明能够尊重世界上其他的所有文明，兼顾其他国家的合理关切，共同营造"百花齐放春满园"的文化交流氛围。体育无国界，我国始终秉持"开放办奥、共享办奥"的理念，在新冠肺炎疫情肆虐全球的严峻形势下,通过严格的防控措施,有力保障了各方参会人员的健康,事实证明,中国防疫政策经受住了考验,为世界其他国家举办大型体育赛事,同时坚持抗疫防疫不松懈有力提供了中国经验和中国方案。因此,弘扬北京冬奥精神充分展现了中国可亲、可爱、可敬的大国形象,"一起向未来"的口号表达了中国人民愿同世界人民一道交流互鉴的真诚美好愿望。

四、中国特色社会主义新时代党的精神谱系的阶段性分析

首先,这一时期党的精神谱系的形成具有共同的时代特征。从国内情况看,全面深化改革持续推进,经过持续努力,党带领人民取得了一系列突破性进展,取得了一系列历史性成就,发生了一系列历史性变革,党带领全体中华儿女站在了继续实现民族复兴的新征程上。

为了解决困扰几千年的贫困问题,全党和全国各族人民迎难而上,上下同心,创造了彪炳史册的人间奇迹,不仅积累了物质上的累累硕果,而且砥砺起共同前行的伟大精神力量,铸就了脱贫攻坚精神,充分展示了中国共产党致力于改善民生、实现共同富裕的人民情怀。

在新时代的伟大实践中孕育形成新的伟大精神,为中国共产党人精神谱系注入了新鲜血液和新的活力,充分彰显了新时代全党和全国各族人民高昂的精神风貌,为在新征程上勇涉险滩、啃硬骨头、谱写实现中华民族伟大复兴的新篇章注入了强大的精神动力。中国共产党人精神谱系以宽广的世界眼光,深邃的历史视野和深刻的道义自觉,为世界文明的多样性提供精神借鉴。

其次,这一时期党的精神谱系基于新时代的实践呈现出差异性。

一是具体精神形态的内涵具有差异性。如前文所述,新时代中国共产党

人精神谱系的内涵各自表述不同,蕴含了不可同质化的核心特质。脱贫攻坚精神最突出的特点是全国各方面力量坚持"一盘棋",形成了以上下同心为主要特点的伟大脱贫攻坚精神,汇聚成打赢脱贫攻坚战最坚实的力量。

二是承担历史任务的差异性。在脱贫攻坚领域的实践中形成了脱贫攻坚精神,以习近平同志为主要代表的中国共产党人带领人民在实现共同富裕的过程中,根据我国具体国情,实事求是地提出了发展战略,脱贫攻坚精神是对伟大脱贫攻坚实践的高度凝练和精准概括。脱贫攻坚任务的完成,使千百年来几代中国人民的致富梦在新时代得以实现,脱贫攻坚精神的形成,体现了脱贫攻坚战这一载入史册的历史性伟大实践具有深刻的历史价值、世界价值和未来价值。

抗疫精神是对抗疫实践的集中凝练。习近平总书记果断决策,亲自部署,为全国人民抗击疫情增强了信心、凝聚了力量,指明了方向。经过艰苦卓绝的抗疫斗争,取得了重大抗疫成果,最大限度上保障了亿万人民的生命安全,最大程度上减轻了疫情对经济社会发展的影响,创造了人类同疾病斗争的一个伟大壮举。

冬奥会的申办、筹办、举办中铸就孕育了北京冬奥精神。7年来,面对异常艰难的情况, 在中国共产党的坚强领导下, 突破了各种未知的风险和挑战,以艰苦卓绝的努力确保了两个冬奥会同样精彩,赢得了国际社会的广泛赞誉,向全体中国人民交出了一份完美答卷。

第八章 ‖ 中国共产党人精神谱系的基本内核

中国共产党人精神谱系是百余年来党自身发展壮大的精神特质，也是在领导人民革命、建设、改革，以及新时代的实践过程中构筑起来的精神图谱，是百年实践历程中党的红色基因、光荣传统、优秀品质的凝结和聚合，是由跨越百年历史，超越不同实践主体、地域、事件的精神坐标构成的。这些精神虽然具体内容不同、表现形态各异，但是一个一脉相承的整体。一百多年来，中国共产党人形成了形态各异、交融互通的精神坐标，其中蕴含着共同的精神基因和密码，串联起具有强大凝聚力和引领力的中国共产党人精神谱系，成为立党、兴党、强党的强大精神支柱，成为开创历史伟业的核心精神动力。中国共产党人精神谱系传递着中国共产党人独有的精神特质，其中蕴含着共同的基本内核和具有普遍意义的共同特征，这些特征是中国共产党人精神谱系的红色血脉和核心要义，主要体现在以下几个方面。

一、革命理想高于天的坚定信念

心中有崇高理想，才能有坚定信仰，才能在前进的道路上行稳致远。对于个人来说，拥有坚定的信念、崇高的理想，才能够克服工作与生活中的困难，取得人生的辉煌成绩；对于一个集体来说，拥有坚定的信念、崇高的理想,才能凝聚起集体意识和集体力量,办成许多个人难以办成的大事;对于一个政党来说,拥有坚定的信念、崇高的理想,才能使自身变得坚强有力,才能为人民创造美好生活,带领人民不断前进;对于一个国家来说,拥有坚定的信念、崇高的理想,才能维护国家的安全,捍卫国家的利益,使这个民族立于不败之地。习近平指出:"坚定理想信念……始终是共产党人安身立命的根本。"①理想信念对于共产党人来说,就像是钙质对于人体的骨骼,钙质不足,或者缺钙,人体骨骼就无法强硬,同样,没有理想信念,共产党人就无法挺起精神上的脊梁。

中国共产党成立伊始,就毫不犹豫地坚定马克思主义,将马克思主义写在自己的旗帜上,刻在自己的内心最深处;就树立了马克思主义的坚定信仰,将实现共产主义确立为最高理想和最终目标。中国共产党人精神谱系虽然孕育形成于不同历史时期,由不同内涵的精神坐标连缀而成,但对共产主义这一理想的追求是贯穿中国共产党人精神谱系的一条主线。

方志敏在狱中写道,"他们知道所做的工作……是为着阶级的利益……他们知道革命成功后……那时的幸福,就会永无穷尽"②。一百多年前,嘉兴南湖的一艘红船扬帆起航,以坚定的理想信念和百折不挠的奋斗精神点燃了中国革命的火种,矢志不渝地"坚持真理、坚守理想",推动着中国共产党从南湖的一艘小小"红船"启航,推动中国革命和建设事业不断前进。历经大革命、土地革命、抗日战争,以及解放战争的洗礼,多少革命先辈在共产主义理想的激励下,前仆后继,抛头颅、洒热血。面对革命形势处于低潮,仍然能够以不屈不挠的意志坚守"星星之火可以燎原"的革命信仰,塑造坚定不渝的精神坐标。

新中国成立后,面对因石油紧缺而导致国内停产停业的情况,石油工人

---

① 《习近平谈治国理政》(第一卷),外文出版社,2018 年,第 15 页。

② 《方志敏文集》,人民出版社,1985 年,第 87 页。

以满腔热忱和为国家作贡献的奉献精神,做出"宁可少活 20 年,拼命也要拿下大油田"的庄严宣誓。面对西方国家对我国的"核讹诈",以钱学森、邓稼先等为代表的科学家毅然放弃国外提供的优渥科研环境和物质财富丰厚的生活条件,抱着誓死为国的决心返回祖国,推动我国"两弹一星"事业取得巨大的成功,塑造了社会主义革命和建设时期立志改变贫穷落后面貌的精神坐标。

过去中国共产党无论多么弱小,都能在困难面前不退缩、不畏惧,以勇敢之心保持强大的战斗力,是"因为我们有马克思主义和共产主义的信念"[①]。由此,笃信、笃行的共产主义理想是中国共产党人在哪里跌倒,就在哪里爬起来的精神密钥,也是其历经挫折、苦难而不断奋起、淬火成钢的精神优势。革命理想高于天的伟大爱国主义精神和革命精神,激励着无数共产党人坚定伟大理想,勇于实事求是求新路。从根本上讲,中国共产党人精神谱系都是基于坚定理想信念的基础上不断衍生发展、不断充实完善的。

二、国家利益高于一切的爱国主义

爱国是个人对祖国深沉而持久情感的自然流露,是本分,是担当,是全体中华儿女心之所系,情之所归。习近平指出:"爱国主义是我们民族精神的核心。"[②]从时间维度来看,中华民族几千年来,爱国主义已经成为流淌在中华民族血液中的精神基因,伴随着中华民族的发展成为最深厚的历史、文化和情感积淀,激励着一代又一代的中华儿女为了国家和民族的命运不懈努力奋斗。

中国共产党是爱国主义精神的忠实践行者和弘扬者。中国共产党自成立之日起,就承担起历史赋予的使命,坚定地维护祖国的利益是一百多年

---

① 《邓小平文选》(第三卷),人民出版社,1993 年,第 144 页。
② 习近平:《论中国共产党历史》,中央文献出版社,2021 年,第 277 页。

来党带领人民进行英勇实践的集中体现，爱国主义则是一百多年征程中唱响中国共产党人精神谱系的主旋律。

新民主主义时期，爱国主义主要表现为中国共产党为了中华民族救亡图存而抛头颅、洒热血，进行浴血奋战的伟大斗争。在抗日战争中，中国共产党率先举起抗日大旗，动员鼓舞人民在抗日救亡统一战线的指引下投入抗战。作为抗日战争的中流砥柱，中国共产党始终将爱国主义融入抗日救亡运动的全过程，始终引领着抗日救亡运动的正确方向，在长达 14 年的抗日战争中，无数中华儿女以天下兴亡、匹夫有责的爱国热忱，用自己的血肉之躯构筑成守卫家园故土的钢铁长城。

社会主义革命和建设时期，伟大的爱国主义具有丰富的表现样态。主要表现为中国共产党自力更生、发愤图强的社会主义改造和社会主义建设实践。为了让中国摘掉"贫油国"的帽子，铁人王进喜用自身的行动践行铮铮誓言，以崇高的理想信念铸就了以"为国争光、为民族争气"为核心内容的大庆精神。"两弹一星"元勋们积极响应党中央作出的"两弹一星"战略，放弃国外优越的生活，冲破重重阻挠，义无反顾地返回祖国，隐姓埋名，以"热爱祖国，无私奉献"的殷殷爱国之情，将自己的青春和热血挥洒在茫茫戈壁滩上，仅用了 10 年的时间就创造了核弹爆炸、导弹飞行、卫星上天的奇迹，使新中国巍巍屹立于世界的东方。

改革开放和社会主义现代化建设新时期，基于和平与发展的时代主题，爱国主义主要表现为进行解放思想、锐意进取的实践。中国女排姑娘们用短短几年的时间，创下了五连冠的辉煌成绩，"祖国至上"是女排精神的核心。运动员们在赛场上表现出来的团结一心、为国争光的爱国精神，激励着广大体育健儿和全国各行各业的劳动者建功立业。作为贯穿一百多年来中国共产党人精神谱系的鲜明主线，爱国主义成为推动中国共产党人为建成社会主义现代化强国、使中华民族屹立于世界东方不倒、实现人的全面发展和全体人民共同富裕的强大精神动力。一百多年来,党带领着中国人民和中华民族由屈辱迷茫走向繁荣富强,创造了诸多"当惊世界殊"的奇迹,在波谲云诡、风云变幻的世界形势中站稳了脚跟,充分展现了中国特色社会主义面对风险挑战的强大生命力。

中国特色社会主义新时代在实现中华民族伟大复兴和中国特色社会主义新时代的漫漫征程上,中国以逐渐"强起来"的底气和自信日益走向世界舞台的中央,西方敌对势力为了维护他们已有的地位,加大对中国意识形态的渗透,企图实施颠覆、西化的图谋从没有停止过,新时代新征程上,我们更需要弘扬祖国利益至上的爱国主义精神,不断增强爱党、爱国、爱社会主义的价值自觉,不断强化爱国主义的价值取向,把爱国情、强国志、报国行融入实现第二个百年目标的奋斗之中。

三、携手人民辟江山的人民情怀

中国共产党来自人民,人民是中国共产党发展壮大的土壤;中国共产党根植于人民, 人民是中国共产党实现长期执政必不可少的养分。一百多年来,中国共产党之所以能不断攻克难关、化解风险、战胜困难,就是因为始终把人民放在心上,始终与人民在一起,坚持紧紧依靠人民。中国共产党一百多年来的历史,就是一部与人民心连心的历史,人民性已经深深地刻在了中国共产党人的基因之中,融入了中国共产党人的精神血脉之中,体现在了中国共产党人的日常点滴之中。

因此,人民情怀是中国共产党人精神谱系最耀眼的名片和最鲜亮的底色。纵观中国共产党人精神谱系,无论是"对党忠诚、不负人民"的伟大建党精神,还是土地革命战争中锻造的"依靠人民求胜利"的井冈山精神、"一心为民、清正廉洁"的苏区精神,再或是"坚持全心全意为人民服务"的延安精神、

"亲民爱民"的焦裕禄精神、新时代的脱贫攻坚精神,都彰显出中国共产党人始终坚持人民至上的浓浓人民情怀。

中国共产党人的心里,"人民"二字最珍贵、最重要。从成立伊始就把人民的喜怒哀乐放在心中最高位置,就把让人民过上美好幸福生活作为中国共产党一切奋斗的最终落脚点,充分体现了中国共产党的人民情怀,人民是贯穿于中国共产党人精神谱系的主线。坚持人民立场,坚持人民至上是中国共产党性质宗旨的集中体现,也是马克思主义唯物史观的内在要求。

马克思和恩格斯阐明自己的阶级立场,旗帜鲜明地指出,无产阶级的运动是"为绝大多数人谋利益的独立的运动"[1],要为人民谋利益,就要通过暴力革命,建立一个自由人的联合体,实现每个人的真正解放。毛泽东继承与发展了马克思恩格斯的人民观,并将其进一步深化为中国共产党的宗旨。他生动形象地把人民大众比作"上帝",他说,中国共产党人用自己的精神感动了人民大众这个"上帝",使他们"甘心情愿和我们一起奋斗"[2]。井冈山斗争时期,以毛泽东为主要代表的中国共产党人注重倾听人民的呼声,善于总结群众的智慧,始终坚持相信群众,始终坚持依靠群众,以军民团结的"铜墙铁壁"粉碎了敌人的一次次围剿。长征途中,没有藏族群众的带路,就不能穿越"鸟儿飞不过"的夹金山,更不能走出"人陷不见头、马陷不见颈"的沼泽。2020 年初,突如其来的新冠肺炎疫情打破了春节的祥和与喜庆,不仅给人民生命安全带来了挑战,也给人民的身体健康造成了巨大的威胁。在这样从未有过的严峻形势下,以习近平同志为主要代表的中国共产党人始终关注着百姓的生命安全,坚持人民至上、生命至上,在这场生与死的较量中,铸就了伟大的抗疫精神,充分体现了中国共产党人的人民情怀。习近平在多个场合

---

[1] 《马克思恩格斯选集》(第一卷),人民出版社,2012 年,第 411 页。

[2] 《毛泽东选集》(第三卷),人民出版社,1991 年,第 1101 页。

多次提到，"老百姓是天，老百姓是地"①，"江山就是人民，人民就是江山"②，"永远铭记人民是共产党人的衣食父母"③，这些论述无不表达了真挚的人民情怀。一百多年来，人民情怀始终贯穿于中国共产党进行初心使命的伟大实践中，镌刻于中国共产党人精神谱系之中，融入于中国共产党人的精神血脉之中，指引着中国共产党人践行初心使命，为中国人民谋幸福、为中华民族谋复兴，不懈奋斗，不断前进。

四、开天辟地闯新路的开拓创新

创新是时代精神的重要内容和核心要义，是一个民族生存发展的灵魂，是一个国家兴旺发达、越来越好的不竭动力。正如习近平指出："谁拒绝创新……谁就会被历史淘汰。"④创新作为中华民族特有的精神禀赋和精神特质，是精神谱系的重要组成部分，深深地融入中国共产党人精神谱系之中，成为党百年奋斗伟大实践中不断进取的强大精神动力。一百多年来，中国共产党人精神谱系的中"实事求是闯新路"的井冈山精神、"敢闯敢试"的改革开放精神、"自主创新"的新时代北斗精神等，都蕴含着中国共产党人敢于大胆尝试、开拓创新的精神风范。

土地革命时期，由于教条主义的束缚，中国革命在城市中心论的错误指导下处于危险的处境。中国共产党人勇闯新路，把马克思主义基本原理和中国革命的实际相结合，以敢为人先的勇气建立了中国第一个革命根据地，以敢想敢干的勇毅成功探索出了在农民占大多数的中国走一条什么样的革命

---

① 《习近平谈治国理政》（第二卷），外文出版社，2017年，第53页。
② 习近平：《在党史学习教育动员大会上的讲话》，人民出版社，2021年，第15页。
③ 《习近平谈治国理政》（第三卷），外文出版社，2020年，第523页。
④ 习近平：《开放共创繁荣　创新引领未来——在博鳌亚洲论坛2018年年会开幕式上的主旨演讲》，人民出版社，2018年，第7页。

道路,把"实事求是闯新路"的开拓创新精神赫然写在井冈山上。新中国成立以后,成为执政党的中国共产党又带领人民向社会主义过渡和大规模建设社会主义,创造性地走出了一条具有中国特色、符合人民意愿的社会主义改造道路。

党的十一届三中全会以来,在追赶时代潮流的改革开放伟大实践中,"没有可以奉为金科玉律的教科书"①,只能依靠自己。从家庭联产承包责任制到设置经济特区,中国共产党独创性地开辟了由点及线、由线到面的全方位对外开放格局,以开拓创新的精神"杀出一条血路",大踏步赶上了时代。在改革开放的伟大实践中,中国共产党遵循历史规律,发扬历史主动精神,铸就了"敢闯敢试、敢为人先"的改革开放精神,使之成为改革开放伟大实践最为鲜明的精神标识。进入中国特色社会主义新时代,从"一带一路"建设到构建人类命运共同体等一系列伟大创举,一方面,极大地改变了中华民族的面貌、中国人民的面貌和中国共产党的面貌;另一方面,也在国际上树立了良好的国际形象,深刻地影响了世界历史的进程。镌刻在中国共产党人精神谱系上的开拓创新的特质,不断激励着中国共产党人不断冲破横亘在前进道路上的藩篱和荆棘,不断取得新的胜利。

五、不怕牺牲、英勇斗争的英雄气概

中国共产党是有伟大斗争精神的政党,是靠着斗争成长起来的政党。一百多年来,党的任何胜利和成功的取得,无不是靠着中国共产党人艰苦卓绝的斗争和百折不挠的奋斗实现的。毛泽东指出:"斗争,失败,再斗争,再失败,再斗争,直至胜利——这就是人民的逻辑。"②中国共产党带领红军在井

---

① 《习近平谈治国理政》(第三卷),外文出版社,2020年,第184页。
② 《毛泽东选集》(第四卷),人民出版社,1991年,第1487页。

冈山革命根据地的斗争、中央苏区 4 次反"围剿"的成功斗争,中央红军不得已被迫进行长征、党团结一切可以团结的力量开展的抗日战争、解放战争,为了保卫新生政权进行的抗美援朝的斗争,为了打破敌人的石油封锁、石油工人开展的大庆油田的建设,在改革开放和社会主义现代化建设新时期取得的抗震救灾等成功和胜利充分证明,不怕牺牲、英勇斗争是不断取得新的胜利的强大精神支撑。

在困难和挑战面前勇于斗争是由中国革命形势决定的。在血雨腥风的革命战争年代,中国尚不是一个独立民主的国家,从国家内部来说没有民主可言,从国家在世界中的地位来说,没有独立可言。所以,要想战胜比我们强大得多的反动力量,就必须要团结一切可能团结的同盟军,以武装革命反对武装的反革命。正如毛泽东所指出的:"离开了武装斗争……就不能完成任何的革命任务。"①再者,在中国漫长而曲折的革命斗争中,在敌我力量对比中一直处于劣势的中国共产党人,要想战胜强大的帝国主义,打败迂腐的封建势力,摆脱压榨人民的资产阶级反动派,必然要经历一个长期的、艰苦卓绝的武装斗争过程,只有这样才能使革命力量由弱变强,使敌人由强变弱,最终战胜敌人,取得革命的胜利,建立新中国。在革命战争年代,党领导人民浴血奋战、英勇斗争的过程中,无数革命先辈向死而生,为党和国家的伟大事业献出了自己宝贵的生命。

在烽火连天的革命战争岁月,革命斗争的胜利是靠革命前辈们的英勇斗争实现的。到了和平年代,中国建设、改革成绩的取得也是靠中国共产党人继续发扬勇于斗争、不怕牺牲的革命英雄主义的斗争精神取得的。新中国成立初期,许多工业因为缺少石油而不得不停产、停摆、停业,石油工人王进喜在身体受伤的情况下,本应住院的他拄着拐杖缠着绷带回到井队继续工

---

① 《毛泽东选集》(第二卷),人民出版社,1991 年,第 544 页。

作。在突然发生井喷没有搅拌机的情况下，王进喜不顾自己的伤病，扔掉双拐，义无反顾地纵身跳进泥浆池，终于，井喷被"制服"了，在这一生动实践中铸就了大庆精神（铁人精神）。在1998年特大洪水的抢险救灾中，广大官兵不怕困难，顽强拼搏，用身体挡住滔滔洪水，取得了抗洪抢险斗争的伟大胜利，把伟大抗洪精神深深地嵌在了中国共产党人精神谱系之中。在新征程上，中国共产党人必须以高度的历史主动精神继续英勇斗争，激励新时代的共产党人为了实现目标而顽强奋斗，从而不断推动中国特色社会主义事业从一个胜利走向另一个胜利，续写中国共产党人精神谱系的新篇章。

六、艰苦奋斗担使命的优良传统

奋斗是中国共产党人精神谱系最鲜亮的底色。中国共产党诞生于内忧外患、风雨飘摇的危难之际，奋斗是党从一出生就携带的"遗传基因"，是共产党人与生俱来的政治品质。这既是由马克思主义政党的本质属性决定的，也是由艰苦卓绝的客观环境决定的。从马克思主义诞生之日起，无产阶级政党就以解放全人类为己任、把实现共产主义作为奋斗目标，为实现这一目标，中国共产党必须为之付出不懈努力、进行长期的艰苦奋斗，即"为实现共产主义奋斗终身"①。这就要求每个共产党员必须具备奋斗精神，必须继承和发扬党的优良传统。自力更生、艰苦奋斗是中国共产党成立之初就具备的优良传统，从未丢失，深深地镌刻在中国共产党人的精神血脉之中，并随着实践的向前发展一直赓续传承。

中国共产党成立伊始，就在山河破碎、战乱频仍中领导人民艰苦奋斗。井冈山时期，面对国民党的军事"围剿"和经济封锁，红军领导干部以身作则，

---

① 《中国共产党章程》，人民出版社，2017年，第12页。

朱德的扁担，毛泽东的"一根灯芯""野菜很苦，但很有政治营养""敌军围困万千重，我自岿然不动"……领导人不怕困难、艰苦奋斗的事迹在根据地广为流传。正是共产党人靠着艰苦奋斗的精神，才使根据地一天天扩大。延安时期，陕甘宁根据地面临着严重自然灾害、经济每况愈下的困难，在"一切为了前线，一切为了抗战"的号召下，从领导人到普通大众牢固树立了吃苦光荣、牺牲光荣的意识，生产自救运动取得了成效。

新中国成立以后，面对林县人民"水缺贵如油，十年九不收"的艰难处境，林县人民决心用"汗水融化太行雪"，硬是用"双手劈开千重山"，凿出了"绝壁悬河"红旗渠。面对百年特大洪水的"大考"，中国共产党领导百万军民在江堤上舍生忘死，用血肉之躯与洪水战斗形成了抗洪精神。面对2008年发生的汶川特大地震，我们没有退缩，全党全军和全国人民迎难而上、团结一致、不屈不挠，凝聚形成了伟大的抗震救灾精神等。百年来，正是在以自力更生、艰苦奋斗为底色的精神的作用下，中国共产党人才能跨越千难万险、踏平坎坷。自古成由勤俭败由奢，在实现民族复兴的新征程上，仍有许多"娄山关""腊子口"需要我们去突破，仍有许多"泥泞""沼泽"需要我们去跨越，新时代，自力更生、艰苦奋斗的精神仍然不过时，只有继续万众一心、攻坚克难，才能共同战胜实现中华民族伟大复兴道路上的一切艰难险阻，续写中国共产党人精神谱系的华丽篇章。

第九章 || 中国共产党人精神谱系的 历史地位和时代价值

中国共产党人精神谱系历经革命战争年代的淬炼，萌生于中国社会形态更替的变革之中，融合于中国化的马克思主义理论成果更新的历史脉络中。具体精神坐标是历史瞬间的停格、凝结和沉淀，并随着新时代的实践不断发展，中国共产党人精神谱系已经淬炼成为中华民族的精神高地，成为新时代新征程激励中国共产党人奋力，实现第二个百年目标的强大精神动力。

一、中国共产党人精神谱系的历史地位

中国共产党人精神谱系是相应时期时代主题及时代特征的具体展开，是中国共产党苦难辉煌的历史见证，具有重要的历史地位。

（一）实现中华民族伟大复兴的精神支撑

中国共产党人精神谱系在风雨百年发挥了强大的能动作用。中国共产党之所以能从"创业"之初的小小红船，成长为如今引航中华民族伟大复兴的"巍巍巨轮"，显而易见，是因为中国共产党拥有独特的精神优势，这就是中国共产党人精神谱系的精神感召力。众所周知，鸦片战争以来，由于西方列强的入侵和统治阶级的腐朽无能，山河破碎，国家蒙辱，战火硝烟，人民蒙难，劫难深重，文明蒙尘。中国共产党一经成立，就带领全体中华儿女浴血奋

战、上下求索,在苦难辉煌中锻造了一个又一个伟大精神,在这伟大实践中构筑起了以伟大建党精神为源头的精神谱系,成为激发斗志、凝聚力量的强大精神动力。

第一,中国共产党人精神谱系是新民主主义革命时期浴血奋战的精神支撑。在 28 年新民主主义革命的伟大实践中,从中国共产党鸿蒙初辟,到领导人民推翻"三座大山",领导人民历经磨难而不退缩,屡经考验而不改初心,靠的是中国共产党的坚强领导,靠的是广大人民群众的衷心拥护和坚定支持,靠的是中国共产党人精神谱系激发的改天换地的精神动力。

在新民主主义革命时期,在以"战争与革命"为时代主题的时代背景下,党的无数先辈为了拯救民族危亡,实现人民解放,以革命为主旋律的时代精神成为时代最强音,谱写了一曲曲气吞山河的英雄赞歌。1921 年 7 月,伟大建党精神孕育于中国共产党诞生的襁褓之中。中国共产党的成立,是马克思主义与中国革命实际相结合的产物,是中华民族精神与革命精神在特定时空节点的集结升华,在中国共产党的坚强领导下,在马克思主义真理的强大感召下,无数追求进步的热血青年义无反顾地参加革命事业,投入到轰轰烈烈的大革命的洪流之中。

大革命失败后,面对国民党白色恐怖的威胁和敌人的枪口、屠刀和绞刑架,共产党人没有屈服,他们擦干身上的血迹,掩埋好同伴的尸体,在探索革命道路的过程中形成了井冈山精神,在开展土地革命和政权建设的探索中形成了苏区精神,在血战湘江、四渡赤水、爬雪山、过草地的战略转移中形成了长征精神,在革命力量日益壮大、党逐渐走向成熟之际形成了延安精神,在革命即将胜利、勾画新中国建设蓝图的过程中形成了西柏坡精神等伟大革命精神,构筑了新民主主义革命时期的精神谱系。

这一时期的精神蕴含着"星星之火可以燎原"的必胜信念,凝结着"我以我血荐轩辕"的报国之志,淬炼着"砍头不要紧"的崇高信仰,镌刻着"死的光荣"的革命英雄主义精神。其中,井冈山精神为中国革命散播了燎原火种,长征精神是中国共产党人精神谱系的灵魂和血脉,在长征精神的激励下,中国共产党创造了人类战争史上的奇迹,延安精神将革命精神推向了高潮,西柏坡精神阐释了中国共产党人精神谱系的精髓和真谛。总之,新民主主义革命时期是中国共产党人精神谱系的萌芽和生长期,与近代以来反对"三座大山"的主线紧密关联,以高昂的爱国主义为主调,高扬民族精神的大旗,构筑起了唤醒民族的觉醒、战胜强敌的信心。

第二,中国共产党人精神谱系是社会主义革命和建设时期战天斗地的精神动力。在新中国成立初期,面对一个生产萎缩、民生凋敝、贫穷落后、千疮百孔的"烂摊子",面对西方国家企图孤立、封锁新生政权的图谋,党内的同志们能否继续保持谦虚谨慎、不骄不躁的作风,能否继续保持艰苦奋斗的作风,新生的人民政权面临着前所未有的困难和挑战。在社会主义革命和建设时期,党号召人民继续大力发扬革命年代敢于与天斗、与地斗,不怕牺牲的艰苦奋斗精神,谱写了以巩固新生政权、自力更生为主旋律的英雄史诗。

面对美国对新中国政权的严重威胁,英勇的中国人民志愿军为了祖国的尊严和人民的利益,为了人类和平与正义事业,英勇顽强,舍生忘死,锻造出了抗美援朝精神。在助人为乐、无私奉献的良好风尚中铸就的雷锋精神,在与自然灾害顽强斗争、切实为群众排忧解难的过程中形成了无私奉献的焦裕禄精神。在一穷二白的情况下,中国共产党领导人民在建设国家工业体系的过程中形成了大庆精神,在隐姓埋名、自力更生的潜心科研中形成了"两弹一星"精神,在进行基础设施建设的过程中形成了红旗渠精神等,构筑起了社会主义革命和建设时期的精神谱系。

在以"建设"为主旋律的时代背景下,这一时期的精神谱系奠定了"昂扬向上、自力更生"的总基调,实现了精神谱系的充实发展。为捍卫新生政权,改变物资紧张、建设经费短缺,改善生产力落后等状况,党领导人民在国防、国家工业体系、科技攻关、基础设施建设等领域形成了以大干快干、勇于克服困难、自力更生为核心要素的精神,为保持既定道路的坚定信念、为国家经济科技的独立、为国家政权的稳固发挥了重要激励作用。

第三,中国共产党人精神谱系是新时期改革创新的精神支撑。伟大的事业呼唤伟大的精神。改革开放作为一项前无古人的伟大事业,如何克服前进道路上的困难和风险挑战,迫切需要符合时代特征的伟大精神的激励和鼓舞。面对频发的自然灾害和新时期的风险和挑战,在没有现成经验和方案借鉴的情况下,党带领人民取得了翻天覆地的历史成就,为中国共产党人精神谱系充实了勇攀高峰的精神要素。

党的十一届三中全会以来,开启了波澜壮阔的改革开放和社会主义现代化进程,铸就了一系列具有新时期特征的精神形态。这一时期,在敢为人先、敢闯敢试、埋头苦干的实践中形成了特区精神,在与特大洪水的殊死搏斗中形成了抗洪精神,在面对非传统安全的威胁——传染性疾病的殊死较量中,形成了抗击"非典"精神,从一片空白到跻身世界先进行列、在科技领域的攻坚克难中,形成了载人航天精神,在竞技体育的运动赛场上中国女排姑娘们展现出了团结一致、为国争光的女排精神。

这一时期,在"改革"作为主旋律的时代背景下,党领导人民杀出了一条血路,集中体现了党带领人民勇于开拓新路、攻坚克难的精神和魄力,体现了党领导人民在改革开放的伟大实践中勇于探索,无坚不摧、敢于胜利的精神品格,实现了中国共产党人精神谱系的赓续发展。

第四,中国共产党人精神谱系是中国特色社会主义新时代踔厉奋发的精神引领。党的十八大以来,在百年变局和实现民族复兴的历史方位之中,以习近平同志为主要代表的中国共产党人带领全国各族人民撸起袖子加油干,取得了历史性成就,发生了历史性变革,中国共产党人精神谱系进一步充实了"奋斗""实干"等精神要素。

中国特色社会主义新时代，在抗击新冠肺炎疫情的伟大斗争中形成的抗疫精神，在脱贫攻坚的伟大斗争中锻造形成的脱贫攻坚精神，在以国家民族发展为己任、将个人理想融入高水平科技的火热实践中形成的科学家精神等，使党的精神谱系在新时代源源不断地散发出新的生机和活力，为在新征程上勇涉险滩、啃硬骨头，谱写实现中华民族伟大复兴的新篇章注入了强大的精神动力。

中国共产党领导人民在革命、建设、改革的伟大实践中形成的崇高革命精神是实现中华民族从站起来、富起来到强起来的伟大精神旗帜，在新时代新征程中同样是迎来中华民族伟大复兴光明前景的精神旗帜和动力。

（二）共产党人初心使命的集中彰显

中国共产党践行初心和使命的实践历程就是党的精神谱系孕育、萌生、锻造、发展的过程，中国共产党人精神谱系是对中国共产党人初心使命的回应和关切，集中彰显了红色政权的来之不易、新中国走向富强的来之不易、中国特色社会主义的来之不易。

第一，中国共产党人精神谱系回答了红色政权的来之不易。为什么要革命？初心使命是中国共产党一切奋斗的根本出发点。1840年以后，国家、民族和人民遇到了前所未有的劫难。为了让人民过上幸福的生活，为了使中华民族不再受列强的奴役，中国共产党紧紧围绕救国的主题，牢记初心和使命，前赴后继、浴血奋战，进行开天辟地的宏伟实践，付出了巨大的牺牲。在革命实践和坚定信仰的感召下，越来越多的知识分子、人民群众，甚至是国民党高官子弟纷纷以实际行动投身革命，立志救国救民。在惨烈的革命斗争中，共产党人始终以大无畏的英雄气概，与人民患难与共，与日军浴血奋战，在贫瘠的陕北、东北的冰天雪地中顽强进行革命斗争，在这过程中涌现了无数英雄人物，谱写了一曲曲精神赞歌。这一时期党的精神谱系深刻回答了中国共产党是如何坚持初心使命、如何紧紧依靠人民、如何在艰难困苦中争取民族独立和人民解放的。

第二，中国共产党人精神谱系回答了新中国走向富强的来之不易。在新中国成立初期，外有西方国家的虎视眈眈和美苏两大阵营的尖锐对立，内有千疮百孔，百废待兴。如何"兴国"？如何改善人民的生活？党带领人民进行了异常艰辛的探索。在自力更生、发愤图强的干事创业中，共产党人始终坚定初心，不忘使命，在荒原沙地，在陡峭的悬崖绝壁，在荒凉的戈壁滩，在改天换地的实践中用血与汗创造了一个又一个奇迹。这一时期党的精神谱系深刻回答了新中国政权是如何在同美帝国主义的较量中得到巩固，回答了共产党人是如何带领人民在同自然灾害的斗争中英勇斗争，回答了中国是如何在改革开放 40 多年的实践中成功应对各种风险挑战，成功开创中国特色社会主义道路。

第三，中国共产党人精神谱系回答了"为了谁，依靠谁，我是谁"。人民是中国共产党初心和使命的根本出发点。中国共产党人干革命、搞建设，目的就是为了让人民翻身，实现人民当家作主，就是为了让人民过上幸福美好的生活。所以，在革命时期，我们征服一座座"雪山"，跋涉一片片"草地"，跨越一个个"娄山关""腊子口"，英勇而伟大的中国人民永远是中国共产党的力量之源和胜利之本。习近平指出："江山就是人民、人民就是江山。"①人民的地位至高无上，人民是"天地君亲师"，人民是共产党员的"衣食父母"，共产党人只有甘作人民的"公仆"，人民的"勤务员"，才能不断从人民群众中汲取伟力，不断开创中国特色社会主义的伟大胜利。

（三）伟大民族精神的传承升华

伟大民族精神是中国共产党人精神谱系形成的精神支柱。一个民族只

---

① 习近平：《在庆祝中国共产党成立 100 周年大会上的讲话》，人民出版社，2021 年，第 11 页。

有在精神上达到一定高度,才能在历史的长河中生存、维系,才能凝聚人们心往一处想、劲往一处使的力量,才能在历史的洪流中朝着同一个目标前进。伟大民族精神产生于中华民族五千多年的悠久历史。几千年沧桑巨变,唯有中华文明代代流传、饱经磨难而延绵不绝,无比珍贵而又薪火相传。中华民族在几千年的历史长河中,在同自然灾害的斗争中、在兴修水利、开天辟地的斗争中、在反抗外来侵略、保家卫国的抗争中,铸就了中华民族勇往直前、激流勇进、生生不息的民族精神。中国共产党在带领人民进行伟大革命和伟大斗争中充分彰显了中华民族伟大创造精神、伟大奋斗精神、伟大团结精神、伟大梦想精神。

中国共产党人精神谱系蕴含着伟大创造精神。中华民族历来注重革故鼎新、推陈出新。《礼记》强调:"苟日新,日日新,又日新",哲人先圣对创新创造精神的推崇,深刻地影响着中国人民的精神世界,中华民族之所以能跨越五千多年的历史长河一直延续至今,与中华民族的伟大创造精神紧密相关,这种富于创造的思维特质和文化禀赋为中国共产党人所继承,并在革命、建设、改革的实践中得到了继承和升华。井冈山时期,以毛泽东为主要代表的中国共产党人毅然打开一片新天地,用信仰的火炬照亮了中国革命的漫漫长夜。以邓小平为主要代表的中国共产党人,敢闯敢试、敢为人先,以巨大的勇气和魄力启动改革开放,使我国从面临被"开除球籍"的危险到发展成为全球第二大经济实体。没有中国共产党人对伟大创造精神的发扬,中国是不可能改变自己,影响世界的。

中国共产党人精神谱系蕴含着伟大奋斗精神。中华民族是一个崇尚奋斗的民族,奋斗是中华文明兴盛的源泉,是中华民族发展的动力。世上没有坐享其成的好事,天上不会掉馅饼,这是中国人民自古就明白的道理。中华民族自强不息、坚韧不拔的奋斗精神在党的精神谱系中得到了传承,在实现民族复兴的实践中不断发扬。"为共产主义奋斗终身"作为入党誓词,激励着每一位共产党员为实现共产主义不懈奋斗。在井冈山上，面对物资封锁，中国共产党人带领人民自己种菜挑粮，克服重重困难，不断巩固了革命根据地。在长征时期，英勇的中国共产党人面对巍然耸立的雪山，一望无际的草地，面对一条条波涛汹涌的大江大河，在敌军围困万千重中杀出一条血路，转战两万五千里，谱写了中国共产党人艰苦奋斗的壮丽乐章。中国共产党人正是凭借着这种奋斗精神，在救国、兴国、富国的进程中表现出了宏大的战斗力，在新征程上奋力实现"强国"的历程中，同样迫切要求中国共产党继续带领人民弘扬伟大奋斗精神，为实现第二个百年奋斗目标不断攻坚克难。

中国共产党人精神谱系蕴含着伟大团结精神。在几千年的历史发展中，各族人民团结一心、同舟共济，形成了不可分割的统一体。在民族危亡之际，各族人民万众一心、同仇敌忾，抵御外辱。在无数次洪灾水灾、重大疫情面前，中华儿女同舟共济、守望相助，坚持"一方有难，八方支援"，充分展示了伟大团结精神。党的历史就是在弘扬伟大团结精神中不断发展壮大的历史。在中央红军被迫作出战略转移决定时，红军的各路部队以大局为重，陈毅、瞿秋白、项英、陈潭秋、毛泽覃等党和红军的高级将领毫无怨言地留在苏区坚持斗争。党的领导人的高风亮节充分体现了"严守纪律，紧密团结"的长征精神，以上都体现着中国共产党人精神谱系之中蕴含着的伟大团结精神。

中国共产党人精神谱系蕴含着伟大梦想精神。中华民族是富有伟大梦想的民族。在几千年的历史长河中，围绕着实现伟大梦想，流传着诸如盘古开天、夸父逐日等神话传说。中华民族对梦想的追求不仅仅体现在对自然的征服和改造中，更体现在对社会制度的追求和对美好生活的向往之中。在革命时期，这种梦想体现为实现民族独立和人民解放。为了实现这一梦想，中国共产党一经成立，就致力于领导人民进行新民主主义革命，经历无数艰难险阻终于建立了人民当家作主的新中国，建立了制度基础。新中国成立以后，这种梦想体现为对新生政权的捍卫，为国家富强、民族振兴、人民幸福的追寻。为了实现这一梦想,中国共产党带领人民与天斗、与地斗,在改天换地的伟大实践中,自力更生,发愤图强,孕育了伟大精神,奏响了这一时期最华美的乐章。新时代,在上下一心消除贫困的实践中铸就的脱贫攻坚精神,从中华民族传统的"大同"理想到实现共产主义的远大追求,从中华民族舍生取义的大义凛然到中国共产党人舍生忘死的英雄气概,从中华民族历代仁人志士道义为先到共产党人在民族危机深重的时刻彰显的民族大义,显而易见,在对伟大民族精神丰富发展的基础上,中国共产党人精神谱系实现了砥砺升华。

二、中国共产党人精神谱系的时代价值

(一)兴党:推进党的建设新的伟大工程的精神动力

中国共产党人精神谱系蕴含着坚定的信仰、崇高的信念、良好的精神风貌和矢志不移的初心使命,是党的建设的强大精神动力,是党的宝贵精神财富。在实现党的第二个百年奋斗目标的新征程上,要战胜新的重大风险,开展新的伟大斗争,必须更加注重发挥党的精神谱系引领党的建设的重要作用,使中国共产党始终走在时代前列,不断引领中华民族的伟大复兴。

第一,中国共产党人精神谱系是筑牢中国共产党人理想信念的红色基因。中国共产党是具有崇高理想的、全心全意为人民服务的马克思主义政党。自成立之日起,中国共产党就以实现共产主义为理想,这也就是为什么我们叫中国共产党。在一百多年来沧桑岁月中,中国共产党经受住了一次次磨难,总能够化险为夷、绝境逢生,即使历经激流险滩、遭遇惊涛骇浪、历尽千难万险仍然初心不改,本色依旧,就是因为始终坚持远大的理想追求。党的精神谱系恰恰体现了党的初心和使命,无论社会历史如何沧海桑田,精神谱系之中蕴含着的崇高的理想、坚定的信念、高度爱国主义和牺牲奉献精神是中国

共产党人的红色基因和精神血脉。

传承中国共产党人精神谱系，就是要让我们传承中国共产党精神血脉的红色基因，不论走多远，都不忘初心，都不要让红色基因"变异"。中国共产党人精神谱系就蕴含着远大理想和崇高信念的红色基因，革命前辈们在血雨腥风中开天辟地，红船建党，面对国民党的血腥屠杀，革命前辈们坚持"砍头不要紧，只要主义真！"面对新中国成立初期国际社会的封锁，美军的军事挑衅，中国人民志愿军舍生忘死、浴血奋战，以血肉之躯打破了美军不可战胜的神话，孕育铸就了抗美援朝精神。历史是最好的教科书和营养剂。一百多年来，党带领人民取得了巨大成就，向人民递交了一份优异的答卷。

然而一个政党的衰落，往往始于理想信念的丧失，全党及"每一位党员在理想信念上是否坚定不移"①是中国共产党是否坚强有力的重要标志。越是"功成名就"，越要居安思危、未雨绸缪，我们必须深刻地认识到，当前时代背景、社会环境等方面都与革命建设年代的社会背景发生了极大的改变，中国共产党面临的"四大考验"和"四种危险"仍将长期存在，②走好我们这一代人新的长征路，任务繁重艰巨，挑战前所未有，在新时代新征程中，中国共产党人必须传承和发扬精神谱系，通过学习革命先辈坚定的信仰和高尚的人格风范，弘扬党的优良传统，筑牢理想信念的根基，始终把坚定的理想信念作为崇高追求，始终保持建党时的奋斗精神，永远保持对人民的赤子之心，传承好党的精神血脉的红色基因。

第二，中国共产党人精神谱系是永葆党的先进性纯洁性的精神引领。中国共产党是理想远大、组织严密、纪律严明、作风优良的无产阶级政党，中国共产党始终坚持人民立场，这些得天独厚的优势决定了中国共产党的先进

---

① 习近平：《在庆祝中国共产党成立 95 周年大会上的讲话》，人民出版社，2016 年，第 10~11 页。
② 《高举中国特色社会主义伟大旗帜　为全面建设社会主义现代化国家而团结奋斗——在中国共产党第二十次全国代表大会上的报告》，人民出版社，2022 年，第 64 页。

性和纯洁性，也是一百多年来中国共产党始终能带领人民战胜一个又一个难关、取得一个又一个胜利的重要原因。中国共产党的先进性和纯洁性是由马克思主义政党的内在属性决定的，党的先进性是党的纯洁性的方向引领，党的纯洁性是党的先进性的重要支撑。然而过去先进不意味着现在和将来会一直先进，先进性和纯洁性不会持久"保鲜"，随着党龄的增长和职务的提升可能会出现"腐化"甚至"变质"的危险。如何始终保持党的先进性和纯洁性是任何时期中国共产党都必须认真思考的问题。在新的历史条件下，一些党员干部开始被社会上的一些错误思想"同化"，开始出现"躺平"、懒政等问题，开始有了承平日久、精神懈怠的心态，有的庸政懒政混日子，有的患得患失图名利，遇到困难绕道走，碰上难题往上交，凡此种种，都是影响中国共产党先进性、纯洁性的因素。面对社会上各种价值观的碰撞，需要党员干部作出抉择。可以说，党员干部身上"革命加拼命的强大精神"①存，则党的先进性和纯洁性存，这种精神失，则会威胁到党的先进性和纯洁性。因此，新时代传承和弘扬中国共产党人精神谱系，就是要通过发挥先进模范示范引领作用，通过思想政治教育的方法、通过纵贯不同历史时期的中国共产党人精神谱系激励远大理想，激扬奋斗精神，激荡开拓创新的勇气，从而使全体共产党员能够传承中国共产党人精神谱系的精神实质，始终保持昂扬向上的精神状态，从而使党的先进性纯洁性永不丧失。

第三，中国共产党人精神谱系是塑造中国共产党良好形象的精神特质。良好的形象是党的凝聚力、组织力、战斗力的重要组成部分，是党极为宝贵的政治资源。一百多年来，中国共产党始终以民族复兴为己任，树立了实现民族复兴的"主心骨"的坚强领导形象，这一良好形象的塑造离不开中国共产党人精神谱系的塑造和引领。以伟大建党精神为源头，广大人民群众对中

---

① 习近平:《在党史学习教育动员大会上的讲话》,人民出版社,2021年,第19页。

国共产党的性质、宗旨、初心、使命形成了最初的印象，"真理""理想""初心""使命""忠诚""人民"等内涵，为中国共产党打下了先进性的烙印，①一百多年来，中国共产党人在一次又一次的艰险、磨难中付出了巨大的牺牲，在实践中形成了众多先进人物、英雄模范的高风亮节和感人事迹，有效塑造了中国共产党人的实践行为。一百多年来，中国共产党的形象建设也经历了一个由自发到自觉建构的过程，中国共产党人精神谱系是对中国共产党精神面貌的高度还原。中国共产党从最初只有 50 多名党员的"小党"发展壮大为世界第一大政党，充分显现了中国共产党百年恰似风华正茂的生命力，中国共产党也是通过不断优化自身形象，确保我们党始终不变质、不变色、不变味。中国共产党人精神谱系通过强化广大人民群众对一百多年来党的奋斗实践的情感认同、价值认同和政治认同，提高了人民群众的心理归属感和政治认同度，有效凝聚整合社会主义意识形态，有效增进了广大人民群众对党的良好形象的认同。

（二）强军：培养新一代革命军人的精神引领

强军兴军，要确保官兵听党话、跟党走，就要运用好党史军史教育广大官兵。党史军史承载着我们党和人民军队走过的历程，也积淀浓缩为党的精神谱系。中国共产党人精神谱系对于培养"四有"军人具有重要的精神引领作用。

第一，培养"有灵魂"新一代革命军人。"有灵魂"，就是有坚定的信仰，听党指挥，就是高度认同中国共产党的理想，始终坚定对中国共产党的信仰，坚决恪守党的要求。中国共产党人精神谱系突出表现为人民军队的坚定性、忠诚性，体现在军人对国家绝对的、无条件的、彻底的、朴素的忠诚。新一代

---

① 齐卫平：《伟大建党精神研究的四个视角》，《理论与改革》，2021 年第 6 期。

的革命军人有灵魂,就要求有着更高层次的纯洁性、坚定性、忠诚性,就要求在大是大非面前保持定力,在大风大浪面前坚定对实现强国梦、强军梦的坚实信心,始终同党中央保持高度一致。

第二,培养"有本事"新一代革命军人。"有本事",是针对军人的能力和素质讲的,根本上讲,就是能打胜仗。始终牢记作为一名军人的根本职责,练就过硬的作战能力、掌握必备的现代军事和科技知识,练就履行任务和使命,成为能打胜仗的"刀尖子"[1]。为了适应各种条件下的作战策略和斗争方式,无数军人不断调整斗争策略和方法,为战争胜利赢得了必要的基础。培养新时代"有本事"的革命军人,既要求掌握必备的现代军事科技理论知识,与时俱进,积极适应新时代新形势下作战的基本情况,也要在思想上坚持党的精神谱系的精神引领。

第三,培养"有血性"新一代革命军人。所谓"有血性",就是英勇顽强,不怕牺牲,就要始终怀有为国为民、不辱使命的责任担当,始终保持坚韧不拔、英勇拼搏的顽强毅力,始终锤炼舍生忘死、视死如归的精神品格。中国共产党人精神谱系内含着的英勇斗争、不怕牺牲的精神实质是人民军队克敌制胜的精神密码,是攻坚克难的精神动力,更是彰显军队意志的鲜明标识。新一代革命军人"有血性",就是充分彰显蕴含在中国共产党人精神谱系之中血性胆魂,在血与火、苦与累的淬炼中,激荡敢打敢胜的底气、所向披靡的锐气、赴汤蹈火的胆气和宁死不屈的骨气。

第四,培养"有品德"新一代革命军人。所谓"有品德",就是指要端正自己的品行,克己自律,始终保持崇高追求,自觉树立高雅的情趣,自觉摆脱低级趣味,提升思想境界,自觉做一个高尚的、有益于人民的人。当兵为官当以

---

[1] 本报编辑部:《着力培养有灵魂有本事有血性有品德的新一代革命军人》,《解放军报》,2015年3月2日。

有品德为准则,这既是作为一名革命军人履行职责的基础,也是保持本色的保证。中国共产党人精神谱系框定着每一位革命军人为民当兵的底线和准则,是坚定理想信念、树立崇高理想追求、培养健康旨趣、树立良好革命军人形象的重要保证。培养有品德的新一代军人,就要从中国共产党人精神谱系中汲取道德营养,以更高标准、更硬的底线、更严格的自律,从政治高度标定新一代革命军人的道德标尺,以驰而不息的精神发现自身问题,抓好整改,净化道德情操、升华思想境界,修炼"金刚不坏之身"。

(三)铸魂:践行社会主义核心价值观的精神依托

党的二十大报告指出:"弘扬以伟大建党精神为源头的中国共产党人精神谱系……深入开展社会主义核心价值观宣传教育。"[①]中国共产党人精神谱系是一百多年来实践经验的凝结,富有多样化的内容,以红色故事、红色影视、革命诗词等为表现形式的精神谱系形态具有强大的感染力、感召力和亲和力,是践行社会主义核心价值观的精神依托。

第一,中国共产党人精神谱系标定社会主义核心价值观的前进方向。中国特色社会主义是共产党人精神谱系框定的唯一前进方向。社会主义核心价值观作为社会主义的主流意识形态之魂,在国家层面,回答着我们追求的富强,是国强民富,这里的民富,是全体人民的共同富裕;我们追求的民主是全体人民当家作主;由全体人民共同创造的文明,以及人与人、人与社会、人与自然的和谐共处。在社会层面,回答的是实质性的多数人的自由,坚持法律面前人人平等的机制目标。在个人层面,我们追求的是以集体主义为导向、以国家利益为重的爱国主义,以促进人的自由而全面发展为目标的敬业

---

① 《高举中国特色社会主义伟大旗帜 为全面建设社会主义现代化国家而团结奋斗——在中国共产党第二十次全国代表大会上的报告》,人民出版社,2022年,第44页。

的职业价值观,同时,在个人的内在道德和外在制度约束上坚持诚信,社会主义社会的公民之间展现良好的人际关系。因此大力弘扬社会主义核心价值观,必须传承精神谱系作为无产阶级政治思想的"制高点",始终坚持中国特色社会主义前进方向。从历史中知兴衰,面对未来更加坚定道路自信,以共产党人精神谱系作为"定位仪",同时主动摒弃落后腐朽文化,守住自己的"根"和"魂",始终以中国共产党人精神谱系作为"刻度尺"。

第二,中国共产党人精神谱系绘制社会主义核心价值观的历史底色。这一历史底色毫无疑问是革命先辈们抛头颅、洒热血绘就的红色。中国共产党人精神谱系是基于一百多年来革命、建设、改革的实践而生成的,其中蕴含着大量的历史信息,无论是革命战争年代留存下来的革命遗迹、领袖故居等存在物,还是在与天斗、与地斗的过程中留存下来的物质形态的大庆油田、红旗渠等工程,经济特区等,再或是大庆精神等具体精神形态,都真实地记录了一百多年来党带领人民浴血奋战、艰苦奋斗探寻民族独立、人民解放道路,坚持自力更生、发愤图强、解放思想、锐意进取,探索实现国家富强、民族振兴、人民幸福的伟大历史画卷。为人民开启了一扇由过去通往未来的大门,各个时期形成的精神坐标作为一种特殊的红色文化符号,经过主体的移情和投射,成为唤醒历史记忆的"意象符号",引发人民的共鸣。

此外,蕴藏于这些特殊的文化符号背后有着更深层次的表征意义。例如,红军忍饥挨饿留下的半截皮带体现的共产党人崇高的理想信念和艰苦奋斗的优良传统,女红军在长征途中留下的半条棉被体现的军民鱼水情,人民的好公仆焦裕禄留下的那张被戳了个大窟窿的椅子,等等。当人们身处这些红色文化的符号空间时,能够唤起历史记忆,与此同时,更能激发人们的爱国之情,体会革命先辈为了保家卫国而舍生取义的崇高精神,从而透过这些历史文化符号,培育良好的思想和情感基础。

第三,中国共产党人精神谱系是践行社会主义核心价值观的文化载体。

社会主义核心价值观是由高度抽象而凝练的三个层次的内容构成的理论体系,如何把这些抽象而凝练的内容日常化、具体化是一个十分重要的实践课题。中国共产党人精神谱系是党的百余年来精神历程的凝练,见证和记录着革命建设改革的实践,其中蕴含的"革命理想高于天的坚定信念""国家利益高于一切的爱国主义"等精神内核和价值理念是进行社会主义核心价值观教育的精神资源和有效载体。共产党人精神谱系的内容蕴含着各个历史时期的"人、物、事",诸如张思德、雷锋、焦裕禄等坚持全心全意为人民服务的英勇楷模,研制"两弹一星"的科学家们,参与抗洪抢险的解放军战士、中国女排姑娘们等英雄人物和先进集体在为人民服务、保家卫国、科研攻关等实践中表现出来的甘于奉献、艰苦奋斗、不怕牺牲的崇高精神,是进行社会主义核心价值观教育最鲜活的素材。

在革命、建设、改革的实践中,存留下来的各地革命烈士纪念馆、纪念碑、名人故居等遗址遗迹是红色基因的"孕育地",是中国共产党人精神谱系的"储存库"。当身处其中时,可以亲身体会革命战争年代艰苦卓绝的历史,从而更加珍惜革命的胜利成果,珍惜如今和平年代的美好生活。对于在一百多年的历史进程中发生的具有重大影响的事件,通过设置相应的纪念仪式和活动,设置国家公祭日等形式,能够唤起民众的历史记忆,激发历史情感,凝聚共识,增强对党、对国家、对中国特色社会主义道路的认同,从而为社会主义核心价值观的入耳入心入脑提供了可感、可知、可触摸的文化载体。

(四)育人:培育时代新人的宝贵资源

党领导人民在一百多年的奋斗实践中孕育铸就了彰显党的性质宗旨和价值理念,体现民族精神和时代精神、根植于马克思主义理论根基、彰显人民智慧的中国共产党人精神谱系之中也蕴含着培育时代新人的伟大精神力量。

第一,中国共产党人精神谱系有助于坚定时代新人的理想信念。心有所信,方能行远。理想崇高,信念坚定,才能提升人的精神境界,才能引领人生方向,激发前进的精神动力。因此,牢固树立坚定的理想信念是培育时代新人的首要特征。党的精神谱系之中蕴含着"革命理想高于天"的精神内核,在一百多年历程中的每一位革命先烈、每一件历史事件、每一个革命文物、每一种精神坐标,都蕴含着党带领人民走过的光辉历程,凝结着党带领人民取得的光辉成就,汇聚着一代又一代的共产党人的红色精神血脉。因此,要充分挖掘好中国共产党人精神谱系中的精神资源,利用精神资源中灵活生动、可见可感的历史元素,切合青少年身心发展特点和情感需求,引导青少年树立远大理想,筑牢坚定信念,激发奋进潜力,成就青春梦想。

第二,中国共产党人精神谱系有助于厚植时代新人的爱国情怀。爱国是一个人立德之源、立身之本,爱国是时代新人在新时代拼搏奋斗的青春底色。在中华民族的精神血脉中,爱国主义是挥之不去、磨灭不了的红色基因、精神记号,是中华民族始终团结奋进的强大精神力量。中国共产党人作为中华民族精神的坚定继承者和忠实信仰者,将爱国主义融入一百多年来革命、建设、改革的实践中,升华、发展了爱国主义精神,铸就了一个又一个精神丰碑。广大青少年是党的第一个百年奋斗目标实现的见证者,是实现党的第二个百年奋斗目标、全面建成社会主义现代化强国的主力军,厚植时代新人的爱国情怀,培养青少年自觉抵制不良思想侵蚀的意识,引领广大青少年积极投身改革发展的火热实践,以实际行动守护好、建设好革命先辈流血牺牲打下的红色江山。

第三,中国共产党人精神谱系有助于增强时代新人的品德修养。中国共产党人精神谱系是党带领人民创造的红色财富,是中华民族的瑰宝,一个又一个的精神坐标充分展现了革命前辈和英雄楷模的英勇奋斗足迹,通过精神谱系绘就了一帧又一帧乘风破浪、披荆斩棘的动人画面,通过精神样态向世人展示了革命战争年代的艰苦及当今和平年代幸福生活的来之不易。用中国共产党人精神谱系培育时代新人，是完善青少年人格、涵养顽强的意志、砥砺奋斗精神最直接、最有效的教育方式，教育引导青少年赓续精神谱系的红色血脉，就是从精神谱系之中的优秀人物和先进集体中汲取精神养料，学习"全心全意为人民服务"的雷锋精神，学习"迎难而上，无私奉献"的焦裕禄精神，学习"胸怀全局，为国分忧"的大庆精神，学习"祖国至上、团结协作、顽强拼搏、永不言败"的女排精神，通过对这些英雄人物和先进集体的伟大精神的学习，培养高度的情感认同。

第四，中国共产党人精神谱系有助于提振时代新人的奋斗精神。奋斗精神之于时代新人，更侧重的是脚踏实地、勇担使命、敢于斗争、善于斗争的精神内涵。中国共产党人精神谱系是我们党百年奋斗史的生动再现，是在特定时空下形成的中华文化的独特精神标识。党在实现民族复兴的征程中淬炼了以马克思主义为指导的、以中华优秀传统文化为涵养的先进文化，一部共产党人的精神谱系，就是一部中国共产党带领中国人民的探索史、英雄史、奋斗史，渗透着共产党人崇高的奋斗精神，具有超越时空的吸引力和感召力。用中国共产党人精神谱系提振时代新人的奋斗精神，就是用"自力更生、艰苦奋斗"的延安精神，用党的领导人在延安时期"端上饭碗照影影，睡在炕上数星星，身穿羊皮垒布丁"的革命英雄故事，用焦裕禄即使身患肝癌，仍然顶着剧痛查风沙，访贫问苦，靠着一辆自行车、自己的两只脚丈量、规划、制定了治理"三害"的科学规划，他坚持全心全意为人民服务，自己的被子缝了42个补丁，褥子打了36个补丁，这样感人至深的艰苦奋斗故事可以教育时代新人、引领时代新人、激励时代新人。

第十章 ‖ 中国共产党人精神谱系的 传承与弘扬

一代又一代的中国共产党人顽强拼搏，用热血和生命铸就了中国共产党人精神谱系，鲜明标注了中国共产党人的精神坐标，深刻揭示了中国共产党人的精神特质，是党和国家的宝贵精神财富。中国共产党人精神谱系激励和鼓舞着人民克服了一个又一个的困难，赢得了一场又一场的胜利。新征程上，我们必须把握有利条件，从容面对挑战，培育和弘扬中国共产党人精神谱系。

一、中国共产党人精神谱系的传承与弘扬面临的形势

弘扬和传承精神谱系，铸就社会主义文化新辉煌，是民族复兴征程中最紧迫、最重大的任务之一。中国共产党人精神谱系传承和弘扬的成效如何，直接关系到全党和全国各族人民在新时代新征程上，以什么样的精神状态砥砺前进。

党的十八大以来，中国共产党人精神谱系在新时代中国特色社会主义的实践中不断展现出丰富的精神要素，并结合新时代的实践不断凝练出新的精神内涵，创造出有利于党的精神谱系传承与弘扬的契机的同时，中国共产党人精神谱系的传承和弘扬也面临着困难和挑战。

（一）中国共产党人精神谱系传承与弘扬面临的机遇

中国特色社会主义进入新时代，中国共产党人精神谱系的传承和弘扬面临着诸多机遇。

第一，研究基地的设置提供了开展中国共产党人精神谱系理论研究的重要平台。2013 年 7 月教育部和中央党史研究室合作共建"高等学校中国共产党革命精神与文化资源研究中心"，以研究宣传中国共产党革命精神与文化资源为主线，致力于构建教育部与中央党史研究室以及地方教育部门与党史研究部门的协同创新机制，建设党史和革命精神研究的高地、革命传统教育宣传的阵地和红色文化资源开发利用的智库。在复旦大学、嘉兴学院、湘潭大学、井冈山大学、赣南师范大学、遵义师范学院、延安大学、河北师范大学等八所高校设立了首批研究基地，发挥了进行革命传统教育、开展革命精神研究、红色资源开发利用的智库作用。

第二，党的领导人多次对精神内涵作出了新的凝练和阐释，不断精练了精神形态的内涵。例如，江泽民①、习近平等党和国家领导人就先后多次对井冈山精神的内涵进行提炼，为准确把握精神形态和时代价值发挥了重要作用。党的十八大以来，习近平多次走访革命老区、红色根据地，对苏区精神、抗战精神等一些尚未进入学术和大众视野的具体精神形态进行凝练和阐述。

第三，各研究基地不断拓展教育宣传的渠道，丰富了中国共产党人精神谱系传承与弘扬的方式和手段。

一是设置研究基地的高校通过开设革命精神必修或选修课的方式，引导教育大学生重温革命的光辉岁月，传承共产党人的精神谱系。

---

① 2001 年，江泽民同志对井冈山精神进行了凝练——"坚定信念、艰苦奋斗、实事求是、敢闯新路、依靠群众、勇于胜利"。参见《江泽民指出：深入基层为百姓办好实事好事》，《人民日报》，2001 年 6 月 4 日。

二是充分利用所在地的革命历史纪念地、纪念馆、旧址、博物馆等红色文化资源,充分开展思想政治教育。例如,嘉兴学院将新党员入党宣誓活动安排在南湖红船边上,使每一位加入中国共产党的大学生设身处地地感受到红船精神,传承红色基因和中国共产党人精神谱系。

三是学术界迅速掀起了研究精神谱系的热潮,深化了对党的精神谱系论题及相关领域的研究深度。"中国共产党人精神谱系""伟大建党精神"等崭新精神提出以后,各大高校、党校科研院以此为题的学术讲座、研讨会出现了一个井喷式的增长。如中共浙江省委党史和文献研究室、嘉兴学院在嘉兴联合举办的"中共创建与伟大建党精神"学术研讨会(2022),中共一大纪念馆和国防大学政治学院联合主办的"中国共产党人精神谱系与中华民族伟大复兴"——庆祝中国共产党成立 100 周年理论研讨会(2021)等研讨会可谓是雨后春笋,对加强中国共产党人精神谱系的深化研究起到了重要作用。

四是充分利用艺术形式诸如歌舞剧、话剧等形式,极大地增强宣传的艺术性和感染力。这方面的文艺作品有井冈山大学等高校组织师生自编自导自演的《井冈山》《西柏坡》等音乐舞蹈史诗,为把共产党人的伟大精神发扬光大起到了重要的宣传教育作用。

五是充分利用新媒体手段,运用微信公众号及时发布理论动态、展示最新科研成果,为促进中国共产党人精神谱系、红色文化的宣传教育起到了很好的效果。

第四,文化事业和文化产业的新发展为中国共产党人精神谱系的传承和弘扬提供了有利条件。21 世纪以来,尤其是在党的十八大以来,红色旅游、红色影视悄然兴起,取得了不菲的成绩。

一是公益性文化事业蓬勃发展,成为传承和弘扬中国共产党人精神谱系的重要载体。1994 年中共中央印发《爱国主义教育实施纲要》(以下简称《纲要》),明确要求红色文化场馆积极开展爱国主义教育。自此,我国开始掀起爱国主义教育的热潮。2008 年起,红色文化场馆开始免费开放,再次掀起博物馆、纪念馆的参观热潮,这类公益性文化场所成为开展理想信念教育、弘扬共产党人精神谱系的有效物质载体。

二是经营性文化产业快速崛起,红色旅游成为传承红色基因有效方式,近年来,依托革命旧址开展红色旅游的热度逐步上升,红色旅游成为我国旅游产业重要组成部分的同时,为设身处地感悟先辈的英雄事迹、传承伟大精神发挥了十分重要的作用。除红色旅游外,以《觉醒年代》《建国伟业》《建党伟业》《潜伏》等为代表的红色影视作品、《我爱你中国》《我和我的祖国》等为代表的弘扬正能量的红色歌曲、红色影视作品等形式以更加艺术的观感,使得这类作品具有更深刻的教育宣传意义。此外,中央广播电视总台推出的 3 集文献纪录片《我们,从延安走来》,成为迎接党的二十大、宣传中国共产党精神谱系的重要影视作品;央视"探索·发现"栏目推出了"中国共产党的精神谱系"电视宣传片、上海广播电视台推出的 20 集大型文献任务纪录片《理想照耀中国》、国家广播电视总局制作的 8 集电视纪录片《长征》等作品大大促进了中国共产党人精神谱系、红色文化等研究成果的利用,为传承红色基因、赓续中国共产党人精神谱系起到了重要的教育宣传作用。

(二)中国共产党人精神谱系传承与弘扬面临的挑战

党的十八大以来,中国共产党人精神谱系的传承与弘扬既面临着前所未有的时代机遇的同时,在传统与现代、主导与多元、发展与平衡等要素交织的多元文化背景下,中国共产党人精神谱系的传承和弘扬也面临着困难和挑战。

第一,世情、国情、党情的变化给中国共产党人精神谱系的传承与弘扬带来阻力。当今世界正在经历百年未有之大变局,当今的中国,已经完成了第一个百年奋斗目标,正处于实现第二个百年奋斗目标、实现中华民族伟大复兴的新征程上。从世情看,冷战结束后,"和平与发展"仍然是时代主题,然而"新冠肺炎疫情反复延宕,世界经济脆弱性更加突出,地缘政治局势紧张,全球治理严重缺失,粮食和能源等多重危机叠加"①,当今世界在各种矛盾的交织、对抗、转化和各种力量的比较、竞争、选择中发展。

从国情看,发展经济仍然是今后党和国家一切工作的主题。与此同时,社会利益格局深刻调整、结构性矛盾凸显、收入差距较大、生态环境瓶颈突出等一些深层次的结构和问题伴随着我国经济长期高速发展和社会转型的过程开始集中体现出来。

从党情来看,中国共产党从领导人民进行革命的党转变为在社会主义条件下长期执政的世界第一大党,随着我国综合国力的不断提高,国际地位的日渐凸显,我国经济总量已经跃升为世界第二大经济实体,但同时,我们面临的"四大考验""四种危险"没有变,部分干部由于信念不坚定,甚至走向了人民的对立面,给党和人民的事业带来了极大的损失。因此,基于世情、国情、党情的深刻影响,中国共产党人精神谱系中的初心使命、艰苦奋斗,同人民生死相依、患难与共等党的优良传统极易在价值观多元的社会条件下被侵蚀、消弭,这为中国共产党人精神谱系的传承和弘扬带来了极大的挑战。

第二,西方意识形态的渗透使我国面临着前所未有的意识形态威胁,这也给中国共产党人精神谱系的传承和弘扬带来冲击。冷战结束后,全球化进程不断加快,各国之间综合国力的竞争开始转变为软实力的竞争。尤其是一些西方国家不断创新方式手段,大肆对我国进行意识形态渗透。尤其是20世纪七八十年代以来,一些西方政治思潮诸如新自由主义、新保守主义、普世价值观等伴随着全球化的迅猛发展,西方国家宣称人类最文明、最进步的价值观只有西方的自由、民主、平等、博爱,而美国被视为这一"终极形态"的完美代表者,认为其他国家只需要学习美国,以美国的模式来发展。近些年

---

① 《习近平出席二十国集团领导人第十七次峰会并发表重要讲话》,《人民日报》,2022 年 11 月 16 日。

来,西方国家利用其强大的科技优势和媒体宣传,以电影、电视、网络媒体这样无形而隐蔽的文化交流方式,向中国鼓吹和美化西方模式,影响着人们的价值观,这严重影响了人们的文化自信和对社会主义文化的认同,这给中国共产党人精神谱系的传承与弘扬带来了极大的冲击。

第三,历史虚无主义给中国共产党人精神谱系的传承和弘扬带来危害。一是通过"重评历史"歪曲历史真相,否定中国共产党人精神谱系生成的历史基础。例如,否定新民主主义革命的伟大功绩和历史意义,片面强调革命斗争的流血牺牲,宣扬革命的弊端,认为革命对中国只有破坏而无建设之功。这就造成了人们的思想混乱,干扰了人们对中国共产党人精神谱系的政治认同和历史认同。二是以所谓的"真相"抹黑革命领袖,否定革命精神的意义和价值。例如,有的借毛泽东晚年的错误,否定毛泽东同志及毛泽东思想。有的假借专家之口,以碎片化的方式丑化英雄人物,编造历史、颠倒黑白,嘲讽、消解英雄人物,直接导致了基于革命、建设、改革实践的中国共产党人精神谱系的历史根基被削弱,否定了社会主义主流文化的意义。三是通过质疑、批判传统崇高价值,消解红色文化、红色血脉的精神价值。历史虚无主义通过质疑崇高价值,提出"告别革命""躲避崇高"等口号对红色文化、革命精神进行攻击,别有用心地鼓吹民众放弃崇高的、理想的、卓越的行为,这将最终导致对革命主义和英雄主义的疏离,对共产主义远大理想和中国特色社会主义共同理想的怀疑,从而逐渐边缘化甚至是逐渐淡化广大人民群众对革命历史的记忆。

第四,消费主义给中国共产党人精神谱系的传承和弘扬带来危害。西方国家主张以消费为唯一目的,及时行乐、及时消费。随着西方资本主义国家的思想文化大量涌入中国,革命文化越来越成为消费主义的对象,文化的内在价值和灵魂特质被消解。甚至在红色影视作品中呈现出了消费主义的现象。红色影视作品本应是弘扬集体主义、爱国主义、英雄主义主旋律,再现党带领人民进行民族独立和人民解放的光辉实践。近些年，红色影视剧为了迎合市场需求，对革命实践进行革命化、英雄化解构，带有明显娱乐化倾向的抗日"神剧"乏善可陈，"裤裆藏雷""手撕鬼子""包子变炸药"等浮夸狗血的剧情，严重贬低了红色文化、革命精神的价值，严重歪曲了革命先辈用血肉之躯铸就的革命历史，使高昂悲壮的革命精神在娱乐中淡化了颜色，不利于红色文化的健康发展。

第五，新型传播方式给中国共产党人精神谱系的传承与弘扬带来挑战。随着科技的发展和时代的进步，中国共产党人精神谱系的传播与弘扬也呈现出多样化、多渠道的特点，传播途径已经不仅仅限于传统的大众传媒，诸如电视、报纸、电影等传播媒介，随着微博、微信、抖音等 App（手机软件）的蓬勃发展，为中国共产党人精神谱系的传承和弘扬拓展了新渠道，开辟了新环境的同时，也出现了一些前所未有的新情况、新问题。

一是信息传播的实时性消解了人们对红色文化、中国共产党人精神谱系的深入思考。快节奏的文化生产、流通、付费方式使人们的阅读和思考越来越停留在浅层和表面；从传播主体看，多为官方主导，弘扬中国共产党人精神谱系的过程中形式主义严重，单位组织的弘扬和传承中国共产党人精神谱系，有的变成拉个党旗，走个过场，拍张照片就完事，形式上的热闹容易造成红色文化在一片喧腾之后慢慢淡出人们的记忆。

二是中国共产党人精神谱系的传承和弘扬容易在互联网时代造成传播失真。中国在当今时代，人人皆可发言，人人都可以通过抖音、微博、微信等自媒体平台发表自己对领袖人物、对革命历史的看法，但是在交流和传播中却无法保证内容的真实性和完整性，他们可以根据自己的喜好随意删减评论，例如近年来网络上出现的对抗日战争、解放战争、抗美援朝等重大历史事件的重写和再现，未必准确，未必正确，但是由于其具有的巨大的迷惑性和广泛的传播性，使革命历史面临着失真的危险。

三是传播主体多元化、传播手段多样化，使作为主流文化的中国共产党人精神谱系的主体地位受到一定的冲击。一方面，各种大众、流行文化以其贴近生活、内容新颖等特点深受广大人民群众的喜爱。作为主流文化的中国共产党人精神谱系具有政治性、严肃性、神圣性、崇高性的特点，但在传播过程受到了这些"非主流"文化的冲击。另一方面，网络上以搞笑、娱乐的方式对主流意识形态进行戏谑，甚至是篡改，如果任由这种消极现象发生，将会大大削弱中国共产党人精神谱系作为主流意识形态的主导地位，消解人民群众对以中国共产党人精神谱系为代表的红色文化的认同感。

二、中国共产党人精神谱系传承与弘扬的基本原则

（一）坚持理论性和实践性相结合的原则

中国共产党人精神谱系的传承和弘扬，既是一个理论问题，也是一个实践问题。坚持理论与实践相结合，既是中国共产党的优良传统，更是马克思主义唯物史观的本质要求。社会存在与社会意识的辩证关系原理既是区分马克思主义与唯心主义的分水岭，同时也为我们传承和弘扬中国共产党人精神谱系提供了理论依据。从本质上看，中国共产党人精神谱系是党领导人民在实现民族复兴进程中特有的精神形态，属于社会意识的范畴，传承和弘扬中国共产党人精神谱系，既要看到实践对中国共产党人精神谱系的孕育和形成的决定性作用，以党和人民的事业为根本出发点，从实现中华民族伟大复兴的宽广视野探寻中国共产党人精神谱系的形成规律、发展特点；也要以整体视野把握中国共产党人精神谱系对中国共产党成立一百多年来践行初心和使命的能动作用，这一能动作用既体现在革命、建设、改革的成功实践之中，同时也是对新征程砥砺奋进的精神鼓舞。这就要求我们既要加强对中国共产党人精神谱系的理论研究和教育宣传，又要结合新的实践，让精神

谱系从内在的精神力量外化为人们的行为自觉，在新时代新征程的实践中使中国共产党人精神谱系不断得到充实和发展。

首先，坚持理论性和实践性相结合的原则，就是要深入开展中国共产党人精神谱系的理论研究。一是要坚持史论结合、论从史出。以伟大建党精神为源头的中国共产党人精神谱系纵贯中国共产党成立以来的一百多年的历史，不仅涉及重大历史事件，而且涉及重要历史人物、典型英雄模范①等内容，这就需要深入挖掘精神坐标背后的史实，为深化学术研究提供必要的学理支撑。要深入挖掘中国共产党人精神谱系中各个具体精神的实践形成背景，与具体精神坐标相关的重要历史人物和重大历史事件；要深入搜集和挖掘相关报刊、回忆录、文献集等史料，以史料为基础，既不任意拔高，也不随意贬低，把事件发展脉络讲清楚、讲透彻，把人物形象梳理清晰，表达到位。以史实为基础的精神谱系的研究要做到全面、客观、准确，做到史实准确、学术严谨、表达通俗的有机统一。②

二是要深刻领会精神坐标的时代价值。在百年变局的形势下，党和国家面临的风险和挑战日益增多，要引导好广大党员干部坚定理想信念，增强文化自信，就必须深刻领会中国共产党人精神谱系的时代价值。一百多年来，中国共产党带领人民顽强拼搏、奋勇前进，构筑起了一脉相承而又与时俱进的精神谱系，要传承和弘扬好中国共产党人精神谱系，就必须要紧扣每一个精神坐标的价值意蕴，综合中国共产党的性质宗旨，聚焦中国共产党的使命担当，研究好、阐释好精神谱系中每一个精神坐标的时代价值，用历史照进现实、远观未来，将中国共产党人精神谱系内置于中华民族百年未有之大变局的民族复兴视域中，同时也要面向世界百年未有之大变局的全球视野，全

---

① 王易：《中国共产党人精神谱系的百年流变、精髓要义及赓续发展》，《马克思主义研究》，2021 年第 5 期。

② 王炳林等：《弘扬以伟大建党精神为源头的中国共产党人精神谱系》，《中国青年社会科学》，2022 年第 6 期。

面、准确地阐述好中国共产党人精神谱系的时代价值。

其次,要深入开展中国共产党人精神谱系的实践教育。一是要在实践锻炼中深化对中国共产党人精神谱系的观察和分析。实践是中国共产党人精神谱系的传承和弘扬必不可少的途径。因为,"人的正确思想,只能从社会实践中来"①。社会实践对精神的锤炼和形成至关重要,如果不能自觉投身社会实践,我们就不能够深刻认识各个精神坐标的具体内涵,就不能对精神谱系倡导的精神心领神会。因此,要在社会实践中深化精神谱系整体脉络的掌握和对精神具体内涵的学习,促进中国共产党人精神谱系的传承和弘扬。

二是在实践锻炼中促进对中国共产党人精神谱系的情感升华。人们只有通过实践锻炼才能形成正确的思想。在社会实践锻炼中,人们以参与者的身份进行更为直接的接触、更为深入的了解、培养更为自觉的实践意识,能够实现对中国共产党人精神谱系情感认知的升华,实现在新时代新征程不断创新发展。

三是在实践锻炼中凸显中国共产党人精神谱系的教育功能。锻炼人的意志、磨砺人的品质是社会实践的主要功能。传承与弘扬中国共产党人精神谱系,就是要通过实践锻炼,让人们亲身体验共产党人怎样甘于忍受物质生活的贫乏,如何始终坚定革命理想,如何在"红米饭、南瓜汤、挖野菜"这样物资极度匮乏的情况下,仍然感觉"餐餐味道香",红军衣裳破烂不堪、瘦得皮包骨头的艰苦条件下,"风雨浸衣骨更硬,野菜充饥志更坚"。通过亲身感知和实践锻炼,能够磨炼人们的坚强意志,凸显实践锻炼对磨砺人们精神品质的重要作用。

(二)坚持历史性与时代性相结合的原则

中国共产党人精神谱系既是一个有着历史积淀的文化精神系统,也是

---

① 《毛泽东文集》(第八卷),人民出版社,1999年,第320页。

一个随着实践的发展而不断丰富和完善的精神体系。因此,中国共产党人精神谱系的传承与弘扬必须将历史性与时代性相结合、继承性与创新性相统一。如果说前文所述的理论性与实践性相结合体现的是中国共产党人精神谱系传承与弘扬的横向维度,那么本节所述历史性与时代性相结合的原则体现的是中国共产党人精神谱系传承与弘扬的纵向维度。事实上,党的精神谱系本身是一个随着实践而不断演变、发展充实的精神系统。历史性与时代性的关系体现在:历史是过去的时代,离开历史性就丢失了逻辑前提,时代就成了无源之水,失去了根基;时代是历史的延续,生发于历史之中,离开了时代性就丧失了活力。因此,中国共产党人精神谱系的传承与弘扬要坚持历史性与时代性相结合的原则,一方面为中国共产党人精神谱系的传承和弘扬提供丰厚的文化和历史底蕴,另一方面为中国共产党人精神谱系不断与时俱进,充分汲取新的精神要素和活力。

坚持历史性与时代性相结合的原则,首先是由中国共产党人精神谱系的历史性决定的。其一,这种历史性体现在每一历史时期的任何一个精神坐标的形成都有着特殊的时空背景,是以中国共产党在一百多年来的伟大奋斗历程为实践依据,并通过历史记忆的方式不断传承与延续。

其二,这种历史性体现在党领导人民进行的一百多年的实践中,随着实践形成的一个又一个的精神坐标一脉相承、与时俱进,连缀形成了中国共产党人精神谱系,标明了中国共产党在实现中华民族伟大复兴进程中的精神特质。中国共产党人精神谱系作为中国共产党特有的政党精神,其百年纵贯不是个人想象的随意拼接,也不可能独立存在,是以一百多年来的历史事实和历史活动为依据,伴随着党带领人民的实践发展而不断发展的。

其三,这种历史性体现在中国共产党人精神谱系形成的历史文化底蕴上。中华文明在几千年的历史长河中,代代流传,绵延不绝,伟大民族精神是中华民族最鲜明的历史特征,也是中国共产党人精神谱系最深沉的历史积淀。中国共产党人精神谱系的历史性也体现在与我国残留着的落后腐朽的封建主义、资本主义思想的交锋之中。从某种意义上说,中国共产党人精神谱系之所以先进,是因为参照了封建主义、资本主义、帝国主义等落后文化,是在比较之中生成、凸显并不断发展的。因此,我们可以说,中国共产党人精神谱系的形成过程是在争取救国、兴国、富国、强国的历史境遇中不断自我更新的过程,要在新的历史条件下,为党的精神谱系不断注入新的血液、不断散发生机、不断创造条件。

由于中国共产党人精神谱系是产生和发展在一百多年来党领导人民进行的革命、建设、改革的时空境遇中,所以它除了有历史性之外,也有鲜明的时代性。中国共产党人精神谱系中每个精神坐标的内涵,在不同的时代就有不同的旨趣,说明中国共产党人精神谱系是历史性与时代性相结合的成果。

如果说强调历史性是为了更好地传承中国共产党人精神谱系,那么时代性要求则是为了不断丰富精神谱系的内涵,更好地发展和弘扬。只有结合新时代的实践不断丰富精神谱系的内涵,不断发展和拓展中国共产党人精神谱系,才是弘扬和培育中国共产党人精神谱系的根本出路。

(三)坚持把握共性与突出个性相融合的原则

中国共产党人精神谱系的传承与弘扬既要把握贯穿不同时期、各个精神形态之中的共性特征,同时也要注重在共性之中突出个性,注重把握各个精神形态孕育形成独特的时代背景、环境要素、时代价值等个性特征。

首先,要把握好共性特征。主要体现在:一是思想内核的一以贯之。一百多年来,中国共产党带领人民在革命、建设、改革的各个时期的实践过程中形成了形态不同且各具特色的精神坐标,但其中却蕴含着贯穿始终的精神内核,诸如理想信念、爱国主义、风险精神等,折射出共产党人崇高人格境界和精神品质。

二是实践的深邃厚重。精神坐标对于克服挫折、战胜艰难困苦发挥重要作用的同时，也从另外一个角度说明，精神谱系中各个精神坐标的形成和不断演进是在艰苦卓绝的奋斗实践中铸就培育的。具体精神形态内涵的提炼都是从重大事件、典型人物的实践中凝练出来的，精神谱系中的每一个精神坐标都是看得见、摸得着的历史存在，形象化的精神坐标将中国共产党人的正气充盈的精神品格表现得淋漓尽致。

三是民族特征和时代特点的鲜明性。中华优秀传统文化是中国共产党人精神谱系生成的重要精神资源。在中华优秀传统文化的哺育下，在革命、建设、改革的实践中，在"战争与革命""和平与建设"的时代背景下，铸就形成了具有不同时代特征的精神坐标，体现了鲜明的时代特点。

其次，要突出中国共产党人精神谱系各个精神坐标的个性特征。中国共产党人精神谱系涵盖了一百多年来不同时间、不同地域、不同环境条件，之所以能够串联起来形成总的精神图谱，就是因为他们之间存在着共性，如果只看到共性忽略了个性，精神谱系也就失去了作为一个精神图谱的整体存在的价值。

新民主主义革命时期，国家蒙辱、人民蒙难、文明蒙尘，面对这前所未有的危机和劫难，中国共产党一经成立，就带领人民浴血奋战、奋勇向前，熔铸了坚持理想、艰苦奋斗、自力更生、实事求是的思想元素。

社会主义革命和建设时期，在捍卫新生政权、保卫和平的时代背景下，党领导人民积极投身社会主义建设，在战天斗地的艰辛创业中铸就了锐意进取、无私奉献的雷锋精神和焦裕禄精神，为国争光的大庆精神和广大科研工作者隐姓埋名、独立开展科研的"两弹一星"精神等，孕育了热爱祖国、无私奉献、自力更生、艰苦创业的精神元素。

改革开放和社会主义现代化建设新时期，在没有现成方案和经验借鉴、世界社会主义运动遭遇挫折的严重形势下，党带领人民勇于解放思想、实事求是，开创了改革开放四十多年来的伟大成就，形成了敢闯敢试的特区精神，勇于开拓进取、勇于创新的伟大改革开放精神等精神形态，谱写了一曲曲锐意进取的精神赞歌。

中国特色社会主义新时代，中国共产党人以创新、实干、勇于自我革命为重点，赓续了中国共产党人精神谱系，铸就了诸如脱贫攻坚精神、抗疫精神、科学家精神等精神形态，创造性地构筑了新时代中国共产党人精神谱系的恢宏画卷。

百年苦难辉煌，由于时空境遇的不同，铸就形成了不同的精神内涵的侧重点也各有不同。中国共产党人精神谱系的传承与弘扬必须在把握共性的基础上，有针对性地对具体的精神形态加以弘扬。诸如在推进两个伟大革命的过程中，任何时候都需要毫不动摇地坚持发扬井冈山精神、弘扬长征精神、传承西柏坡精神等；在新时代新征程上针对具体的风险挑战，诸如抗洪精神、抗震救灾精神、北京冬奥精神等精神是需要针对性地弘扬和践行的。①因此，中国共产党人精神谱系的传承与弘扬必须坚持共性与个性相统一，在把握共性的基础上，坚持具体问题具体分析，找到契合精神具体内涵特点的弘扬和践行路径。

三、中国共产党人精神谱系传承与弘扬的基本路径

历经百年苦难，铸就百年辉煌。中国共产党人精神谱系是党领导人民在不懈奋斗、顽强拼搏的奋斗实践中，用热血和生命铸就和刻画的初心和使命的发展轨迹，富有鲜明的时代内涵和实践底蕴，是共产党人精神世界的集中反映，是中国共产党人思想觉悟、道德品质、工作作风的集中体现，是激励亿

---

① 陶文昭：《以伟大建党精神为主线 弘扬光大党的精神谱系》，《先锋》，2021年第9期。

万人民砥砺前进、不断取得新的胜利的制胜法宝。党的二十大报告提出,"弘扬以伟大建党精神为源头的中国共产党人精神谱系"①的时代课题,因此我们必须正视机遇与挑战,掌握要遵循的基本原则,通过多种路径来实现,依靠伟大精神赢得未来。

(一)凝聚中国共产党人精神谱系传承的合力

中国共产党人精神谱系的传承与弘扬是一个复杂的联动系统,这就需要在全社会范围内多主体协调联动,共同参与。具体而言,包含了个人修为、家庭教育、学校教育三个不同层面的教育形式,从而服务于中国共产党精神谱系传承与弘扬这一共同的教育目标,发挥整体效能。

第一,加强个人的精神涵养。个人的成长发展离不开时代环境中的精神和物质给养,同时,个人对时代环境的感知和体悟,不仅关系到个人精神境界的提升,而且也关系到民族的精神凝聚和社会的实践发展。当今世界经济逆全球化生长,贸易保护主义抬头,给世界带来了极大的不确定性影响,在百年未有之大变局的历史进程中,我国日益走近世界舞台的中央,比以往任何时候都更加接近实现中华民族伟大复兴的中国梦。当前,我国正处于向实现第二个百年奋斗目标奋进的新征程上,个人要充分认识继续实现第二个百年奋斗目标的历史担当和时代使命,深刻认识并始终牢记"五个必由之路",坚定"四个自信",自觉肩负起对实现民族复兴、国家富强和人民幸福的担当。在实现中华民族伟大复兴的历史进程上,任务必然繁重艰巨,面对艰难困苦甚至是惊涛骇浪,就需要个人传承和弘扬党的精神谱系中革命理想高于天的坚定信念,树立国家利益高于一切的爱国主义,坚持艰苦奋斗担使命的优良传统,挺起精神上的脊梁,在困难面前不退缩、不畏难,把伟大精神

---

① 《高举中国特色社会主义伟大旗帜 为全面建设社会主义现代化国家而团结奋斗——在中国共产党第二十次全国代表大会上的报告》,人民出版社,2022年,第44页。

转化为实现中华民族伟大复兴的实践效力。

第二,加强家风家教的文化涵养。家庭是社会的最小细胞,是人生启蒙的第一课堂,承担着生育、抚养、经济、教育等多重功能,其中,家庭的教育功能便通过家风家教体现出来,并通过代际传承形成潜移默化的家族价值观。在中国共产党精神谱系的传承与弘扬体现在家庭的教育功能上,就是通过长辈潜移默化的言传身教,将他们勤俭自强、开拓创新、艰苦奋斗等优良传统转化为生活中的一言一行,从而长效持久地影响家庭中的一代又一代人。从家风家教层面实现对党的精神谱系的传承与弘扬,就需要长辈在实际的家庭生活中以身作则,发挥榜样示范的作用,确立遵纪守法、勤劳勇敢、敬业乐群的处世准则,树立不畏艰难、积极进取、开拓创新的人生态度,通过人格自塑,形成个人成长、社会进步和国家富强有机统一的精神品质和道德风尚,从而成为引领实现中华民族伟大复兴的精神动力。

第三,加强学校的传承教育。在中国共产党人精神谱系传承与弘扬的所有途径中,学校教育是最全面、最专业、最系统的一个方面,是实现党的精神谱系传承与弘扬的重要路径。因此,一是要将党的精神谱系的传承与弘扬的教育贯穿到学校教育的各个阶段,遵循由浅入深、由抽象到具体的原则,使党的精神谱系的传承教育与学生的年龄阶段、知识层次保持同步,使党的精神谱系贯穿学生成长成才的全过程,真正内化为学生的"三观"。二是要发挥思政课主渠道的作用。要立足教师主导,加强课程建设。增强教师对精神谱系的传承意识,善于将精神谱系涉及的相关革命历史故事融入思政课教学之中,坚持讲故事与讲道理相统一,既要讲清楚伟大精神形成的来龙去脉,更要通过革命历史故事的讲述催人奋进,激发大学生的奋斗精神和爱国情怀。三是要立足政治引领,加强教材建设。做好中国共产党人精神谱系融入大中小学思政课体系的"进教材"工作,加紧思政课程教材的修订与完善,将伟大精神的相关内容编入教材之中,使抽象的精神形态"见人见事见精神"，为党的精神谱系的传承与弘扬提供更为直观的内容，形成科学的教育教学体系。

（二）推进中国共产党人精神谱系的国际传播

中国共产党人精神谱系是百余年党史奋斗历程中锤炼出的政治品格，不仅是形塑中国道路的精神源泉，而且具有广泛的世界意义。中国共产党人精神谱系彰显了以马克思主义为指导的中国共产党如何为了坚守真理浴血奋战、百折不挠；展现了百余年征程中中国共产党如何直面困难，正视错误，由平凡铸就伟大，由苦难铸就辉煌；生动记录了百余年来中华儿女在党的领导下对中国道路的探索与实践、坚持与发展。中国共产党人精神谱系蕴含的文化价值既是民族的，也是世界的，因此推动中国共产党人精神谱系的对外传播，对于提升国际话语权、树立中国共产党的良好形象、改变外部舆论环境具有重大意义。

第一，坚持中国共产党人精神谱系传承与弘扬的科学原则。党的新闻舆论工作必须坚持把"政治方向摆在第一位，牢牢坚持党性原则，牢牢坚持马克思主义新闻观"①。在纷繁复杂的国际舆论环境中，首先要牢牢把握马克思主义新闻观这个大原则，坚持以人民为中心，以实践为导向，牢牢把握住国际传播工作的主导权和话语权，这是推进中国共产党人精神谱系国际传播的首要前提。

第二，营造中国共产党人精神谱系传承与弘扬的国际视野。要让党的精神谱系走出国门、走向世界，就要善于运用国际视野来解读、把握和弘扬党的精神谱系。一是要运用党的精神谱系中的"国际元素"，促进党的精神谱系的传承与弘扬。例如，共产国际代表维经斯基、马林、尼克尔斯基等参与了中

---

① 《习近平谈治国理政》（第二卷），外文出版社，2017 年，第 332 页。

国共产党的创建;朝鲜人毕世悌和武亭、英籍牧师薄复礼和越南人洪水等国际友人参与了伟大长征;抗日战争爆发后,加拿大籍医生白求恩为支持我国的抗战,不远万里来到中国,来到延安,充满热忱地为抗日军民服务,直至生命的最后一刻。这些国际友人的参与,加速了我国革命走向胜利的进程,基于这些伟大历程的实践孕育铸就的伟大精神为党的精神谱系的传播提供了丰富的"国际元素"。

第三,塑造中国共产党人精神谱系传承与弘扬的主渠道。一方面,发挥国家主流媒体国际传播的针对性和有效性。《人民日报》《光明日报》等主流媒体是传播我们国家和政党形象的主阵地,然而在"走出去"的过程中,主流媒体境外落地率和到达率还不高,[①]因此主流媒体必须创新传播方式和传播内容,将党的精神谱系传播出去,创新传播方式,提升图文推送、音频视频推送能力,顺应差异化、多元化的传播趋势,不断以创新的手法、多元化的表达推进党的精神谱系的对外传播。另一方面,要通过真实的故事,"展现真实、立体、全面的中国"[②]。中国共产党人精神谱系中无论是以英雄人物名字还是以重大事件命名的具体精神形态中,都蕴含了独具中华民族特征的悲壮英雄事迹。在推进党的精神谱系对外传播的过程中,要恰如其分地体现英雄伟岸的形象,而不是"高大全"地拔高英雄个体,才能更有助于塑造可敬、可爱、可信的英雄形象,促进中国共产党人精神谱系的对外传播。

(三)增强中国共产党人精神谱系的宣传教育

宣传工作,就是运用口头、文字、形象化等手段传播思想、观念和信息,以影响对方的思想和行为的活动过程。[③]教育作为人类特有的活动,是通过

---

① 叶淑兰:《中国国际话语权建设:成就、挑战与深化路径》,《国际问题研究》,2021年第4期。
② 《习近平谈治国理政》(第三卷),外文出版社,2020年,第35页。
③ 谢国祥、杨昌茂、荣长海:《思想政治工作大辞典》,天津人民出版社,1992年,第3页。

对人在社会知识、文化传递和以此为基础的各方面的培养,其目的也是为左右人的信仰、态度等活动。宣传和教育作为思想政治教育体系的重要内容,在中国共产党人精神谱系的传承与弘扬的过程中,两者共同承担着凝聚共识的重要作用,都是十分重要的手段,因此,本书将二者作为一个有机整体来探究中国共产党人精神谱系的传承与弘扬。

第一,用好红色资源。红色资源记录着一百多年来党带领人民不断取得新的胜利的光辉历程,是激发爱国热情、催人奋进的鲜活教材,是党和国家的宝贵精神财富,红色基因是贯穿中国共产党人精神谱系始终的"精神密码"。中共一大会址、浙江嘉兴南湖红船、红军长征湘江战役纪念园、北京香山革命纪念地等红色遗址承载着一百多年来闪亮的历史名片,散发着光辉的历史记忆,是中国共产党人精神谱系传承与弘扬的生动教材,是进行党的精神谱系宣传教育的"精神教室",是弘扬伟大建党精神,赓续中国共产党人精神谱系的物质载体,发挥好红色资源的优势,有助于修复人们的历史记忆缺失,重温革命先辈筚路蓝缕艰苦创业的光辉历史,能够在学思悟践中形成对革命历史场域的革命情感、革命道德、革命价值选择的认可与赞同,因此用好红色遗址、红色文化资源,彰显其在历史长河中的持久生命力,能够发挥其在精神谱系的传承与弘扬中更大的吸引力和感召力。

要用好红色资源,首先要摸清楚"家底",加大对红色资源的挖掘力度,重点围绕重大革命事件、重要革命任务、具体精神形态等编制好红色资源名录,加大对基础史料、革命历史文献的整理力度,提升红色资源档案的专业化、系统化。在此基础上,有针对性地加强对红色资源的保护力度,既要注重对红色歌谣等非物质红色资源的保护力度,也要注重对红色遗址遗迹、重要文物等物质形态的红色资源的保护力度,夯实精神谱系传承的物质载体。

第二,讲好红色故事。讲好红色故事是推动中国共产党人精神谱系传承与弘扬的重要教育宣传方式,也是传播好伟大精神的重要手段。习近平指出:"讲故事就是讲事实、讲形象、讲情感、讲道理,讲事实才能说服人。"[1]要从"人"这个历史主体入手讲好红色故事,讲好革命烈士、英雄模范的感人故事,例如,要讲好英雄师长陈树湘是如何忍着剧痛"断肠明志"的故事,讲好陈望道误将墨汁当糖水蘸粽子吃,却觉得"真理的味道非常甜"的故事。

第三,转化具体行动。中国共产党人精神谱系的传承与弘扬最重要的是对每个精神形态具体内核的传承,根据新时代新阶段的发展,契合时代的特点对之进行创新型发展和创造性转化。[2]传承和弘扬好中国共产党人精神谱系,就是要对特定主体在特定的客观环境和时空背景下孕育产生的特定精神形态的价值内涵的传递、认可和接受,这是传承和弘扬中国共产党人精神谱系的首要任务。比如在物质条件优渥的今天,如何传承井冈山精神?精神传承与弘扬并不是让广大党员干部群众去盖"金丝被"、去挖野菜,这只是井冈山精神的"形",亲身去体验一下当年红军的艰苦生活固然意义重大,但是更为重要的是传承井冈山精神的"魂",永葆井冈山精神的艰苦奋斗本色,勤俭节约,不丢廉洁奉公的政治本色;[3]再比如,对于雷锋精神的传承与弘扬也不是简单的喊口号,而是要把雷锋崇高理想和坚定信念,把他乐于助人、服务人民的奉献精神转化为实际行动,勇于奉献、乐于助人,坚持在平凡的岗位上爱岗敬业作出应有的贡献,才是传承与弘扬伟大精神的本质,才能真正把伟大精神代代传承下去。

---

① 《习近平新闻舆论思想要论》,新华出版社,2017年,第190页。
② 邓凌月:《中国共产党人精神谱系:生成机理、价值功能与赓续传承》,《理论探索》,2022年第4期。
③ 王占仁:《中国共产党人精神谱系的传承与弘扬》,《思想政治工作研究》,2022年第7期。

（四）建构中国共产党人精神谱系的仪式体系

仪式是传递信仰和文化价值观的一种文化现象，承担着凝聚社会共识、形成价值认同等重要功能。政治仪式则是政治信仰和政治价值观的社会性表达。在中国共产党人精神谱系的传承与弘扬中运用好政治符号，建构好政治仪式，能够使人们在这些仪式中生成稳固的政治情感，强化对党和国家的认同。党的十八大以来，党和国家通过多次举行常态化的政治纪念仪式、契合时机举行的大型政治庆典仪式，以及在党内大力规范推进政治仪式等方式，建构了精神谱系传承与弘扬的仪式体系。

第一，举行周期化、常态化政治祭奠仪式。周期化、常态化的政治祭奠仪式通常由党和国家集体举办，通过民众的广泛参与来唤醒国家和集体的记忆，表达对人民英雄的敬意。全国人大常委会在 2014 年 2 月 27 日通过了设立抗日战争胜利纪念日（每年 9 月 3 日）和南京大屠杀死难者国家公祭日（每年 12 月 13 日）的决定，就体现了对人民英雄的追思和崇高的敬意。在首个中国人民抗日战争胜利纪念日和南京大屠杀死难者国家公祭日，党和国家领导人向抗战烈士敬献了花篮，全国各地举行了缅怀革命先烈、弘扬英雄革命精神的纪念活动。以国家的名义向革命烈士致以最高的敬意，充分表达了党和国家铭记历史、继往开来，传承和弘扬党的伟大精神的坚决态度，个人或群体无论是现场还是通过网络参与国家级别的政治纪念仪式，可以在政治仪式中唤醒人民群众的历史记忆，深化党的精神谱系的教育效果。

第二，不失时机地用好重大纪念庆典仪式。在重大节日或者是具有重大纪念意义的历史时刻，党和国家通过精心组织和策划的一系列重大纪念庆典仪式，能够唤起人们的情感共鸣，增强历史认同，强化党的精神谱系的教育效果。例如，在 2017 年 7 月 1 日举办的庆祝香港回归 20 周年庆祝活动；2018 年，举国庆祝改革开放 40 周年纪念活动；2019 年 10 月 1 日在天安门广场举行的庆祝中华人民共和国成立 70 周年的盛大庆祝等活动。上升到国家层面的全国性纪念活动使人们在潜移默化中接受红色文化的熏陶，人们的爱国之情在这些重大庆典仪式的回顾中不断得到强化。

第三，不断规范好日常性的庆典仪式。通过举行升旗仪式、共青团员的宣誓仪式等日常性的仪式能够潜移默化地影响人们的思想行为和精神世界。对于党员而言，通过重温入党誓词、过政治生日等政治仪式能够增强党员的身份归属感，唤醒党员身份意识，强化党员这个特殊群体的初心使命，增强精神谱系传承的教育宣传效果，同时也为充盈人民的精神世界发挥了重要作用。还要用好党史、革命历史纪念设施和革命遗迹等红色资源设施，结合重要节庆日、纪念日、重大党史人物纪念日、重大党史事件等组织开展"红色资源+文化体验、生态观光、研学实践"等红色主题活动，拉近人民大众感悟精神的距离。

（五）拓宽中国共产党人精神谱系的传播渠道

在新媒体时代，既要利用传统传播方式，也要充分利用现代传媒技术，不断创新党的精神谱系的传播方式和呈现方式，增强党的精神谱系的吸引力和感染力。

第一，发挥社会主流媒体传播社会意识形态的主导作用。要坚持以电视、报纸、杂志、广播、电视台等传统媒介弘扬主旋律，引导社会舆论方向。坚持以马克思主义为指导，加深对党史国史的研究力度，及时以史实回应质疑，澄清谬误，牢牢掌握住舆论的主导权。同时要注重常态化宣传与集中宣传相统一，在党史、重大事件的重要纪念日要以史实为基础大力宣传，营造党的精神谱系多方位的学习、宣传氛围，使社会大众能够在常态化潜移默化的宣传中陶冶情操，传承党的伟大精神。

第二，合理引导和规范网络自媒体，及时占领网络宣传的高地。互联网的迅速发展,成为改变人类生活方式的颠覆性力量。上网已经成为人们生活的标配,人们在互联网上学习、娱乐、社交,抖音、微博、微信公众号、网络直播等网络自媒体迅速发展,在传播红色文化方面也发挥着十分重要的作用。要充分认识到当前网络化、信息化给党的精神谱系的传承与弘扬带来的"双刃剑"作用,既要合理引导、规范网络自媒体的泛娱乐化、戏谑篡改史实,"移花接木"式的虚假炒作,同时也要充分发挥网络自媒体传播速度快、范围广、影响力大等优势,通过直观而形象的媒介表达,使党的精神谱系的丰富内涵能够"润物细无声",真正将伟大精神融入日常生活,丰富广大人民群众的精神生活。

第三,依托新技术拓宽精神传承的新渠道。在数字经济背景下,将数字技术与红色资源深度融合,有助于促进无形的精神形态的数字化转型。在数字技术的赋能下,无论是红色数字博物馆,还是各类红色景点通过开发App,实现线下体验和线上云游相结合,能够提升体验感,增进对历史的认同,在身临其境的有机互动中促进社会大众对红色文化、对党的精神谱系的理解。要充分运用 VR 技术,创设沉浸式的故事讲授模式,运用抖音、快手、微博、微信等新媒体平台加以宣传,"以身边人讲身边事、身边人讲自己事、身边事教身边人",使广大人民听得懂、听得进,引起广大人民群众的心理共鸣。

(六)深化中国共产党人精神谱系的研究阐释

中国共产党人精神谱系的传承与弘扬还要切实做好对党的精神谱系的研究阐释,必须在精神谱系的研究阐释上做足文章,深化认识,构建立体、全面、深入的精神谱系研究体系。

第一,注重对精神形态内涵的凝练。一是着眼精神谱系的空白点,加大对尚未识别的精神形态的研究力度。实践总是先于认识存在,中国共产党在一百多年来团结带领中华儿女进行的波澜壮阔、披荆斩棘的奋斗实践中形成了诸多伟大的精神形态,因此要以历史事实为基点,重点关注精神谱系的空白处,加大对尘封于历史之中、尚未正式提出的精神形态的研究力度。二是要重点深化对已经提出但尚未深化的精神形态的研究力度。近些年来,习近平总书记多次对具体精神的内涵、时代价值进行概括,并正式提出"中国共产党人的精神谱系"的概念,使得学界对相关的研究迅速走向了一个热潮。这也就造成了一些热度相对比较高的具体精神形态的研究成果就较为丰富,而对于党的领导人较少提及的具体精神形态,无论是具体内涵的提炼,还是其基本特征、生成条件、时代价值等研究就成为精神谱系研究的"阿喀琉斯之踵"。因此,要不断加大对精神谱系的薄弱点的研究,不断完善精神谱系的研究。三是根据实践的变化不断深化对最新精神形态的理论研究和系统阐述。只要中国共产党继续带领人民在新征程上不断为实现社会主义现代化砥砺奋进,我们就会不断基于新的实践创造出新的精神形态,要及时对伟大实践成果进行理论升华,与时俱进地创造出新的精神形态,不断充实和丰富中国共产党人精神谱系的精神宝库。

第二,注重深化对具体精神形态的比较研究。基于比较维度,就是要把精神谱系中的每一个精神形态放到同一时期精神谱系序列中进行比较研究,比如,本书尝试选取同一时期党的精神谱系的具体精神形态进行比较研究,分析这一精神形态形成的共性特征,比较每个具体精神形态在各自的历史背景、精神实质等方面存在哪些个性特征,而使之成为独有的精神标识,从而深化对具体精神形态的把握和价值意义的传承。目前,学界对此问题的研究尚处于起步阶段,尽管本书在这方面进行了尝试,但是仍然有很大的拓展空间。

第三,加强对精神形态形成孕育的史学研究。中国共产党人精神谱系熔铸了中国共产党成立一百多年来救国、兴国、富国、强国的实践历程,具有厚重的历史性,无论是以整体面貌研究精神谱系的演进历程和发展规律,还是深化对精神谱系中具体精神形态的研究,都必须以全面翔实、客观准确的史料为基础。无论是在"长夜难明赤县天"的背景下孕育的伟大建党精神,在"敌军围困万千重"的"会剿"之下,以毛泽东同志为主要代表的中国共产党人引兵井冈山铸就的井冈山精神,在被迫撤离中央苏区,进行战略转移的过程中铸就的长征精神,诸如此种精神形态的孕育,反映了中国共产党带领人民不断从黑暗走向光明,从沉沦走向复兴,从落后走向进步的历史进程。新中国成立以后,在一穷二白的背景下,中国共产党带领人民为新中国而奋斗的伟大实践中,创造孕育了"时代的楷模"——雷锋精神;在同旱涝、风沙的搏斗中孕育形成亲民爱民的焦裕禄精神,等等。与这些具体的精神形态相关的各种文献、报刊、回忆录、红色文物、红色遗址等重要史料和史迹,是研究每一个具体精神的珍贵史料,拓展研究深度,就是要深入挖掘档案史料,坚持论从史出,深入研究每一个精神形态的形成背景、发展脉络、科学内涵、价值意蕴等,使党的精神谱系的传承与弘扬具备理论的穿透力,为新征程提供强大的精神动力。

(七)聚焦中国共产党人精神谱系的塑造践行

聚焦中国共产党人精神谱系的传承与弘扬,还要加强精神谱系与实践的融合,将之融入实现中华民族伟大复兴的实践当中,不断为党和国家的事业注入强大的精神动力。这就要求提升中国共产党人精神谱系塑造践行的时效性,不断强化精神谱系传承与弘扬的感染力、影响力、传播力。

拓展中国共产党人精神谱系塑造践行的多元主体。一是突出党员干部的头雁效应。"头雁"是对党员在人民群众中起先锋模范作用,以及党员领导干部这个群体作为"关键少数"的特殊身份和重要使命的形象比喻。党员干部的形象和作风在一定程度上就是中国共产党形象和作风的晴雨表。广泛分布于全社会各地区、各领域、各行业的党员领导干部若能够在日常生活、工作中以上率下，以身作则，主动传承伟大精神，起到中国共产党人精神谱系传承与弘扬的示范和引领作用，不仅能够增强自身的角色认同和使命意识，规范自身的行为，而且能够在广大人民群众中起到榜样作用，能够在全社会形成领航效应，从而形成中国共产党人精神谱系传承与弘扬的良好风尚。因此，要以党员的先锋模范作用形成激发中国共产党人精神谱系传承与弘扬的强大牵引力。

二是发挥青年大学生的趋同效应。青年时期处于一个人最重要的"拔节孕穗"期。青年往往是国家、民族、社会的发展过程中最具变革性的中坚力量。在新冠肺炎疫情的防控过程中，广大青年前赴后继奔赴战疫最前线，充分展现了积极向上的精神风貌，展示了当代中国青年焕发出的无穷力量。青年担当时代大任，生逢其时，又重任在肩，因此要切实引导青年进一步感悟红色文化，将伟大精神转化为有益于人生成长的重要精神力量。

三是调动人民群众的内在驱动力。中国共产党人精神谱系作为一种群体精神，是中华民族中的绝大多数成员共同认可、信仰的思想观念，而非个体所具有的精神，否则，党的精神谱系就成为离散的个人力量。因此，中国共产党人精神谱系的传承与弘扬需要调动每一位社会成员的内驱力，需要每一位社会成员积极参与，这就需要增强人民群众的主体意识，摒弃错误认知，从一点一滴做起，增强精神的"免疫力"，筑牢中国共产党人精神谱系塑造践行的"精神长城"。

结 论

中国共产党人精神谱系是中国共产党在百年奋斗征程实现民族复兴这一历史使命的精神密码。精神谱系作为共产党人的初心使命、人民立场、政治品格、精神斗志的本色写照，开展本研究的意义不在于在历史停格的瞬间有过怎样的表现，而在于如何用凝结和沉淀着以往的光彩照亮现实。

党的十八大以来，以习近平同志为主要代表的中国共产党人以伟大的历史担当和深沉的使命忧思，传承伟大精神，赋予了新的时代内涵，实现了对中国共产党人精神谱系的创造性转化和创新性发展，成为鼓舞中国共产党人在前进道路上直面风险、攻坚克难、百折不挠的重要精神支撑。本书在系统研究中国共产党人精神谱系后，得出以下结论。

第一，中国共产党人精神谱系的形成是理论与实践综合作用的结果。其中，辩证唯物主义和历史唯物主义是其理论基础，马克思和恩格斯关于精神需要、生产、转化理论是其理论来源，中华优秀传统文化和人类优秀文明成果是其理论借鉴。一百多年来，党带领人民争取民族独立和人民解放的革命斗争，探索国家富强和人民富裕的建设实践，勇于解放思想、锐意进取的改革实践，新时代开展自信自强、守正创新的实践是中国共产党人精神谱系形成的实践基础。

第二，中国共产党人精神谱系的百年演变历经了党史上的四个时期，这些精神坐标连缀起了中国共产党百年伟大奋斗征程的精神理路。中国共产党人精神谱系以时间的百年流变为纵坐标,以英雄人物、典型地域、重大历史转折时刻、科研攻关、奋进实干等实践的多维延展为横坐标,呈现出了立体的精神图谱,为党和人民提供了丰富的精神滋养,是中国共产党人精神世界的集中反映,是中国共产党人思想觉悟、道德品质、工作作风的集中体现,是激励亿万人民砥砺前行、不断取得新的胜利的制胜法宝。

第三,中国共产党人精神谱系纵贯百年,蕴含着革命理想高于天的坚定信念,国家利益高于一切的爱国主义,携手人民辟江山的人民情怀,开天辟地闯新路的开拓创新,英勇斗争不怕牺牲的英雄气概,艰苦奋斗担使命的优良传统的精神内核,具有理论性与实践性的统一、继承性与创新性的统一、历史性与现实性的统一、民族性与世界性的统一的主要特征。中国共产党人精神谱系是实现中华民族伟大复兴的精神支撑,是中国共产党人初心使命的集中彰显,是伟大民族精神的传承升华,是兴党的精神滋养、强军的精神引领、铸魂的精神依托、培育时代新人的宝贵资源。

第四,中国共产党人精神谱系的弘扬与培育也面临着多重机遇和挑战,研究基地的设置、党的领导人对精神内涵的凝练、各研究基地不断拓展教育宣传的渠道、文化事业和文化产业的新发展为中国共产党人精神谱系的传承和弘扬提供了有利条件的同时,传承和弘扬也面临着挑战。要在把握基本原则的基础上,形成传承与弘扬的多元合力、推进国际传播、增强宣传教育、建构政治仪式、拓宽传播渠道、深化研究阐释、聚焦塑造践行。

当前,全面建成小康社会的目标已经如期实现,我国正处于带领全体中华儿女开启全面建设社会主义现代化强国的新征程。面对世界百年未有之大变局加速演进,实现中华民族伟大复兴面临的国际安全形势更加严峻复杂,外部压力前所未有,高效统筹国内经济社会发展的任务无比艰巨。历史已经证明,只有具有强大精神的政党才能带领中华儿女引领时代潮流,创造伟大事业。新征程上,更加需要在中国共产党的坚强领导下,唤醒红色基因,继续在新征程的奋斗中锻造精神品格，锻造不断壮大的"红色肌体"，续写新时代共产党人精神谱系，不断在实现中华民族伟大复兴的征程中续写新的篇章！

参考文献

一、中文著作

1.《毛泽东年谱(1893—1949)》(上卷),中央文献出版社,1993 年。

2.《毛泽东年谱(1893—1949)(修订本)》(中卷),中央文献出版社,2013 年。

3.《毛泽东文集》(第七卷),人民出版社,1999 年。

4.《毛泽东文集》(第八卷),人民出版社,1999 年。

5.《毛泽东选集》(第一卷),人民出版社,1991 年。

6.《毛泽东选集》(第二卷),人民出版社,1991 年。

7.《毛泽东选集》(第三卷),人民出版社,1991 年。

8.《毛泽东选集》(第四卷),人民出版社,1991 年。

9.《邓小平文选》(第三卷),人民出版社,1993 年。

10.《胡锦涛文选》(第二卷),人民出版社,2016 年。

11.《习近平谈治国理政》(第一卷),外文出版社,2018 年。

12.《习近平谈治国理政》(第二卷),外文出版社,2017 年。

13.《习近平谈治国理政》(第三卷),外文出版社,2020 年。

14.《习近平新闻舆论思想要论》,新华出版社,2017 年。

15.习近平:《论中国共产党历史》,中央文献出版社,2021 年。

16.习近平:《在党史学习教育动员大会上的讲话》,人民出版社,2021年。

17.习近平:《在纪念中国人民抗日战争暨世界反法西斯战争胜利75周年座谈会上的讲话》,人民出版社,2020年。

18.江泽民:《论"三个代表"》,中央文献出版社,2001年。

19.《高举中国特色社会主义伟大旗帜 为全面建设社会主义现代化国家而团结奋斗——在中国共产党第二十次全国代表大会上的报告》,人民出版社,2022年。

20.《张岱年全集》(第5卷),河北人民出版社,1996年。

21.《中国共产党章程》,人民出版社,2017年。

22.陈宇:《长征革命精神万岁》,黄河出版社,1997年。

23.戴明章主编:《回忆雷锋》,内蒙古人民出版社,1999年。

24.丁同民、郑中华、王军:《历久弥新的红旗渠精神》,人民出版社,2015年。

25.傅颐:《中国记忆1949—2014纪事》,深圳报业集团出版社,2010年。

26.顾明远:《教育大辞典》,上海教育出版社,1998年。

27.韩淑芳主编:《腾飞的故事》,中国文史出版社,2018年。

28.何虎生:《中国共产党人的精神》,安徽教育出版社,2016年。

29.雷莹等:《不朽的丰碑——中国共产党革命精神历史嬗变研究》,光明日报出版社,2009年。

30.李安葆:《长征路上·毛泽东和他的战友们》,黑龙江人民出版社,1993年。

31.李国俊、宋玉玲:《大庆精神》,中共党史出版社,2018年。

32.李小三:《中国共产党人精神研究》,中央文献出版社,2008年。

33.马新发、雷莹:《中国共产党革命精神研究》,中国社会科学出版社,2006年。

34.梅黎明:《精神永存:中国共产党精神概说》,中国发展出版社,2014年。

35.平津战役纪念馆:《平津战役纪实》,天津人民出版社,1999年。

36.秦在东:《社会主义精神质量:逻辑关联与价值转换》,华中师范大学出版社,2010 年。

37.宋健:《"两弹一星"元勋传》(上册),清华大学出版社,2001 年。

38.孙翠萍等:《中国共产党人的精神观》,中央文献出版社,2007 年。

39.孙秀民:《中国革命精神及其当代价值研究》,北京师范大学出版社,2013 年。

40.王炳林:《为什么需要精神:中国共产党革命精神引论》,中共党史出版社,2021 年。

41.谢国祥、杨昌茂、荣长海:《思想政治工作大辞典》,天津人民出版社,1992 年。

42.杨少华:《引领时代前行的永恒动力——中国共产党革命精神研究》,人民出版社,2014 年。

43.杨长兴等:《焦裕禄一生》,中央文献出版社,2011 年。

44.袁国柱:《中国共产党人的精神谱系》,中共中央党校出版社,2021 年。

45.中共中央党史研究室:《中国共产党的九十年》,中共党史出版社、党建读物出版社,2016 年。

46.中共中央党史研究室第一研究部:《红军长征史》,中共党史出版社,2006 年。

47.中共中央文献研究室:《毛泽东年谱(1949—1976)》,中央文献出版社,2013 年。

48.中华人民共和国国务院新闻办公室:《抗击新冠肺炎疫情的中国行动》,人民出版社,2020 年。

二、文章

1.习近平:《在庆祝改革开放 40 周年大会上的讲话》,《人民日报》,2018年

12 月 19 日。

2.习近平：《在庆祝中国共产党成立 100 周年大会上的讲话》，《人民日报》，2021 年 7 月 2 日。

3.习近平：《在全国抗击新冠肺炎疫情表彰大会上的讲话》，《人民日报》，2020 年 9 月 9 日。

4.《习近平出席博鳌亚洲论坛 2018 年年会开幕式并发表主旨演讲：强调顺应时代潮流　坚持开放共赢　宣布中国扩大开放新的重大举措》，《人民日报》，2018 年 4 月 11 日。

5.《习近平出席二十国集团领导人第十七次峰会并发表重要讲话》，《人民日报》，2022 年 11 月 16 日。

6.《习近平春节前夕赴江西看望慰问广大干部群众　祝全国各族人民健康快乐吉祥　祝改革发展人民生活蒸蒸日上》，《人民日报》，2016 年 2 月 4 日。

7.《习近平对深入开展学雷锋活动作出重要指示强调　深刻把握雷锋精神的时代内涵　让雷锋精神在新时代绽放更加璀璨的光芒　蔡奇出席座谈会并讲话》，《人民日报》，2023 年 2 月 24 日。

8.《习近平在纪念红军长征胜利 80 周年大会上的讲话》，《人民日报》，2016 年 10 月 22 日。

9.《习近平在十三届全国人民代表大会第一次全体会议上的讲话》，《求是》，2020 年第 9 期。

10.《习近平在瞻仰延安革命纪念地时强调　弘扬伟大建党精神和延安精神　为实现党的二十大提出的目标任务而团结奋斗》，《人民日报》，2022 年 10 月 28 日。

11.白显良：《基于四重逻辑深刻把握中国共产党伟大建党精神》，《学校党建与思想教育》，2021 年第 13 期。

12.本报编辑部：《着力培养有灵魂有本事有血性有品德的新一代革命军

人》，《解放军报》，2015 年 3 月 2 日。

13.本报评论部：《追求卓越，不断突破和创造奇迹——大力弘扬北京冬奥精神》，《人民日报》，2022 年 4 月 19 日。

14.程波、彭雪容：《中国共产党人精神谱系的科学内涵、生成逻辑及价值意蕴》，《重庆大学学报》（社会科学版），2023 年第 29 期。

15.邓纯东：《中国共产党人精神谱系中的核心理念》，《人民论坛》，2021 年第 15 期。

16.邓凌月：《中国共产党人精神谱系：生成机理、价值功能与赓续传承》，《理论探索》，2022 年第 4 期。

17.邓星寿：《周晓兰重提竹棚精神》，《辽宁体育》，1989 年第 5 期。

18.邓颖超：《各行各业都要学习女排精神——树立远大志向，脚踏实地苦干实干，掌握精湛技艺，创造优异成绩》，《人民日报》，1981 年 11 月 18 日。

19.丁德科等：《红色精神百年史述论》，《渭南师范学院学报》，2016 年第 31 期第 20 卷。

20.康来云：《从建党精神到精神谱系：中国共产党伟大精神的源与流》，《学习论坛》，2022 年第 1 期。

21.刘佳等：《中国共产党革命精神谱系的三重逻辑》，《中南民族大学学报》（人文社会科学版），2020 年第 40 期第 6 卷。

22.穆青、冯健、周原：《县委书记的榜样——焦裕禄》，《人民日报》，1966 年 2 月 7 日。

23.齐卫平：《伟大建党精神研究的四个视角》，《理论与改革》，2021 年第 6 期。

24.沈传宝：《科技强国，永垂青史——"两弹一星"座谈纪要》，《中共党史研究》，2001 年。

25.石平：《从抗击非典看社会主义制度的优越性》，《求是》，2003 年。

26.陶文昭:《以伟大建党精神为主线 弘扬光大党的精神谱系》,《先锋》,2021年第9期。

27.王炳林等:《关于深化中国共产党革命精神研究的几个问题》,《中国高校社会科学》,2016年第3期。

28.王炳林等:《弘扬以伟大建党精神为源头的中国共产党人精神谱系》,《中国青年社会科学》,2022年第41期第6卷。

29.王霞:《论中国共产党人精神谱系的理论意涵、鲜明特质与时代价值》,《中州学刊》,2021年第11期。

30.王易:《中国共产党人精神谱系的百年流变、精髓要义及赓续发展》,《马克思主义研究》,2021年第5期。

31.王易等:《论红色基因的生成条件、核心内容及时代价值》,《南开学报》(哲学社会科学版),2022年第1期。

32.王占仁:《中国共产党人精神谱系的传承与弘扬》,《思想政治工作研究》,2022年第7期。

33.吴雷鸣:《构筑中国共产党人精神谱系的逻辑理路》,《人民论坛》,2021年第30期。

34.杨贵:《红旗渠精神的思考》,《人民日报》,1998年10月15日。

35.叶淑兰:《中国国际话语权建设:成就、挑战与深化路径》,《国际问题研究》,2021年第4期。

36.张志丹、薛生山:《以北京冬奥精神助力民族复兴》,《中国社会科学报》,2022年5月5日。

37.朱永刚:《中国共产党革命精神谱系演化逻辑、共生特质与传承创新研究》,《学习论坛》,2019年第8期。